# KACCÂYANA

ET

## LA LITTÉRATURE GRAMMATICALE

### DU PÂLI.

---

Ire PARTIE.

## GRAMMAIRE PÂLIE DE KACCÂYANA,

SÛTRAS ET COMMENTAIRE,

PUBLIÉS AVEC UNE TRADUCTION ET DES NOTES

### PAR M. E. SENART.

## PARIS.

IMPRIMÉ PAR AUTORISATION DE M. LE GARDE DES SCEAUX

## À L'IMPRIMERIE NATIONALE.

---

M DCCC LXXI.

# KACCÀYANA

## LA LITTÉRATURE GRAMMATICALE DU PÂLI.

EXTRAIT N° 1 DE L'ANNÉE 1871

DU JOURNAL ASIATIQUE.

—

# ERNEST LEROUX,

LIBRAIRE DU JOURNAL ASIATIQUE,

RUE BONAPARTE 28.

# KACCÂYANA

ET

## LA LITTÉRATURE GRAMMATICALE

## DU PÂLI.

---

Iᵉ PARTIE.

### GRAMMAIRE PÂLIE DE KACCÂYANA,

SÙTRAS ET COMMENTAIRE,

PUBLIÉS AVEC UNE TRADUCTION ET DES NOTES

## PAR M. E. SENART.

## PARIS.

IMPRIMÉ PAR AUTORISATION DE M. LE GARDE DES SCEAUX

## À L'IMPRIMERIE NATIONALE.

---

M DCCC LXXI.

# KACCÂYANA

ET

## LA LITTÉRATURE GRAMMATICALE

## DU PÂLI.

## AVERTISSEMENT.

Les premières données sur la grammaire pâlie de Kaccâyana parvenues en Europe étaient assez décourageantes : Turnour, dans sa préface du Mahâvamsa, ne parlait de cet ouvrage et n'en signalait l'importance que pour en constater du même coup la perte [1]. Longtemps on put croire cette disparition définitive. Cependant, en 1854, M. F. Mason [2] rectifia cette erreur et affirma l'existence des sûtras, confirmée depuis par M. P. Grimblot [3], qui en faisait en même temps espérer la publication par ses soins. Peu de temps après, un premier fragment de Kaccâyana nous était donné par M. James d'Alwis, qui, dans son livre bien connu, *An Introduction to Kachchâyana's Grammar*, Colombo, 1863, ajouta à un grand nombre de fragments divers relatifs à la grammaire et aux grammairiens pâlis, recueillis et discutés par lui, une édition

[1] *Mahâv.* p. xxv.
[2] *Journal of the Amer. Or. Society*, IV, 107.
[3] *Indische Stud.* V, 450.

en caractères singhalais du sixième livre du Sandhikappa, accompagnée d'une traduction et de notes. Plus récemment, M. E. Kuhn a publié, sous le titre *Kaccâyanappakaranæ specimen* (Halis Saxonum, 1869), le troisième chapitre du même ouvrage, en le faisant précéder de remarques sur les sources de cette grammaire, où il eut le mérite d'insister notamment sur les relations existant entre la grammaire Kâtantra et les sûtras de Kaccâyana. Cependant il manquait toujours une édition complète, qui seule pourtant, outre la lumière qu'elle ne manquerait pas de répandre au moins sur certains détails de la langue elle-même, pouvait préparer l'examen des questions d'histoire littéraire et de chronologie qui se groupent naturellement autour de l'œuvre capitale de la littérature grammaticale du pâli. C'est cette lacune que j'ai voulu essayer de combler, en profitant des ressources nouvelles dont s'est enrichie dans les dernières années notre Bibliothèque nationale.

Les manuscrits qui ont servi de base à cette publication sont les suivants :

Cd. — Manuscrit n° 80 du fonds Grimblot : 44 feuilles ; 9 lignes par page, quelquefois 10 ; caractères singhalais. Cet exemplaire présente une lacune dans la deuxième section (II, 3, 20 à II, 4, 11), où une détérioration du manuscrit rend illisibles environ deux feuilles recto et verso. Il porte à la fin ces mots : « Sakâbdaṁ thutisatyaṁ ; » mais j'ignore quelle date ces mots figurent.

C. — Manuscrit n° 78 du fonds Grimblot, relié avec le précédent, et contenant seulement les sûtras sans commentaire. 7 feuilles, 9 lignes par page ; caractères singhalais.

Une série de manuscrits en caractères pâlis de Siam. Ces manuscrits ne sont point encore catalogués ; j'en indiquerai les numéros dès que le catalogue qui se prépare sera achevé. La collection dont ils font partie contient tout l'ouvrage avec le commentaire, mais chaque kappa à part en un manuscrit particulier; chacun du reste existe, paraît-il, en plusieurs exemplaires. Le numérotage des feuilles de chacun ne recommençant point avec l'unité, il sera sans doute possible, au moyen de ces chiffres, de reconstituer une ou plusieurs copies complètes dont la division n'est probablement qu'un effet du hasard. Dans cette suite de manuscrits, j'ai pris une copie de chaque kappa que j'ai entièrement collationnée. Toutefois, ayant pu aisément constater, par l'expérience des autres kappas, qu'il ne saurait être question, entre la copie singhalaise et les exemplaires siamois, de différences capitales ni même importantes, j'ai jugé inutile de collationner des manuscrits siamois pour les deux kappas déjà publiés, et je me suis contenté de comparer avec les éditions mon manuscrit singhalais. En résumé, les manuscrits siamois dont je me suis servi sont les suivants :

S<sup>a</sup> contenant le Sandhikappa.

S<sup>b</sup> contenant les deux premiers kaṇḍas du Nâmakappa.

S<sup>c</sup> contenant les kaṇḍas 3-5 du Nâmakappa.

C'est un manuscrit unique divisé accidentellement en deux parties.

S<sup>e</sup> contenant le Samâsakappa.

S<sup>f</sup> contenant le Taddhitakappa.

S<sup>g</sup> contenant le Kitakappa.

S<sup>h</sup> contenant l'Uṇâdikappa.

Tous sont écrits sur trois lignes par page, et contiennent entre les lignes pâlies une traduction ou des gloses Thai.

J'ai parlé déjà des éditions du sixième et du troisième chapitre données par MM. d'Alwis et E. Kuhn; j'en ai naturellement tenu grand compte; j'espère les avoir corrigées en quelques passages; mais nulle part je ne me suis écarté un peu sérieusement de leur texte sans indiquer scrupuleusement leur leçon, en les désignant par les lettres A et K ; dans les quelques cas où j'ai jugé utile de rappeler une variante du manuscrit de M. Kuhn, abandonnée et changée par lui, j'en ai marqué la provenance par Cd. d. K.

La façon dont il devait être fait usage des ressources manuscrites ci-dessus énoncées était tout indiquée d'avance. J'eusse été entraîné trop loin par la reproduction intégrale de toutes les différences orthographiques, ou des mille divergences légères sans importance pour la pensée ; j'ai dû faire un choix. Prenant Cd pour base du texte, j'ai toujours indiqué avec un soin particulier les variantes de ce manuscrit ; je n'ai jamais admis une conjecture dans le texte, sans donner les leçons des diverses sources dont je disposais ; et quand je me suis éloigné de la leçon de Cd sans indiquer la leçon du manuscrit siamois correspondant, c'est que cette leçon est précisément celle que j'ai adoptée.

En ce qui touche les questions d'orthographe, on sait assez combien il est encore difficile d'établir pour les textes pâlis des règles absolument fixes ; je me suis pourtant, autant que possible, dégagé des inconséquences et des fréquentes variations des manuscrits. Les principes que j'ai suivis se rapprochent, naturellement, beaucoup de ceux qui ont été adoptés dans des publications antérieures, notamment par M. Fausböll. J'en noterai seulement quelques-uns ici.

M. Fausböll[1] a signalé l'inconséquence avec laquelle les manuscrits singhalais écrivent la brève ou la longue, en dehors de toute espèce de règle ; c'est le plus souvent une longue régulière, une longue prescrite par la grammaire et l'analogie, qui se trouve sacrifiée ; dans tous les cas de ce genre, je l'ai rétablie ; j'ai, par exemple, toujours écrit la longue aux cas obliques du pluriel des thèmes en *i*, *u*, comme aggîsu, bhik-

---

[1] *Dhammap.* p. VII.

khûnaṁ, etc. Dans les cas particuliers j'ai adopté une orthographe conséquente, fondée sur l'autorité comparative des manuscrits ou sur l'étymologie; c'est ainsi que, malgré les manuscrits siamois, j'ai toujours écrit *niggahîta*, *dîgha*. Sur d'autres points, j'ai préféré me rapprocher de ces manuscrits, qui paraissent plus complétement libres de toute influence savante du sanscrit : partout j'ai écrit *by* et non *vy*, contrairement à l'orthographe habituelle des copies singhalaises; partout j'ai rétabli *âkhyâta*, au lieu de la forme *âkkhyâta*, générale dans les exemplaires de Ceylan (de même dans le manuscrit de la Rûpasiddhi, l'édition du Bâlâvatâra). J'ai observé, même à l'encontre des manuscrits, la règle qui ne souffre point de voyelle longue devant un groupe de consonnes (excepté pourtant certains cas où l'une des deux consonnes est une liquide ou une semi-voyelle); je n'ai fait d'exception que pour certaines fictions grammaticales, telles que le génitif *pâssa* (I, 5, 2).

On sait quelle est la fluctuation et l'incertitude dans l'emploi de l'*ṇ* cérébral; ne pouvant découvrir la règle de ces inconséquences, je me suis contenté en général de n'employer l'*ṇ* cérébralisé sous l'influence de l'*r* qu'autant que, faisant partie du corps même du mot, il avait pu prendre en sanscrit une position plus fixe et plus solide. Quant à un emploi plus étendu de l'*ṇ* cérébral qui se montre en quelques endroits, par exemple dans des mots comme *byañjaṇa* (c'est l'orthographe habituelle du manuscrit de la Rûpasiddhi), les traces en sont trop rares et trop indécises pour qu'il soit possible de l'admettre sans autres preuves. J'ai suivi la règle qu'on trouvera 1, 2, 6 n. et qui prescrit l'allongement de la voyelle brève qui suit un *e* ou un *o* changés en *y* ou *v*, et dont la singularité relève en quelque façon l'autorité. Dans d'autres cas je n'ai pu que m'associer aux variations des manuscrits, comme pour l'orthographe du participe passif en *tya* que j'ai écrit tour à tour *îya*, *iyya*, *îyya*, formes d'ailleurs équivalentes, et qui se retrouvent dans *îya*, *iyya*, *iya* et même *îyya* de la formation du passif. Pour l'anusvâra (*niggahîta*) j'ai été plus radical : aussi bien devant les voyelles initiales que devant les consonnes, et sans user de la faculté laissée par I, 4, 2. 5, j'ai conservé l'anusvâra, la nasale vague et indéterminée, au lieu de le changer en *m* ou d'y substituer la nasale de même ordre que la consonne suivante. Ce procédé m'a paru préférable, comme plus conforme au vrai caractère de l'anusvâra pâli. Si, en effet, l'on songe qu'il représente non-seulement l'*m* final, mais aussi l'*n*, dans les participes comme *gacchaṃ* (à côté de *gacchanto*), par exemple; que, dans certains cas, il s'ajoute à la fin de désinences verbales comme *iṃsuṃ*, à côté de *iṃsu*, où il ne correspond à aucune nasale sanscrite, sans compter d'autres fonctions analogues dans le détail desquelles ce n'est pas le lieu d'entrer, on est porté à penser qu'en pâli l'anusvâra doit être loin de cette élasticité d'articulation qui lui permet en sanscrit de subir des modifications si variées, et qu'il est par conséquent préférable de lui laisser dans l'orthographe même une stabilité plus grande, sinon absolue. Les cas où j'ai fait usage de la faculté accordée par les sûtras précités, sont les suivants : 1.° Le cas où anusvâra final se trouve devant un enclitique, comme *ca*, intimement relié par sa nature même au mot sur lequel il s'appuie; 2° le cas où l'anusvâra termine un préfixe, tel que *saṃ*, fondu avec le thème qui le suit; j'ai même étendu ce cas au delà des habitudes des manuscrits qui négligent le changement devant les gutturales, sans doute par des raisons graphiques; 3° le cas enfin où *ṃ* finit un mot qui se trouve presque en état de composition avec le suivant, comme : *iccevam âdi*, *kim attham ?*

La traduction que j'ai ajoutée au texte ne s'étend qu'aux sûtras qui forment le corps de l'ouvrage, la partie essentielle attribuée à Kaccâyana. Tout ce qui y dépasse ou explique la

signification littérale et précise des termes mêmes du sûtra,
a été enfermé entre crochets. Dans les circonstances où j'ai
cru devoir m'éloigner de l'interprétation du commentaire,
j'en ai donné les raisons dans des notes que j'ai faites aussi
peu nombreuses et aussi courtes qu'il m'a paru possible; il
n'en est presque pas qui ait d'autre but que l'éclaircissement
du texte; dans quelques-unes seulement j'ai relevé certaines
particularités caractéristiques pour la nature et la composition de l'ouvrage.

Les faits de cet ordre, ainsi que des extraits d'autres gram-
maires, se trouveront groupés et discutés dans un examen
d'ensemble, qui formera la seconde partie de ce travail,
et qui seul, en replaçant la grammaire de Kaccâyana dans
son milieu naturel, entre les sources sanscrites et les déve-
loppements postérieurs de la littérature grammaticale du
pâli, pourra en faire ressortir l'intérêt historique et le vrai
caractère [1].

[1] En paraissant d'abord, il y a quelques semaines, dans le Journal
Asiatique, cette édition était accompagnée de l'observation suivante,
qu'il est nécessaire de reproduire ici : «Ce travail, achevé il y a près
d'un an, avait été, dès le mois d'août 1870, remis à la Commission
du Journal Asiatique, et accueilli par elle; l'impression n'en fut re-
tardée que par les événements qui se précipitèrent à cette époque.
On n'a point jugé que l'édition donnée par M. F. Mason (Toongoo,
1870) fût de nature à rendre la présente publication tout à fait inutile.» Ceci explique pourquoi cette édition n'a pu être mise à profit,
pas plus que celle du Nâmakappa donnée plus récemment par
M. E. Kuhn : *Kaccâyanappakaranae specimen alterum,* Halis. 1871,
dont je n'ai eu connaissance qu'à un moment où une bonne partie
de mon travail était déjà imprimée.

NAMO TASSA BHAGAVATO ARAHATO
SAMMÂSAMBUDDHASSA.

———

Seṭṭhaṁ tilokamahitaṁ abhivandiyaggaṁ
Buddhañca dhammaṁ amalaṁ gaṇaṁ uttamañca
Satthussa tassa vacanatthavaraṁ suboddhuṁ
Vakkhâmi suttahitaṁ ettha susandhikappaṁ.
Seyyaṁ jineritanayena budhâ [1] labhanti
Tañcâpi tassa vacanatthasubodhanena [2]
Atthañca akkharapadesu amohabhâvâ :
Seyatthiko padaṁ ato vividhaṁ suṇeyya.

## अत्थो अक्खरसञ्ञातो ॥१॥

Sabbavacanânaṁ attho akkharehcva saññâyate. Akkhara-
vipattiyaṁ hi atthassa dunnayatà hoti; tasmâ akkharakosal-
laṁ bahûpakâraṁ suttantesu.

La pensée s'exprime au moyen des sons [ou
lettres].

## अक्खरापाठ्यो एकचत्तालीसं ॥२॥

Te ca kho akkharàpi akârâdayo ekacattâlîsaṁ suttantesu
sopakârâ honti.

Taṁ yathâ : a, à, i, î, u, ù, e, o, ka, kha, ga, gha, ṅa,
ca, cha, ja, jba, ña, ṭa, ṭha, ḍa, ḍha, ṇa, ta, tha, da, dha,
na, pa, pha, ba, bha, ma, ya, ra, la, va, sa, ha, ḷa, aṁ ti
akkharâ honti.

---

[1] C et Cd lisent : budhâ; Sˡ lit seul : buddhâ, la forme ordinaire,
que le mètre n'admet pas.

[2] Cd vacanassa subo°.

Akkhara iccanena[1] kvattho ? Attho akkharasaññâto. (I, 1, 1.)

Or les lettres *a*, etc. sont au nombre de quarante et une.

तत्थोदन्ता सरा अट्ठ ॥ ३ ॥

Tattha akkharesu akârâdîsu odantâ aṭṭha sarâ nâma honti.
Taṁ yathâ : a, â, i, î, u, û, e, o, iti sarâ nâma.
Sara iccanena kvattho ? Sarâ sare lopaṁ. (I, 2, 1.)

Les huit [premières lettres], jusqu'à *o*, sont appelées voyelles.

लहुमत्ता तयो रस्सा ॥ ४ ॥

Tattha aṭṭhasu saresu lahumattâ tayo rassâ nâma honti.
Taṁ yathâ : a, i, u iti rassâ nâma.
Rassa iccanena kvattho ? Rassaṁ. (I, 3, 4.)

Les trois [voyelles] de mesure légère s'appellent les brèves.

अञ्ञे दीघा ॥ ५ ॥

Tattha aṭṭhasu saresu rasschi aññe pañca sarâ dîghâ nâma honti.
Dîgha iccanena kvattho ? Dîghaṁ. (I, 2, 4.)

Les autres s'appellent les longues.

सेसा ब्यञ्जना ॥ ६ ॥

Ṭhapetvâ aṭṭha sare sesâ akkharâ kakârâdayo niggahitantâ byañjanâ nâma honti.

[1] Cd remplace, dans ce sûtra et les suivants jusqu'à 9, la répétition du terme en question suivi de « iccanena » par un simple *tena*. S[a] offre les leçons adoptées.

Taṁ yathà : ka, kha, ga, gha, ṅa, ca, cha, ja, jha, ña,
ṭa, ṭha, ḍa, ḍha, ṇa, pa, pha, ba, bha, ma, ya, ra, la, va,
sa, ha, ḷa, aṁ iti byañjanà nâma honti.

Byañjana iccanena kvattho ? Sarâ pakati byañjane. (I, 3, 1.)

Les autres [lettres] s'appellent consonnes.

## वग्गा पञ्चपञ्चसो मन्ता ॥ ७ ॥

Tesaṁ kho byañjanàaṁ kakàràdayo makàrantà pañca-
pañcaso akkharavanto vaggà nâma honti.

Taṁ yathà : ka, kha, ga, gha, ṅa; — ca, cha, ja, jha,
ña; — ṭa, ṭha, ḍa, ḍha, ṇa; — ta, tha, da, dha, na; — pa,
pha, ba, bha, ma — iti vaggà nâma honti.

Vagga iccanena kvattho ? Vaggantaṁ vâ vagge. (I, 4, 2.)

Divisées cinq par cinq, les consonnes jusqu'à *m*
[donnent cinq séries qu'on appelle] les classes [de
consonnes].

## अं इति निग्गह्हीतं ॥ ८ ॥

Aṁ iti niggahîtaṁ nâma.

Niggahîta iccanena kvattho ? Aṁ byañjane niggahîtaṁ.
(I, 4, 1.)

[La lettre] *ṁ* s'appelle niggahîta.

## परसमञ्ञा पयोगे ॥ ९ ॥

Yà ca pana sakkatagandhesu[1] samaññà ghosàti vâ aghosàti
vâ tà payoge sati etthàpi payuñjante[2].

Tattha ghosavanto nâma : ga, gha, ṅa, ja, jha, ña, ḍa,

---

[1] S[a] sakaṭaganthesu.
[2] Cd °pi yuñjate. S[a] °pi payujjante.

ḍha, ṇa, da, dha, na, ba, bha, ma, ya, ra, la, va, ha iti
ghosà nâma. Aghosâ nâma[1] : ka, kha, ca, cha, ṭa, ṭha, ta,
tha, pa, pha, sa iti aghosâ nâma.

Ghosâghosa iccanena kvattho ? Vagge ghosâghosânaṁ ta-
tiyapaṭhamâ. (I, 3, 7.)

Des termes techniques [usités par] d'autres [gram-
mairiens] sont à l'occasion [employés dans cette
grammaire].

M. Weber (*Ind. Streifen*, II, 325) explique *samaññâ*
par : termes techniques (*termini*), ajoutant entre parenthèses
cette rapide explication de la forme : « samaññâ (samâjñâs =
saṁjñâs) » ; mais l'hypothèse de ce mot samâjñâ = sañjñâ
n'est, que je sache, soutenue par aucun fait, et, en tous cas,
samaññâ, au lieu du très-usité sañññâ, serait un ἅπαξ λε-
γόμενον chez les grammairiens pâlis. Cette difficulté pourrait
porter à considérer samaññâ comme = Skr. sâmânya avec une
abréviation de l'*a* initial pour laquelle il existe en pâli quelques analogies (par exemple : ṭhapetvâ, etc. de la rac. sthâ) ;
alors on traduirait, en sous-entendant sañññâ comme res-
sortant naturellement de l'énumération des sûtras précédents : « [des termes] habituels chez d'autres [grammai-
riens], etc. » Toutefois, devant l'autorité du scholiaste, qui
évidemment comprend comme M. Weber, et devant l'irrégularité de cette construction qui fait rapporter un adjectif à
un substantif non exprimé même antérieurement, je n'ose
donner cette explication que comme une simple hypothèse.

पुब्बं अधोठितं² अस्सां सेन वियोजये ॥ १० ॥

Tattha sandhiṁ kattukâmo pubbabyañjanaṁ adhoṭhitaṁ[3]

---

[1] On attendrait plutôt : aghosavanto nâma, qui serait symétric avec
ghosavanto nâma, et éviterait cette répétition inutile de : aghosâ
nâma.

[2], [3] S¹ adhoṭṭhitaṁ.

assaraṁ katvâ saraŋca upari katvâ sarena viyojaye. Tatrâyaṁ
âdi [1].

On sépare de la voyelle [initiale du mot suivant]
la consonne finale, non accompagnée de voyelle,
qui la précède.

L'explication donnée de cette règle par M. d'Alwis (*Intr.
to Kachch.* p. xvii. Cf. *Correct.* p. 118) m'est aussi inintelligible qu'à M. Weber (*Ind. Str.* II, 326). Quant à l'interprétation indiquée par M. Mason (*Gr. introd.* p. iv), et qui ne
parait point étrangère à la Vutti, il ne me semble pas possible
de la tirer sans violence de notre texte, et elle ne conduit
d'ailleurs à aucun enseignement utile. On peut, je crois, s'é-
clairer sur le sens véritable par la comparaison de la grammaire Kâtantra, qui a deux sûtras correspondant à celui-ci et
au suivant, bien qu'en ordre inverse. Ils sont ainsi conçus :
« Vyañjanam asvaraṁ paraṁ varŋṇaṁ nayet », et : « Anati-
kramayan viçleshayet ». Ce dernier est commenté par Durgasiṁha ainsi qu'il suit : *Varŋŋân saṁghaṭitân saṁmilitân anati-
kramayan viçleshayed vighaṭayed ityarthaḥ. Vaiyâkaraŋaiḥ
uccakaiçca asammohârtho 'yaṁ yogaḥ.* (Mscr. lvi Beng. du
catal. Ham. fol. 3ᵃ). Notre règle, formulée en des termes un
peu différents, a le même but, qui est de mettre en garde
contre une prononciation indistincte et confuse à laquelle
pourrait conduire une application trop absolue de la règle
suivante; et, pour parler le langage des Prâtiçâkhyas, elle
réserve en quelque sorte la nécessité de l'*Abhinidhâna*, vis-à-
vis des droits du sandhi (Cf. Whitney, *Athv. Prât.* p. 39 sv).
— Le sens de *final* pour *adhoṭhita* est confirmé par la Rûpasiddhi, qui l'explique par *antika*, et c'est d'ailleurs le seul
dont s'accommode le sûtra suivant.

[1] Sᵃ tatrâyam iti.

## नये परं युत्ते ॥ ११ ॥

Assaraṁ kho byañjanaṁ adhoṭhitaṁ [1] parakkharaṁ naye
yutte. Tatrâbhiratiṁ iccheyya.

Yutte ti kasmâ? Akkocchi maṁ avadhi maṁ ajini maṁ
ahâsi me. Ettha pana yuttaṁ na hoti.

On relie, quand cela est possible, une [consonne
finale] à la lettre [initiale] suivante.

Ex. Tatra abhiratiṁ, tatr âbhiratiṁ, tatrâbhiratiṁ.

La Rûpasiddhi est plus nette que notre scholiaste relativement à la portée de la restriction *yutte*. « Yutte ṭhâne.....
·tha yuttaggahanaṁ niggahîtanisedhanatthaṁ. — Yutte,
c'est-à-dire quand il y a lieu..... On a ajouté ce mot pour
exclure le niggahîta. » C'est-à-dire, je pense, que les voyelles
nasales ne s'unissant pas à la voyelle suivante, il n'y a pas
lieu de leur appliquer la présente règle : on dit : akkocchi
maṁ avadhi maṁ, et non : akkocchi mâvadhi maṁ.

ITI SANDHIKAPPE PAṬHAMO KAṆḌO.

## सरा सरे लोपं ॥ १ ॥

Sarà kho sabbepi sare pare lopaṁ papponti. Yassindriyâni
samathaṁ gatâni; nohetaṁ bhante; sametâyasmâ saṅghena.

Les voyelles s'élident devant une voyelle. Exemple :
Yassa indriyâni samathaṁ gatâni devient : yassindri°
s. g. : celui dont les sens sont réduits au calme.

[1] S<sup>t</sup> adhoṭṭhitaṁ.

## वा परो अससरूपा ॥ २ ॥

Saramhâ asarûpâ paro[1] saro lopaṁ pappoti vâ. Cattâro
me bhikkhave dhammâ; kinnumâ vasamaṇiyo[2].

Vâti kasmâ? Pancindriyâni; tayassu[3] dhammâ jahitâ bhavanti.

Après une voyelle qui ne lui est pas homogène,
une voyelle suivante peut aussi s'élider. Ex. Kinnu
imâ devient: kinnumâ . . . illine?

Ce sûtra offre le premier de ces cas où il est impossible d'attribuer à *vâ* le sens exact qu'il a dans Pâṇini où il
marque que, dans un même cas donné, la règle qu'il accompagne peut à volonté être ou n'être pas appliquée. Ainsi je
ne me rappelle pas d'exemple de l'élision pure et simple d'un
*u* final devant un *i* initial, et je ne crois pas que « kinnimâ »,
par exemple, à côté de « kinnumâ », soit permis, ainsi qu'on
pourrait le vouloir conclure. « Vâ » équivaut ici, comme dans
beaucoup d'autres règles, à : quelquefois, dans certains cas.
Sur l'emploi analogue de *vâ* dans Vopadeva, cf. la préface de
M. Böhtlingk, p. iv.

## ब्बाचासवण्णां लुत्ते ॥ ३ ॥

Saro kho paro pubbasare lutte kvaci asavaṇṇaṁ pappoti.
Saṅkhyaṁ nopeti vedagù; bandhusseva samâgamo.

Kvacîti kasmâ? Yassindriyâni; tathûpamaṁ dhammaṁ
adesayi.

Quelquefois, quand une voyelle est élidée [devant
une autre, cette voyelle suivante se change en] une

---

[1] Cd asarûpaparo. S⁴ °rûpâ saro paro.

[2] Cd vasamaṇiyo. S⁴ vasamaniyo.

[3] S⁴ pañcindriyâni samathaṁ gatâni tu yassa dha°.

voyelle non homogène [à sa forme primitive]. Ex.
Bandhussa iva = bandhusseva samâgamo : comme
la rencontre d'un parent.

## दीघं ॥ ४ ॥

Saro kho paro pubbasare lutte kvaci dîgham pappoti. Sad-
dhîdha vittaṁ purisassa seṭṭhaṁ; anâgârehi cûbhayaṁ.

Kvacîti kasmâ? Pañcahupâli aṅgehi samannâgato; nat-
thaññaṁ kiñci nettha.

[Quelquefois, la voyelle qui suit une voyelle
élidée devient] longue. Ex. Saddhâ idha = saddh'
îdha vittaṁ purisassa seṭṭhaṁ : la foi est ici-bas le
plus grand bien de l'homme.

## पुब्बो च ॥ ५ ॥

Pubbo ca saro paralope kate kvaci dîghaṁ pappoti. Kiṁ
sûdha vittaṁ purisassa seṭṭhaṁ? sâdhûti paṭisuṇitva.

Kvacîti kasmâ? Itissa muhuttampi.

[Quelquefois] aussi [la seconde voyelle étant éli-
déc], la voyelle qui [la] précédait [devient longue].
Ex. Kiṁ su idha = kiṁ sûdha vittaṁ purisassa
seṭṭhaṁ? Quel est vraiment ici-bas le plus grand
bien de l'homme?

## यं एदन्तस्सादिसो ॥ ६ ॥

Ekârassa antabhûtassa sare pare kvaci yakârâdeso hoti.
Adhigato kho myâyaṁ dhammo; tyâhaṁ evaṁ vadeyyaṁ;
tyassa pahînâ honti.

Kvacîti kasmâ ? Te nâgatâ iti nettha.

[Devant une voyelle] *e* final se change [quelque-
fois] en *y*. Ex. Adhigato kho me ayaṁ = myâyaṁ
dhammo : je comprends cette loi.

Au témoignage de la Rûpasiddhi et aussi du Bâlâvatâra
(p. 3 de l'édition de Colombo, 1869), confirmé du reste par
l'orthographe unanime ici de nos manuscrits, cette règle
doit être complétée par le rapprochement du sûtra I, 3, 3 ;
la règle extrêmement vague qu'il contient s'appliquerait tout
particulièrement à la voyelle qui suit un *e* final transformé
en *y*. Seulement, tandis que le Bâlâvatâra ne fait application
de la règle : « Dîghaṁ » qu'à la voyelle qui suit *e* transformé
en *y* (de même Mason, *Pali gr.* p. 27), la Rûpasiddhi, dans
son explication du sûtra I, 3, 3 (fol. 7ª du ms. fᵈᵘ Grimblot,
nº 87), l'étend à la voyelle qui suit *o* transformé en *v*, par
des exemples comme : svâhaṁ = so ahaṁ.

वं ओटुदन्तानं ॥ ७ ॥

Okârukârânaṁ antabhûtânaṁ sare pare kvaci vakârâdeso
hoti. Atha khvassa ; svassa ; hoti bavhâbâdho[1] ; vatthvettha
vihitaṁ ; niccaṁ cakkhvâpâthaṁ àgacchanti.
Kvacîti kasmâ ? Cattâro me bhikkhave dhammâ ; kinnumâ
vasamaṇiyo[2].

[Devant une voyelle] *o*, *u* final se change [quel-
quefois] en *v*. Ex. Kho assa : khvassa ; so assa :
svassa.

Cf. la remarque ajoutée au sûtra précédent.

[1] Sⁿ lit : bahvâbâdho.
[2] Cd kiṇṇumâ vasamaṇayo.

## सब्बो चं ति ॥ ८ ॥

Sabbo ti icceso[1] saddo[2] sare pare kvaci cakâraṁ pappoti. Iccetaṁ kusalaṁ; iccassa vacaniyyaṁ; paccuttaritvâ; paccâharati.

Kvacîti kasmâ? Itissa muhuttampi.

[Devant une voyelle,] la syllabe *ti* tout entière se transforme en *c*. Ex. Iti etaṁ donne : iccetaṁ.

N'était l'unanimité de toutes les autorités, on serait tenté de lire le sûtra : sabbo ccaṁ ti; car lorsqu'une forme à modifier est accompagnée du déterminatif *sabba*, la forme modifiée est d'ordinaire donnée toute faite, par le sûtra. Mais le Bâlâvatâra (p. 4 de l'édition publiée à Colombo) et la Rûpasiddhi (fol. 8ᵃ) lisent également *caṁ* et en appellent pour le redoublement de *c* au sûtra I, 3, 6.

## दो धस्स च ॥ ९ ॥

Dha iccetassa sare pare kvaci dak..âdeso hoti. Ekaṁ idâham bhikkhave samayaṁ.

Kvacîti kasmâ? Idheva maraṇaṁ[3] bhavissati.

Casaddaggahaṇena dhakârassa hakârâdeso hoti : sâhu dassanaṁ ariyânaṁ. — Suttavibhâgena bahudhâpi siyâ. To dassa yathâ : sugato; — ṭo tassa yathâ : dukkaṭaṁ; — dho tassa yathâ : gandhabbo; — tro tassa yathâ : atrajo; — ko gassa yathâ : kulupako; — lo rassa yathâ : mahâsâlo; — jo yassa yathâ : gavajo; — bo vassa yathâ : kubbato; — ko yassa yathâ : sako; — yo jassa yathâ : niyaṁ puttaṁ; — ko tassa

---

[1] Cd et Sᵃ °soti sa°.

[2] Cd et Sⁿ ajoutent après saddo : *byanjano*, qui rompt la construction et n'est sans doute qu'une glose fort inutile, introduite dans le texte.

[3] Cd maranaṁ. Sᵃ °ṇaṁ.

yathâ : niko; — co tassa yathâ : bhacco; — pho passa yathâ :
nipphatti — iccevamâdayo.

[Quelquefois] aussi *dh* se change en *d* [devant
une voyelle]. Ex. Ekaṃ idâhaṃ (pour : idha ahaṃ)
samayaṃ : une fois, sur la terre, je...

Le scholiaste nous offre ici le premier exemple de cet
abus, que nous rencontrerons fréquemment par la suite, d'un
mot ou d'une particule du sùtra qu'il étend et dénature au
point de faire dire à l'auteur une foule de choses, souvent
fautives, qui n'étaient nullement dans sa pensée. Du reste, il
faut reconnaître que le *ca* du sùtra, sans justifier les fantaisies
du commentateur, arrive ici d'une façon assez étrange et que
les liens qui le rattachent aux précédentes règles n'expliquent que d'une façon insuffisante. — Relativement à l'exemple : idâhaṃ, etc. cf. les     s. jointes au s. II, 5, 13.

<h2 style="text-align:center">इवण्णो यं नं वा ॥ १० ॥</h2>

Pubbo ivaṇṇo sare pare yakâraṃ pappoti ṇa vâ. Paṭisânthâ-
ravutyassa; sabbâ vityanubhûyate[1].
Navâti kasmâ? Pañcahaṅgehi samannâgato[2]; muttacâgî
anuddhato.

*I, i* peut à volonté se changer ou ne pas se changer en *y* [devant une voyelle]. Ex. Vutty assa
(pour : vutti assa) : sa vie; mais : pañcahaṅgehi
(pour : pañcahi a°) : avec les cinq membres.

L'expression « ivaṇṇa » comprend l'*î* long aussi bien que le
bref, ainsi que le prouve le dernier exemple du scholiaste, et

[1] S* paṭisaṇṭhâra° vityânu°. Cd °tyânu°.
[2] Cd samannâ°. S° samannâ°.

surtout l'indication formelle du Balâvatâra qui dit (p. 4) :
Vaṇṇaggahaṇaṃ sabbattha rassadîghasaṅgahaṇatthaṃ ; l'expression « vaṇṇa » marque toujours qu'il faut entendre à la fois la brève et la longue. — On trouvera II, 3, 7, un exemple de « avaṇṇâ », au pluriel, pour désigner à la fois *a*, *â* et *aṃ*.

एवादिस्स रि पुब्बो च रस्सो ॥ ११ ॥

Sarambhâ parassa evassa ekârassa âdissa rikâro hoti pubbo ca saro rasso hoti na vâ. Yathariva vasudhâ talañca sabbaṃ ; tathariva guṇavâ supûjânîyo.

Navâti kasmâ ? Yathâ eva, tathâ eva.

[Quand il vient après une voyelle,] *eva* change [ou ne change pas, à volonté,] sa voyelle initiale en *ri*, et [dans le cas où cette substitution a lieu] la voyelle qui précède devient brève. Ex. Yathariva ou yathâ eva : tout comme . . . . .

Cette règle aurait évidemment besoin d'être spécialisée davantage, et devrait être sans doute restreinte au cas où *eva* suit l'une des conjonctions yathâ et tathâ.

ITI SANDHIKAPPE DUTIYO KAṆḌO.

सरा पकति · ब्यञ्जने ॥ १ ॥

Sarâ kho byañjane pare pakatirûpâ honti. Manopubbaṅgamâ dhammâ ; pamâdo maccuno padaṃ ; tiṇṇo pâragato ahu.

Les voyelles ne subissent aucun changement de-

----

[1] Cd sarâppakati".

— 20 —

vant une consonne. Ex. Pamàdo maccuno padaiñ : la légèreté est la voie de la mort.

सरे क्वचि ॥ २ ॥

Sarà kho sare pare kvaci pakatirûpà[1] honti. Ko imañ pathaviñ vijessati.

Kvacîti kasmà ? Appassutàyañ puriso.

[Ni,] quelquefois, devant une voyelle. Ex. Ko imañ pathaviñ vijessati ? Qui triomphera de cette terre ?

दीघं ॥ ३ ॥

Saro kho byañjano pare kvaci dîghañ pappoti. Sammà dhammañ vipassato ; evañ gàme munî care ; khantî paramañ tapo titikkhà.

Kvacîti kasmà ? Idha modati, pecca modati ; patilîyati patihaññati.

[Quelquefois] une voyelle devient longue [devant une consonne]. Ex. Sammâ (et non : sammă) dhammañ vipassato : de celui qui connaît à fond la loi.

Bien qu'il ne puisse être douteux qu'il faille avec le scholiaste suppléer « byañjane », il faut remarquer l'irrégularité de ce procédé, l'intercalation du sûtra 2 amenant régulièrement la nivṛitti de *byañjane* du s. 1.

रस्सं ॥ ४ ॥

Sarà kho byañjane pare kvaci rassañ papponti. Bhovàdinàma so hoti ; yathàbhàviguṇena so.

[1] Cd °rûpàni honti".

Kvaciti kasmâ? Sammàsamâdhi; sâ vitti chandaso mukham; upanîyati jîvitam appamâyum.

[Quelquefois] une voyelle devient brève [devant une consonne]. Exemple : Bhovâdi (pour °vâdî) nâma so hoti : on l'appelle Bhovâdin (Dhammap. v. 396).

## लोपश्च तत्राकारो ॥ ५ ॥

Sarà kho byañjane pare kvaci lopam papponti tatra ca lope kate akâràgamo hoti. Sa sîlavâ, sa paññavâ; esa dhammo sanantano; sa ve kâsâvam arahati; sa mânakâmopi bhaveyya; sa ve muni jâtibhayam adassî.

Kvaciti kasmâ? So muni; tena so muni; eso dhammo padissati; na so kâsâvam arahati.

[Quelquefois] aussi une voyelle s'élide [devant une consonne] et à sa place [on substitue] *a*. Ex. Sa paññavâ (pour : so pa°) : cet homme est sage.

## परद्विभावो ठाने ॥ ६ ॥

Saramhà parassa byañjanassa dvebhâvo hoti ṭhàne. Idha ppamodo purisassa; jantuno pabbajjam kittayissâmi; catuddasî [1]; abhikkantataro panìtataro ca.

Ṭhàneti kasmâ? Idha modati, pecca modati.

[Une consonne] qui suit [une voyelle] se redouble

---

[1] Après « catuddasî » Cd ajoute « pañcadasî » que Sᵃ écrit « pañcuddasi »; mais ou l'exemple ne prouve rien pour la règle dont il s'agit, ou il faudrait adopter l'orthographe par deux *d* de Sᵃ que ni le sanskrit ni l'usage pâli ne confirment. Je regarde *pañcadasî* comme une addition machinale de quelque copiste, après *catuddasî*.

quand il y a lieu. Ex. Idha ppamodo purisassa :
ici l'homme se réjouit (pour : idha pa°).

Pour une application particulière de cette règle, cf. I, 2, 8.

बग्गे घोसाघोसानं ततियपठमा ॥ ७ ॥

Vagge kho byañjanânaṁ ghosâghosabhûtânaṁ saramhâ
paresaṁ[1] yathâsaṅkhyaṁ tatiyapaṭhanakkharâ dvebhâvaṁ
gacchanti ṭhâne. Esova ca jjhânaphalo ; yatra ṭṭhitaṁ na
ppasaheyya ; maccusele yathâ pabbatamuddhani ṭṭhito ; cattâri ṭṭhânâni naro pamatto.

Ṭhâne ti kasmâ ? Idha cetaso daḷhaṁ gaṇhâti thâmasâ.

C'est par la non aspirée sonore et sourde de leur
classe que se redoublent les sonores et les sourdes
[aspirées aussi bien que non aspirées]. Ex. Eso
va ca jjhânaphalo (pour ca jhâna°) : celui-là
seul recueille les fruits de la contemplation ; yatra
ṭṭhitaṁ (pour yatra ṭhi°) : ubi stantem...

ITI SANDHIKAPPE TATIYO KAṆḌO.

घ्रं व्यञ्जने निग्गहीतं ॥ १ ॥

Niggahîtaṁ kho byañjane pare aṁ iti hoti. Evaṁ vutte ;
taṁ sâdhûti paṭisuṇitvâ.

[1] Cd et Sᵃ lisent : vagge kho pubbesam bya° saramhâ yathâ°.
Malgré l'accord des deux manuscrits, je n'ai pu conserver cette leçon
où pubbesaṁ me paraît inintelligible ; en revanche on attend, pour
plus de netteté, un « paresaṁ » après saramhâ, comme nous avions
« parassa » dans le commentaire du sûtra précédent. Je l'ai rétabli,
estimant que c'était le mot qui, par une confusion dont assurément
je ne prétends pas rendre compte, avait donné naissance au *pubbesaṁ*
éliminé.

Devant une consonne, le niggahita garde la forme
ṁ. Ex. Evaṁ vutte : après ces paroles.

वग्गन्तं वा वग्गे ॥ २ ॥

Vaggabhûte byañjane pare niggahîtaṁ kho vaggantaṁ và
pappoti. Tan nibbhutaṁ, dhammañ care sucaritaṁ ; cirappa-
vâsim purisaṁ [1] ; santau tassa manaṁ hoti ; tañ kâruṇikaṁ [2] ;
evañ kho bhikkhave sikkhitabbaṁ.

Vâgahaṇena [3] niggahîtassa kho lakârâdeso hoti. Pulliṅgaṁ [4].
Vâti kasmâ ? Na taṁ kammaṁ kataṁ sâdhu.

Devant [une consonne appartenant à] l'une des
[cinq] classes, le niggahîta peut à volonté se changer en la nasale de cette classe. Ex. Dhammañ
care (ou : dhammaṁ care) sucaritaṁ : qu'il suive
la loi du devoir.

एहे ञ्ञं ॥ ३ ॥

Ekâre hakâre ca [5] pare niggahîtaṁ kho ñakâraṁ pappoti vâ.
Paccattaññeva parinibbâyissâmi ; taññevettha paṭipucchissâmi ;
evañhi vo bhikkhave sikkhitabbaṁ ; tañhi tassa musâ hoti.

Vâti kasmâ ? Evaṁ etaṁ abhiññâya ; evaṁ hoti subhâsitaṁ.

Devant e, h le niggahîta [dans certains cas] se
change [à volonté] en ññ. Ex. Taññevettha (pour :

<hr>

[1] Cd sa cirampavâsiṁ. Sᵃ de même, en omettant sa.

[2] Cd karûni° Sᵃ ka°.

[3] Cd vâggahaṇena.

[4] Cd et Sᵃ ont « puggalaṁ » au lieu de « pulliṅgaṁ » qui ne se rapporte pas à la règle que le scholiaste veut établir. J'ai suivi la Rûpasiddhi et le Bâlâvatâra qui, l'un et l'autre, ont l'exemple « pulliṅgaṁ ».

[5] Cd ekârahakâre ca pa°. Sᵃ ekâre hakâre pa°.

taṁ e°) paṭipucchissâmi : j'interrogerai cet homme que voilà; evañhi vo sikkhitabbaṁ : c'est ainsi qu'il vous faut apprendre.

Ce sûtra n'est point d'une parfaite exactitude. A le prendre strictement il faudrait écrire : evaññhoti, comme taññeva; néanmoins l'accord complet et dans la règle et dans les exemples, non-seulement de Cd et de Sᵃ, mais aussi de l'édition du Bâlâvatâra et du manuscrit de la Rûpasiddhi, ne permet pas de croire que l'auteur ait entendu faire écrire evaññhoti. Il s'est simplement laissé aller à une inexactitude dont nos sûtras offrent bien d'autres exemples. — Vâ signifie seulement, ici encore : à volonté dans certains cas (cf. la n. du s. 5). En effet la forme ññ du niggahîta ne s'explique que devant eva dont la forme parallèle pâlie « yeva » est bien connue et a, par son y initial, déterminé ce changement. — Quant au changement en ñ devant h, il paraît reposer sur un penchant réel de la prononciation comme sembleraient le prouver les formes comme pañha === skr, praçna; mais il est, dans la pratique des textes, d'un rare emploi, et il est difficile de juger à quel point l'auteur a prétendu en étendre la faculté.

संय च ॥ ४ ॥

Niggahîtaṁ kho yakâre pare saha yakârena ññakâraṁ [1] pappoti vâ. Saññogo; saññuttaṁ.
Vâti kasmâ ? Saṁyogo; saṁyuttaṁ.

Suivi de *y* [le niggahîta se change] aussi [à volonté en *ññ*] avec [la semi-voyelle]. Ex. Saññogo (saṁyogo) : réunion.

[1] Cd saha yakâre parena ñakâraṁ, Sᵃ comme nous.

## मद्दा संरे ॥ ५ ॥

Niggahitassa[1] kho sare pare makâradakârâdesâ honti vâ.
Tam ahaṁ brûmi brâhmaṇaṁ; etad avoca satthâ.

Vâti kasmâ? Akkocchi maṁ, avadhi maṁ, ajini maṁ,
ahâsi me.

Devant une voyelle [le niggahîta se change à
volonté en *m* [et quelquefois en] *d*. Ex. tam ahaṁ
brûmi brâhmaṇaṁ : j'appelle celui-là un brâhmane
(pour : taṁ a°); etad avoca satthâ : le maître
a dit cela (pour : etaṁ a°).

Nous avons ici un exemple des deux sens que la particule
« vâ » prend tour à tour dans cette grammaire, réunis cette fois
et confondus dans un *vâ* unique; car on ne peut douter que
le scholiaste ait raison d'étendre jusqu'à cette règle la valeur du *vâ* du sûtra 2. Or, s'il est vrai de dire que le niggahîta peut *toujours* être *à volonté* changé en *m* devant une
voyelle, l'auteur n'a évidemment pas voulu accorder la même
extension à la transformation en *d*, naturellement restreinte
à quelques cas où un *d* primitif a pu persister comme dans
*etad*. Toutefois le changement même de niggahîta en *m* ne
doit peut-être pas être autorisé sans restriction, et il me paraît fort douteux que le niggahîta final de formes comme
gacchaṁ=gacchanto puisse jamais subir cette modification,
malgré certains exemples qu'en présentent les manuscrits,
comme *Dhammap.* v. 3o5, al.

## यवमठनतरला चागमा ॥ ६ ॥

Saro pare yakâro vakâro makâro dakâro nakâro takâro rakâro lakâro imâ âgamâ honti vâ. Nayimassa vijjâ; yathayidaṁ

---

[1] Cd °hitaṁ kho.

cittaṁ; migî bhantâ vudikkhati; sittâ te lahum essati; gurum
essati; asso bhadro kasâmiva; sammadaññâvimuttânaṁ; ma-
nasâd aññâvimuttânaṁ; attadatthaṁ abhiññâya [1]; cirannâ-
yati; itonâyati; yasmâtiha bhikkhave [2]; tasmâtiha bhikkhave;
ajjatagge pânupeto; sabbhireva samâsetha; âraggeriva sâ-
sapo; sâsaporiva âragge; chaḷabhiññâ; chaḷâyatanaṁ.

Vâti kasmâ ? Evaṁ mahiddhiyâ esâ; akocchi maṁ avadhi
maṁ ajini maṁ ahâsi me; ajeyyo anugâmiyo [3].

Casaddaggahaṇena iheva makârassa pakâro hoti; yathâ :
cirappavâsiṁ [4] purisaṁ; — kakârassa ca dakâro hoti : sadat-
thapasuto siyâ; — dakârassa ca takâro hoti : sugato.

[Dans certains cas] aussi [devant une voyelle]
on insère les lettres additionnelles y, v, m, d, n, t,
r, l. Ex. Na yimassa (pour : na ima°) vijjâ : il n'a
pas la science; migî bhantâ vudikkhati (pour :
udi°) : on voit la gazelle qui fuit effrayée; lahum
essati (pour : lahu e°) : il ira vite; sammadaññâvimuttânaṁ (pour : sammâ) : délivrés par la science
parfaite; yasmât iha (pour : yasmâ i°) : parce que
ici . . . etc.

On remarquera que le dernier exemple donné par le scholiaste, de l'extension qu'il prête à ce sûtra : la substitution
prétendue de *t* à *d* dans « sugata », figure déjà dans la liste
analogue du sûtra I, 2, 9.

क्वचि ओ व्यञ्जने ॥ ७ ॥

Byañjane pare kvaci okârâgamo hoti. Atippago kho tâva
Sâvatthiyaṁ piṇdâya carituṁ parosahassaṁ bhikkhusataṁ.

[1] Cd attadamhiññâya.
[2] Cd °ve va; ta°.
[3] Sa anuggâmiyo.
[4] Sa cirampavâsiṁ pu°.

Kvacîti kasmâ? Etha passathimaṁ lokaṁ; andhabhûto ayaṁ loko.

Quelquefois, devant une consonne, on insère un o additionnel. Ex. Atippago kho : de très-grand matin.

निग्गहीतञ्च ॥ ८ ॥

Niggahîtañca âgamo hoti sare vâ byañjane vâ pare kvaci. Cakkhuṁ udapâdi; avaṁsiro; yâvañcidha bhikkhave; purimaṁjâtiṁ [1]; anuṁthûlâni sabbaso; manopubbaṅgamâ dhammâ.

Kvacîti kasmâ? Idheva naṁ pasaṁsanti; pecca sagge ca modati; na hi etehi yânehi [2] gaccheyya agataṁ disaṁ [3].

Casaddaggahaṇena vissaddassa ca pakâro hoti : pacessati vicessati vâ [4].

[Quelquefois] aussi [on insère, soit devant une voyelle, soit devant une consonne,] un niggahîta [additionnel]. Ex. Cakkhuṁ (pour : cakkhu) : l'œil; yâvañcidha (pour yâva ci °) : et tant qu'ici-bas . . . . .

Si le commentateur a raison d'étendre à ce sûtra le « sare » des sûtras antérieurs à s. 7, ainsi que paraît le prouver le sûtra suivant, il faut remarquer cependant que dans le texte même de la règle rien ne commande cette infraction à l'usage ordi-

---

[1] Cd jâti.

[2] Cd thânehi.

[3] Sᵃ amataṁ padaṁ. Cf. *Dhammap.* v. 323.

[4] Cd Sᵃ pacce° vicce°. Pour justifier ma correction et expliquer cette énigmatique remarque, il me suffira de renvoyer au commentaire du *Dhammapada*, vv. 44-45, Éd. Fausböll, p. 209. — Cf. aussi la var. *vicessati* du ms. C pour le v. 45 (p. 463), et la note de M. M. Müller *in loc.* (*Buddhaghosha's Parables,* etc. p. LXXI).

naire, suivant lequel la valeur de sare serait périmée par la présence de « byañjane » dans le sûtra précédent. Mais cf. I, 3, 3, etc.

## क्वचि लोगं ॥ ६ ॥

Niggahîtaṁ kho saro pare kvaci lopaṁ pappoti. Tâsâhaṁ santike; vidûnaggaṁ iti.

Kvacîti kasmâ? Ahaṁ eva nûnabalo; etadatthaṁ viditvâ.

Quelquefois le niggahîta s'élide [devant une voyelle]. Ex. Tâsâhaṁ (pour : tâsaṁ ahaṁ) santike : en leur présence, je...

## व्यञ्जने च ॥ १० ॥

Niggahîtaṁ kho byañjane pare kvaci lopaṁ pappoti. Ariyasaccâna dassanaṁ; etaṁ buddhâna sâsanaṁ.

Kvacîti kasmâ? Etaṁ maṅgalaṁ uttamaṁ; vo vadâmi bhaddaṁ vo.

[Quelquefois] aussi devant une consonne. Ex. Ariyasaccâna (pour : °saccânaṁ) dassanaṁ : la vue des quatre grandes vérités.

## परो वा सरो ॥ ११ ॥

Niggahîtamhâ paro saro lopaṁ pappoti vâ. Abhinandanti[1] subhâsitaṁ uttattaṁ va; yathâbîjaṁva dhaññaṁ.

Vâti kasmâ? Ahaṁ eva nûnabâlo; etad ahosi.

Dans certains cas une voyelle qui suit [le niggahîta] s'élide. Ex. Yathâbîjaṁ va dhaññaṁ (pour : °jaṁ iva) : comme du blé en germe.

---

[1] Cd abhinandunti.

Le sens de « và » ne saurait être douteux ici, où il est question seulement de quelques mots : va à côté de iva, eva; ti à côté de iti; pi à côté d'api.

## ब्यङ्जनो च विसञ्ञोगो ॥ १२ ॥

Niggahîtamhâ parasmiñ sare lutte yadi byañjano [1] saṁyogo visaññogo hoti. Evaṁ sa te âsavà; pupphaṁ sà uppajji [2].

Lutteti kasmâ ? Evam assa vacaniyo; vidûnaggam iti.

Casaddaggahaṇena tiṇṇam pi byañjanânaṁ antare sarûpânaṁ [3] kvaci lopo hoti. Yathâ : agyâgâraṁ, vutyassa.

Et [si la voyelle ainsi élidée était suivie d'un groupe de consonnes], le groupe est simplifié. Exemple : Evaṁ sa (pour : evaṁ assa) te âsavâ : tels sont ses désirs sensuels.

ITI SANDHIKAPPE CATUTTHO KAṆḌO.

## गो संरे पुथस्सागमो व्वाचि ॥ १ ॥

Putha iccetassa sare pare kvaci gakârâgamo hoti. Puthageva.

Kvacîti kasmà ? Putha eva.

Devant une voyelle, *putha* prend quelquefois un *g* additionnel. Exemple : Puthag eva (ou : putha e°): séparément.

## पास्स चन्तो रस्सो ॥ २ ॥

Pâ iccetassa sare pare kvaci gakârâgamo hoti, anto ca saro rasso hoti. Pageva vutyassa.

Kvacîti kasmâ ? Pâ eva vutyassa.

[1] S[a] byañjano ca.
[2] S[a] uppajati.
[3] Cd byañjanânaṁ sarûpânaṁ.

Il en est de même de *pâ*, dont dans ce cas l'*â*
final devient bref. Ex. Pag eva (ou : pâ eva) : tout
d'abord.

## ब्रब्भो ब्रभि ॥ ३ ॥

Abhi iccetassa sare pare abbho âdeso hoti. Abbhudiritaṁ[1];
abbhuggacchati.

[Devant une voyelle] *abhi* se change en *abbh*.
Ex. Abbhuggacchati (c'est-à-dire abhi + u °) : il
s'élève.

## ब्रज्झो ब्रधि ॥ ४ ॥

Adhi iccetassa sare pare ajjho âdeso hoti. Ajjhokâso ; ajjha
gamâ.

[Devant une voyelle] *adhi* se change en *ajjh*.
Ex. Ajjhagamâ : il comprit (c'est-à-dire adhi a°).

## ते न वा इवण्णे ॥ ५ ॥

Te ca kho abhi adhi iccete ivaṇṇe pare abbho ajjho iti
vuttarûpâ na honti vâ. Abhicchitaṁ[2] ; adhîritaṁ[3].
Vâti kasmâ ? Abbhîritaṁ ; ajjhiṇamutto[4].

Devant *i*, *î*, le changement n'a pas toujours lieu.
Ex. Abhicchitaṁ : désiré (c'est-à-dire abhi + i°).

[1] Cd abbhûritaṁ. Sᵃ abbhudiritaṁ.
[2] Cd abhijjhitaṁ.
[3] Cd et Sᵃ adhiritaṁ.
[4] Cd Sᵃ ajjhina°.

## ब्रतिस्स बन्तस्स ॥ ६ ॥

Ati iccetassa antabhûtassa tisaddassa ivaṇṇe pare sabbo
caṁ ûti (I, ৭, 8) vuttarûpâ na honti. Atisigaṇo; atiritaṁ.
Ivaṇṇe kasmâ? Accantaṁ.

[Devant *i, î*] la [syllabe] finale de *ati* ne subit
non plus aucun changement. Ex. Atisigaṇo (c'est-
à-dire ati + isi°) : une troupe de grands ṛishis (?).

## क्वचि पटि पतिस्स ॥ ৭ ॥

Pati iccetassa sare vâ byañjane vâ pare kvaci paṭi âdeso
hoti. Paṭaggi dhâtabbo[1]; paṭihaññati.
Kvacîti kasmâ? Paccantimesu janapadesu; paṭiliyati[2]; pa-
tirûpadesavâso ca.

Quelquefois *pati* se change en *paṭi*. Ex. Paṭaggi
dhâtabbo : qui doit être exposé au feu.

## पुथस्सु ब्यञ्जने ॥ ८ ॥

Putha iccetassa anto saro byañjane pare ukâro hoti. Pu-
thujjano; puthubhûtaṁ.
Antaggahaṇena aputhassâpi sare pare antassa ukâro hoti.
Manuññaṁ.

[La voyelle finale] de *putha* se change en *u* devant une consonne. Ex. Puthujjano (c'est-à-dire
putha jana) : un homme ordinaire.

---

[1] Cd et S° dhâtabbo.
[2] Cd et S° patiliyati.

## ओ अवस्स ॥ ९ ॥

Ava iccetassa okârâdeso hoti kvaci byañjane pare. Andhakârena onaddhâ.

Kvacîti kasmâ ? Avasussatu me sarîre maṁsalohitaṁ.

*Ava* se change [quelquefois] en o [devant une
consonne]. Ex. Andhakârena onaddhâ (pour :
avana°) : enveloppés dans la nuit.

Régulièrement, kvaci du sûtra 7 ne devrait pas s'étendre
à celui-ci ; mais nous avons eu et nous aurons assez d'exemples
de ce genre d'inexactitude, pour croire que le scholiaste est
entré dans l'intention de l'auteur en rétablissant ici cette
restriction indispensable.

## अनुपदिट्ठानं वुत्तयोगतो ॥ १० ॥

Anupadiṭṭhânaṁ upasagganipâtânaṁ sarasandhîhi byañ-
janasandhîhi vuttasandhîhi yathâyogaṁ yojetabbaṁ. Pâpanaṁ ; parâyanaṁ ; upâyanaṁ ; upâhanaṁ ; nyâyogo ; nirupadhi [1] ; duvupasantaṁ ; suvupasantaṁ [2] ; dvâlayo ; svâlayo [3] ; du-
râkhâto [4] ; svâkhâto [5] ; udîritaṁ ; samuddiṭṭhaṁ, viyaggaṁ [6] ;
vijjhaggaṁ ; byaggaṁ [7] ; avayâgamanaṁ ; anveti ; anûpaghâto ;
anacchâriyâ ; parisesanâ ; parâmâso ; — evaṁ sare ca honti.
Byañjane ca : Pariggaho ; paggaho ; pakkamo ; parakkamo ;
nikkamo ; nikkasâvo ; nillayanaṁ ; dullayanaṁ ; dubbhikkhaṁ ;

[1] Cd et Sᵃ ajoutent : anubodho, qui n'est point ici à sa place.
[2] Cd sûvusantaṁ. Sᵃ n'a pas cet exemple.
[3] Cd omet svâlayo.
[4] Cd dûrâkkhâtaṁ. Sᵃ durâkhyâto.
[5] Cd svâkkhâto.
[6], [7] Cd vyaggaṁ — vyaggaṁ.

dubbhuttaṁ[1]; sandiṭṭhaṁ; duggaho; viggaho[2]; suggaho[3], niggataṁ; — evaṁ byañjane ca honti. Sesā ca sabbe yojetabbā.

[Les particules, etc.] qui n'ont point été l'objet de règles spéciales [se modifient] suivant les règles données. Ex. Pâpanaṁ (= pa + âpa°) : obtention; nirupadhi (= nis + upa°) : sans individualité; suvupasantaṁ (= su + upa°) : bien calmé; viyaggaṁ (= vi + a°) : occupé; anveti (= anu + e°) : il suit; — pariggaho (= pari + ga) : propriété; dubbhikkhaṁ (= duḥ + bhi°) : disette; niggataṁ (= niḥ + ga°) : sorti.

ITI SANDHIKAPPE PAÑCAMO KAṆḌO.

---

जिनवचनयुत्तम्हि [5] ॥ १ ॥

Jinavacanayuttamhi[5] iccetaṁ adhikāratthaṁ veditabbaṁ.

[Les règles qui vont suivre sont fondées] sur l'usage des discours du Buddha.

लिङ्गञ्च निप्पच्चते ॥ २ ॥

Yathâyathâ jinavacanayuttamhi[6] tathâtathâ idha liṅgañca nipaccate.

Taṁ yathâ : Eso no satthâ, brahmâ, attâ, sakhâ, râjâ.

[C'est] aussi [par cet usage que sont connus et] déterminés les thèmes.

[1] S° dubbhûtaṁ. Cd dubbuttaṁ.
[2] Cd niggaho.
[3] Cd viggaho.
[4], [5], [6] Cd et S° yuttaṁhi.

M. E. Kuhn (p. 12) a parfaitement reconnu le sens spécial
de « liṅga » dans notre grammairien, où il signifie : thème nominal. En voici du reste l'explication donnée par le Bâlâvatâra (p. 8, l. 20) : « Dhâtuppaccayavibhattivajjitaṁ atthayuttaṁ
saddarûpaṁ liṅgaṁ nâma, » qui n'est qu'une transposition
en pâli du sûtra Kâtantra : « Dhâtuvibhaktivarjam arthaval
liṅgaṁ, » avec l'addition de *pratyaya*, qui a toute l'apparence
d'un emprunt maladroit fait à Pânini, I, 2, 45.

ततो च विभत्तियो ॥ ३ ॥

Tato jinavacanayuttehi liṅgehi vibhattiyo honti.

Et après le thème viennent les désinences.

सि यो अं यो ना हि स नं स्मा हि स नं स्मिं सु ॥ ४ ॥

Kâ ca pana tâ[1] vibhattiyo ? Si yo iti paṭhamâ ; aṁ yo iti
dutiyâ ; nâ hi iti tatiyâ ; sa naṁ iti catutthî ; smâ hi iti pañcamî ; sa naṁ iti chaṭṭhî ; smiṁ su iti sattamî.

Vibhatti iccanena kvattho ? Amhassa maṁ savibhattissa se.
(II, 2, 1.)

[Ces désinences sont :] si [nominatif singulier],
yo [nominatif pluriel], aṁ [accusatif singulier], yo
[accusatif pluriel], nâ [instrumental singulier], hi
[instrumental pluriel], sa [datif singulier], naṁ
[datif pluriel], smâ [ablatif singulier], hi [ablatif
pluriel], sa [génitif singulier], naṁ [génitif pluriel],
smiṁ [locatif singulier], su [locatif pluriel].

---

[1] S[b] tàyo vi°.

## तदनुपरोधेन ॥ ५ ॥

Yathâyathâ tesaṁ jinavacanâṇaṁ anuparodhena tathâtathâ
dha liṅgañca nipaccate.

[Dans leur emploi] on se conforme à l'usage des
discours du Buddha.

En réduisant, comme le fait notre scholiaste, l'application
de ce sûtra aux thèmes nominaux, je ne puis voir quelle
nuance le distinguerait du sûtra 2. La Rûpasiddhi en étend
un peu la portée; voici son explication (fol. 11$^b$) : « Yathâyathâ tesaṁ jinavacanânaṁ uparodhena (l. uparodho na)
hoti tathâtathâ idha liṅgañca saddenâkhyâtañca nipaccate
nipphâdiyatîti attho. Teneva idha ca âkhyâte ca (add. na?)
dvivacanaggahaṇaṁ sakkatavisadisato (° visâdisa°?) vibhatti-
paccayâdividhânañca katanti daṭṭhabbaṁ . . . . . » D'après cela
cette règle aurait pour but de marquer que non-seulement la
forme du thème, mais aussi l'emploi des cas, l'exclusion du
duel, etc. sont fondés sur les discours du Buddha; mais, après
l'adhikâra du sûtra 1, une pareille explication ne montre pas
davantage l'utilité qu'a-pu avoir cette remarque dans l'intention de son auteur. J'ai traduit, en faisant porter cette règle
principalement sur la précédente, ainsi que sa place semble
en tous cas l'exiger.

## आलपने सि गसंञो ॥ ६ ॥

Alapanatthe si gasañño hoti. Bhoti ayye; bhoti kaññe,
bhoti gharâdiye [1].
Âlapaṇeti kimatthaṁ? Sâ ayyâ.
Sîti kimatthaṁ? Bhotiyo ayyâyo.
Ga iccanena kvattho? Ghate ca. (II, 1, 63.)

---

[1] S$^b$ kharâdiye.

3.

Quand il sert à appeler [quand il fait fonction de vocatif], le nominatif singulier a pour signe technique : *ga*. Ex. Ainsi on dit « ayye » au vocatif singulier de « ayyâ » en vertu de la règle II, 1, 63, qui s'applique au « ga » des féminins en â.

इवणुवण्णा झला ॥ ७ ॥

Ivaṇṇuvaṇṇâ iccete jhalasaññâ honti yathâsaṅkhyaṁ. Isino ; daṇḍino ; aggino ; gahapatino ; setuno ; bhikkhuno ; sayambhuṇo.

Jhala iccanena kvattho ? Jhalato sassa no vâ. (II, 1, 66.)

Les lettres *i, î, u, û* [ont pour signes techniques] *jha* et *la*. Ex. On dit : « isino », de « isi », ṛishi, d'après la règle II, 1, 66, qui enseigne que les thèmes en *jha* font leur génitif singulier en *no*.

ते इत्थिय्या ¹ पो ॥ ८ ॥

Te ivaṇṇuvaṇṇâ yadâ itthikhyâ tadâ pasaññâ honti. Rattiyâ ; itthiyâ ; vadhuyâ ; dhenuyâ ; deviyâ.

Itthikhyâti ² kimatthaṁ ? Isinâ ; bhikkhunâ.

Pa iccanena kvattho ? Pato yâ. (II, 1, 61.)

Ces lettres [*i, î, u, û,* finales] de noms féminins [ont pour signe technique] *pa*. Ex. On forme de « rattî » l'instrumental singulier « rattiyâ » en vertu de la règle qui enseigne que les noms terminés en *pa* font en *yâ* les cas obliques du singulier.

---

¹ Cd itthikkhyâ.

² Cd itthikkhyâ. Sᵇ itthikkhiyâ.

## त्रा यो ॥ ८ ॥

Âkâro yadâ itthikhyâ[1] tadâ ghasañño hoti. Sabbâya; kañ
ñâya; vîṇâya; gaṅgâya; disâya; sâlâya; mâlâya; tulâya; do-
lâya[2]; pabhâya; sotâya; paññâya; karuṇâya; nâvâya; kapâ-
lâya.

Â iti kimatthaṁ? Rattiyâ; itthiyâ; deviyâ; dhenuyá.
Itthikhyâti kimatthaṁ? Satthârâ desito ayaṁ dhammo.
Gha iccanena kvattho? Ghato nâdînaṁ. (I, 1, 60.)

*Â* [final] de noms féminins [a pour signe tech-
nique] *gha*. Ex. De « kaññâ », jeune fille, on forme
l'instrumental singulier « kaññâya », en vertu d'une
règle qui enseigne que les noms terminés en *gha*
font les cas obliques du singulier en *âya*.

## सग्मो सं ॥ १० ॥

Sakârâgamo hoti se vibhattimhi. Purisassa; aggissa; daṇ-
dissa; isissa; bhikkhussa; sayambhussa; abbibhussa.
Se ti kimatthaṁ? Purisasmiṁ.

Un *s* additionnel s'insère devant [la désinence]
*sa* [du génitif et datif singulier]. Ex. Purisa, homme;
génitif et datif singulier : purisassa.

## संसास्वेकवचनसु च ॥ ११ ॥

Saṁsâsu ekavacanesu vibhattâdesesu sakârâgamo hoti.
Etissaṁ; etissâ; imissaṁ; imissâ; tissaṁ; tissâ; tassaṁ; tassâ;
yassaṁ; yassâ; amussaṁ; amussâ.
Saṁsâsvîti kimatthaṁ? Agginâ; pâṇinâ.

---

[1] Cd itthikkhyâ.
[2] Cd doṇâya.

Ekavacanesviti kimattham ? Tâsaṁ; sabbâsaṁ.
Vibhattâdesesviti kimattham ? Manasâ; vacasâ; thâmasâ.


[La même addition se fait] aussi devant les désinences *saṁ*, *sâ*, du singulier. Ex. Etissaṁ : dans
celle-là; etissâ : de celle-là.


L'addition du glossateur *vibhattâdesesviti*..... est complétement superflue. La règle qui enseigne les formes comme
*manasâ*, etc. est II, 3, 21; or elle ne prescrit pas une désinence *sâ* à ajouter au thème *mana*, mais une désinence *â* à
affixer à ce thème; et l'insertion de l'*s* dit additionnel est
ensuite spécialement enseignée par II, 3, 24.


## एतिमासं इ ' ॥ १२ ॥

Etâ imâ iccetesaṁ anto saro ikâro hoti saṁsâsu ekavaca-
nesu vibhattâdesesu. Etissaṁ; etissâ; imissaṁ; imissâ.
Saṁsâsviti kimatthaṁ ? Etâya; imâya.
Ekavacanesviti kimattham ? Etâsaṁ; imâsaṁ.


Devant les désinences *saṁ*, *sâ* du singulier [les
pronoms féminins] *etâ*, *imâ* prennent *i* [au lieu de
leur *â* final]. Ex. Etissâ : de celle-là.


## तस्सा वा ॥ १३ ॥

Tassâ itthiyaṁ vattamânâya akârassa ikâro hoti vâ saṁsâsu
ekavacanesu vibhattâdesesu. Tissaṁ; tissâ; tassaṁ; tassâ.


Pour [le pronom féminin] *tâ*, ce changement est
facultatif. Ex. Tassâ ou tissâ : de celle-ci.

---

' Cd etimâsvi

## ततो सस्स स्साय ॥ १४ ॥

Tato tâetâimâto sassa vibhattissa¹ ssâyâdeso hoti vâ anto
ca saro ikâro hoti. Tissâya; tissâ; etissâya; etissâ; imissâya;
imissâ.

[Les pronoms féminins] *tâ*, *etâ*, *imâ* [changés en
*ti*, *eti*, *imi*,] peuvent à volonté prendre la désinence *ssâya* au génitif singulier. Ex. Etissâ ou etissâya : de celle-là.

## घो रस्सं ॥ १५ ॥

Gho rassaṁ âpajjate saṁsâsu ekavacanesu vibhattâdesesu.
Tassaṁ; tassâ; yassaṁ; yassâ; sabbassaṁ; sabbassâ.
Saṁsâsviti kimatthaṁ ? Tâya; sabbâya.
Ekavacanesviti kimatthaṁ ? Tâsaṁ; sabbâsaṁ.

[Devant ces désinences *saṁ*, *sâ*, du singulier,]
*â* [final de ces pronoms féminins] devient bref.
Ex. Tassâ : de celle-ci; sabbassâ : dans toute.

## नो च द्वादितो नम्हि ॥ १६ ॥

Dvi iccevam âdito saṅkhyâto nakârâgamo hoti namhi vi-
bhattimhi². Dvinnaṁ; tinnaṁ; catunnaṁ; pañcannaṁ; channaṁ; sattannaṁ; aṭṭhannaṁ; navannaṁ; dasannaṁ.
Dvâditoti kimatthaṁ ? Sahassânaṁ.
Namhîti kimatthaṁ ? Dvîsu; tîsu.
Casaddaggahaṇena ssaṁ câgamo hoti. Catassannaṁ itthînaṁ; tissannaṁ vedanânaṁ.

¹ Cd vibhaktissa.
² Cd namhi bhaktimhi.

[Les noms de nombre] *dvi*, etc. prennent un *n*
additionnel devant [la désinence] *naṁ* [du génitif
pluriel]. Ex. Dvinnaṁ : de deux; dasannaṁ : de
dix.

De ce sûtra je n'ai pas traduit le mot « ca » dont la valeur
m'échappe complétement; car nous ne saurions nous arrêter
à l'explication du scholiaste.

ब्रमा पतो स्मिंस्मानं वा ॥ १७ ॥

Pa iccetasmâ smiṁ smâ iccetesaṁ aṁ à âdesâ honti vâ
yathâsaṅkhyaṁ. Matyaṁ; matiyaṁ; matyâ; matiyâ; ratyaṁ;
ratiyaṁ; ratyâ; ratiyâ; nikatyaṁ; nikatiyaṁ; nikatyâ; nika-
tiyâ; vikatyaṁ; vikatiyaṁ; vikatyâ; vikatiyâ; viratyaṁ; vira-
tiyaṁ; viratyâ; viratiyâ; puthabyaṁ; puthaviyaṁ; puthabyâ;
puthaviyâ; pavatyaṁ; pavattiyaṁ; pavatyâ; pavattiyâ[1].

Les noms [féminins] en *i*, *î*, *u*, *û* prennent d'ordinaire les désinences *aṁ*, *â* au lieu de *smiṁ* et *smâ*
[du locatif et de l'ablatif singulier]. Ex. Matyaṁ
ou matiyaṁ : dans la pensée; dhenuyâ : de la vache.

Les désinences *smiṁ* et *smâ* étant tout à fait inusitées dans
la déclinaison des féminins en i, î, u, û, ils n'ont pas d'autre
forme d'ablatif que le « vâ » puisse entendre autoriser au même
titre que la désinence *â*, et d'autre part l'autre formation du
locatif de ces noms, la formation en *o*, n'est usitée qu'en un si
petit nombre de cas déterminés, que ce serait complétement
retourner la vérité que de traduire dans notre règle « vâ » par :
« quelquefois »; pour pouvoir le rendre ainsi, il faudrait admettre que ce sûtra s'appliquerait à une période de dévelop-
pement du pâli antérieure à celle qui nous est connue, et

[1] Cd S[b] °vatiyaṁ °vatiyâ.

plus voisine du sanskrit : rien n'est moins vraisemblable.
Quant à une troisième forme possible du locatif, en *yâ*, que
paraît en effet autoriser le sûtra II, 1, 61, et qui, d'ailleurs,
n'aurait rien de plus surprenant que la forme *âya* au même
cas des féminins en *â* (pour les exx. cf. Storck, *Cas. in Ling.
Pâl.* etc. p. 20 ; *Five Jât.* ed. Fausböll, p. 12, l. 23, p. 17, l. 4.
— Cf. s. II, 1, 60), il faut reconnaître pour le moins qu'elle
est d'un usage très-rare. (Storck, n'en citant aucun exemple,
paraît n'en pas avoir rencontré. — Cf. pourtant p. 26.) — On
remarquera, du reste, l'absence dans le commentaire de tout
essai d'explication du « vâ » et aussi d'exemples de noms en u,
û. La Rûpasiddhi qui, de même, ne donne pas d'exemple de
la seconde catégorie, fonde précisément cette omission sur
son interprétation de « vâ ». La voici (fol. 20ᵃ) : « Vavatthita-
vibhâsattho yaṃ vâsaddo ; tena uvaṇṇantato na honti ; ivaṇ-
ṇantatopi yathâpayogaṃ : la valeur de *vâ* ne s'étend qu'à une
partie de la règle (Cf. Pâṇ. ed. Böht. *Ind.* s. v. *vibhâshâ*) : les
désinences *aṃ*, *â* ne s'appliquent pas aux noms en u, û,
et même dans les noms en i, î, elles ne s'emploient que dans
certains cas. » Je ne m'explique pas comment le commentateur peut dire que les formes de locatif et d'ablatif en *aṃ* et
*â* n'appartiennent pas aux féminins en u, û, tandis que les
formes comme « dhenuyaṃ, dhenuyâ » sont les seules en
usage. Quant à la portée véritable de « vâ » relativement aux
noms en i, î, ce commentaire ne nous éclaire sur ce sujet en
aucune façon. Ajoutons enfin que, pour ce qui touche à l'a-
blatif, la présente règle fait double emploi avec le sûtra 61
de la même section, et, pour le locatif, avec II, 4, 6.

आदितो ओ च ॥ १८ ॥

Âdi iccetasmâ smiṃvacanassa aṃ[1] o âdesâ honti vâ. Âdiṃ ;
âdo.

Vâti kimatthaṃ? Âdismiṃ, âdimhi nâthaṃ namassitvâ.

______
[1] Cd. °ssa â o â°.

Casaddaggahaṇena aññasmâpi smiṁvacanassa à o aṁ
âdesâ honti vâ [1]. Divâ ca ratto ca haranti ye baliṁ; Bârânasiṁ
ahu râjâ.

*Âdi* peut à volonté faire [en ṁ et] aussi en *o* [son
locatif singulier]. Ex. Âdiṁ, âdo ou âdismiṁ : au
commencement.

## झलानं इयुवा सरे वा ॥ १९ ॥

Jhala iccetesaṁ iya uva iccete âdesâ honti vâ sare pare.
Tiyantaṁ; pacchiyâgâre; aggiyâgâre; bhikkhuvâsane nisîdati;
puthuvâsane.

Sareti kimatthaṁ? Timalaṁ; tiphalaṁ; tikacatukkaṁ; tidaṇḍaṁ; tilokaṁ; tinayanaṁ; tipâsaṁ; tihaṁsaṁ; tibharaṁ;
tibandhanaṁ; tipiṭakaṁ; tivedaṁ; catuddisaṁ; puthubhûtaṁ.

Vâti kimatthaṁ? Pañcahaṅgehi [2]; tîhâkârehi; cakkhâyata-
naṁ.

Vâti vikappanatthaṁ. Ikârassa ayâdeso hoti: vatthuttayaṁ.

Devant une voyelle *i*, *î*, *u*, *û* peuvent se changer
en *iy*, *uv*. Ex. Aggiyâgâre (= aggi + aˀ) : dans le lieu
où se conserve le feu sacré; bhikkhuvâsane (= bhikkhu + âˀ) : sur le siége du bhikshu.

## यवकारा च ॥ २० ॥

Jhalânam yakâravakârâdesâ honti vâ [3] sare pare. Agyâgâre;
cakkhvâyatanaṁ; svâgataṁ te mahâvîra.

Casaddaggahaṇaṁ sampiṇḍanatthaṁ.

[Ils peuvent] aussi [se changer] en *y*, *v*. Ex.

[1] Sᵇ omet vâ.
[2] Cd ajoute : samannâgato.
[3] Cd omet vâ.

Agyâgâre = aggiyâgâre; cakkhvâyatanaṁ : le sens de
la vue.

पसञ्ञस्स च ¹ ॥ २१ ॥

Pasaññassa ca vibhattâc̣..se sare pare yakârâdeso hoti. Pa-
thabyâ; ratyâ; matyâ.

Sareti kimatthaṁ? Pathaviyaṁ.

Casaddaggahaṇaṁ anukaḍḍhanatthaṁ ².

*I, î, u, û* des noms féminins [peuvent se changer]
aussi [en *y, v* devant une voyelle]. Ex. Matyâ : par la
pensée (du féminin mati + â).

Le scholiaste a tort de ne pas répéter ici le « vâ » du sûtra
19 qui est encore en vigueur; au lieu de « sareti », il aurait
dû écrire « vâti ». La Rûpasiddhi (fol. 20ᵉ) relève en effet le
« vâ »; mais elle en abuse, pour lui prêter en même temps
la fonction d'éliminer de cette règle la lettre *u, û* comprise
aussi bien que *i, î* dans le terme « pa ». Si l'interprétation est
arbitraire, elle a du moins ceci de fondé, qu'en fait cette
règle paraît ne s'appliquer qu'aux féminins en *i*; mais, pour
sauvegarder l'exactitude de l'auteur, elle a recours à une interprétation tout artificielle; et elle ne saurait en tous cas le
justifier de n'avoir prévu par aucune règle l'insertion de *y*
dans les féminins en *u* (*dhenuyâ*).

गाव से ॥ २२ ॥

Go iccetassa akârassa âvâdeso hoti se vibhattimhi. Gâvassa.

[*Go* fait] *gâva* devant [la désinence] *sa* [du génitif singulier]. Ex. Gâvassa : de la vache.

¹ Cd pasañña ca.
Sᵇ omet cette ligne.

## वासु च ॥ २३ ॥

Go iccetassa okârassa âvâdeso hoti yo iccetesu paresu[1].
Gâvo gacchanti; gâvo passanti; gâvî gacchanti; gâvî passanti.
Casaddaggahaṇaṁ kimatthaṁ? Nâsmâsmiṁsu vacanesu
âvâdeso hoti. Gâvena; gâvâ; gâve; gâvesu.

Et aussi devant les désinences du nominatif et de
l'accusatif pluriel. Ex. Gâvo gacchanti : les vaches
marchent; gâvo passanti : ils voient les vaches.

## अवम्हि च ॥ २४ ॥

Go iccetassa okârassa âva avâdesâ honti amhi vibhattimhi.
Gâvaṁ; gavaṁ.
Casaddaggahaṇena sâdisesesu pubbuttaravacanesu ca avâ-
deso[2] hoti. Gavassa; gavo; gavena; gavâ; gave; gavesu.

[*Go* change son *o* en *âva* et] aussi [en] *ava* devant [la désinence] *aṁ* [de l'accusatif singulier].
Ex. Gavaṁ ou gâvaṁ : la vache.

## आवसु बा ॥ २५ ॥

Âva iccetassa gavâdesassa antasarassa ukârâdeso hoti vâ
amhi vibhattimhi. Gâvuṁ; gâvaṁ.
Âvasseti kimatthaṁ? Gavaṁ.
Amhîti kimatthaṁ? Gâvo tiṭṭhanti.

*Âva* [remplaçant l'o final de *go*] peut [à l'accu-

---

[1] Cd parassu ava âvâdeso honti resu, les mots, de °rassa à honti,
entre parenthèses, de seconde main.
[2] Cd âvâdeso.

satif singulier] prendre *u* [au lieu de son *a* final].
Ex. Gâvuṁ ou gâvaṁ : vaccam.

ततो नं अं पतिम्हालुत्ते च समासे ॥ २६ ॥

Tato gosaddato nañvacanassa aṁ âdeso hoti go iccetassa
okârassa avâdeso [1] hoti patimhi pare alutte ca samâse. Gavampatissa therassa.

Alutte ti kimatthaṁ ? Gopati.

Casaddaggahaṇena asamâsepi nañvacanassa aṁ âdeso hoti
go iccetassa okârassa avâdeso ca hoti. Gavaṁ.

Après ce mot *go* [changé en *gava*, la désinence]
*naṁ* [du génitif pluriel se change en] *aṁ*, en composition, devant *pati*, à moins qu'on n'élimine toute
désinence. Ex. Gavampatissa therassa : du sthavira
Gavampati (maître des vaches); mais aussi gopati :
le maître des vaches.

अो सरे च ॥ २७ ॥

Go iccetassa okârassa avâdeso ca hoti samâse sare pare.
Gavassakaṁ; gavelakaṁ; gavâjinaṁ.

Casaddaggahaṇena uvaṇṇa iccevamantânaṁ liṅgânaṁ uva-
avaurâdesâ honti smiṁ yo iccetesu paresu kvaci. Bhuvi; pa-
savo; guravo; caturo.

Sareti kimatthaṁ ? Godhano; govindo.

Et *o* [de *go*] devant une voyelle [en composition
se change en *ava*]. Ex. Gavassakaṁ (= go + assa°) :
vaches et chevaux.

----

[1] Cd avâdeso.

## तबुवपरीतुपपदे ब्यञ्जने च ॥ २८ ॥

Tassa avasaddassa yadā upapade tiṭṭhamānassa tassa okarassa viparīto [1] hoti byañjane pare. Uggate suriye; uggacchati; uggahetvā.

Casaddaggahaṇena avadhāraṇattham. Avasane, avakirane; avakiratiṃ.

Et, comme mot secondaire [en composition], devant une consonne [*o*, représentant de *ava*,] se modifie [en *u*]. Ex. Uggacchati : il comprend.

La Rūpasiddhi qui place avec assez de raison ce sutra après 1, 5, g, en donne du reste la même explication, mais un peu plus complète, que notre scholiaste (fol. g°), spécifiant que : «okāraviparītoti (cod. "rito") ukārassetaṃ adhivacanaṃ, c'est-à-dire : modification de o est une manière de dire : u, » puis notant la nécessité, après ce changement, de redoubler la consonne initiale du second terme de la composition. Quant aux exemples donnés par l'un et l'autre commentaire, il est permis de douter s'ils sont heureusement choisis, et il n'y a guère d'apparence que «Uggate suriye», par exemple, puisse être autre chose que : Udgate (et non : vagate) sūrye

## गोणं नम्हि वा ॥ २९ ॥

Sabbassa gosaddassa gonādeso hoti vā namhi vibhattimhi. Goṇānaṃ sattannaṃ.

Vāti kimatthaṃ? Goṇū ce taramānānaṃ [2] ujuṃ gacchati puṅgavo, sabbā gāvī ujuṃ yanti nette ujuṃ gate goṇaṃ [3].

---

[1] Cd et S[b] viparīto.

[2] Cd goṇañce". S[b] goṇaṃ. Yoggavi".

[3] Cd gate sati go. Yāgu". et go paraît effacé.

Yogavibhâgena aññatthâpi goṇâdeso hoti. Gopabhûta-
naṁ.

[Go peut] à volonté [se changer en] *goṇa* devant
[la désinence] *naṁ* [du genitif pluriel]. Ex. Goṇânaṁ sattannaṁ : de sept vaches.

## मुदिनानु ' च ॥ ३० ॥

Suhinâ[2] iccetesu ca sabbassa gosaddassa goṇadeso[3] hoti
vâ. Goṇesu, goṇehi[4]; goṇena.
Vâti kimatthaṁ ? Gosu; gohi; gobhi; gavena.
Gosaddaggahaṇena syâdisesesu pubbuttaravacanesûpi[5] go-
ṇagogavayâdesâ honti. Goṇo; goṇâ; goṇaṁ; goṇe; goṇassa;
goṇamhâ; goṇasmâ; gunnaṁ[6]; gavayehi.

Et aussi devant [les désinences] *su* [du locatif
pluriel], *hi* [de l'instrumental pluriel], et *nâ* [de
l'instrumental singulier]. Ex. Goṇesu : parmi les vaches; goṇena : au moyen d'une vache.

## अम्मो निगस्होतं झलपोहि ॥ ३१ ॥

Aṁvacanassa ca makârassa ca jhalapa iccetehi niggahîtaṁ
hoti. Aggiṁ; daṇḍiṁ; isiṁ; mahesiṁ; gahapatiṁ; bhikkhuṁ;
sayambhuṁ; abhibhuṁ; itthiṁ; rattiṁ; vadhuṁ; pulliṅgaṁ[7];
pumbhâvo; puṁkokilo.

[1] Cd suhiṇâsu ca.
[2] Cd suhiṇâ'.
[3] Cd S[h] goṇâdeso'.
[4] S[h] ajoute : goṇebhi.
[5] Cd et S[h] vacanesu pi
[6] Cd gaiṇṇaṁ.
[7] S[h] puṁliṅgaṁ.

Ammoti kimattham? Agginà; rattiyà; bhikkhunà; itthiyà; vadhuyâ.

Jhalapehíti kimattham? Sukham; dukkham.

Punaràrambhaggahaṇaṁ vibhâsânivattanatthaṁ[1]. Aggiṁ; vadhuṁ; paṭuṁ; bandhuṁ; buddhiṁ.


[La désinence] aṁ [de l'accusatif singulier] et un m [final se changent en] niggahíta après i, î, u, û de noms de genre quelconque. Ex. Aggiṁ : le feu; daṇḍiṁ : celui qui porte un bâton; vadhuṁ : la femme; pulliṅgaṁ : le genre masculin.


## सलोपो अमादिसप्पच्चयादिम्हि सलोपे तु पकति ॥ ३२ ॥

Saralopo hoti amâdesappaccayâdimhi saralope tu pakati hoti. Purisaṁ; purise; pâpaṁ; pâpe; pâpiyo; pâpiṭṭho.

Amâdesappaccayâdimhíti kimattham? Appamâdo amatapadaṁ.

Saralopeti kimattham? Purisassa; daṇḍinaṁ.

Tusaddaggahaṇaṁ avadhâraṇatthaṁ. Bhikkhuní; gahapatâní. — Pakatiggahaṇasâmatthena puna sandhibhâvo ca hoti. Seyyo; seṭṭho; jeyyo; jeṭṭho.


La voyelle [finale] s'élide devant [la désinence] aṁ [de l'accusatif singulier], les formes substituées [par une règle à la forme ordinaire ou typique], les suffixes, etc.; mais, l'élision opérée, [ces désinences, suffixes, etc. conservent la] forme primitive [sous laquelle ils sont prescrits]. Ex. Purisa + aṁ : puris'aṁ : l'homme; pâpa + (la dési-

---

[1] Cd⁰ nivattha⁰.

[2] Cd ⁰lopo mâde⁰.

nence substituée) e : pâp'e : dans le méchant. Au
contraire, purisa + la désinence *sa* du génitif singulier donne, non *purisasa*, mais *purisa-s-sa*, avec un
*s* additionnel spécialement proscrit.

अघो रस्सं एकवचनयोस्स्वपि च ॥ ३३ ॥

Agho rassaṃ âpajjate ekavacana yo iccetesu ca. Itthiṃ;
itthiyo [1]; itthiyâ; vadhuṃ; vadhuyo; vadhuyâ; daṇḍinaṃ;
daṇḍinâ; sayambhuṃ; sayambhuvo; sayambhunâ.

Aghoti kimatthaṃ? Kaññaṃ [2]; kaññâyo; kaññâya.

Ekavacanayosviti kimatthaṃ? Itthîhi; sayambhûhi.

Casaddaggahaṇaṃ avadhâraṇatthaṃ. Nadiṃ; nadiyo; na-
diyâ [3]. — Apiggahaṇena na rassaṃ âpajjate [4]. Itthî; bhikkhunî [5].

Les voyelles [longues, finales de thèmes nominaux,] autres que l'*â* des féminins, deviennent brèves
aux cas du singulier et au nominatif et à l'accusatif
pluriel. Ex. Itthiṃ : la femme; itthiyo : les femmes
(de itthî); daṇḍinaṃ : l'homme qui porte un bâton;
daṇḍino : les hommes, etc.... (de daṇḍî).

---

[1] Cd omet itthiyo.

[2] Bien que l'*a* de la désinence de kaññaṃ ne soit pas plus long que
l'*i* de itthiṃ, cet exemple ne doit pas être éliminé, si le scholiaste,
pour justifier dans toute son étendue l'exclusion absolue contenue dans
*agho* du sùtra, fait application à l'accusatif des féminins en â, non
de cette règle, mais de la précédente.

[3] Sb omet : nadiṃ. Faudrait-il lire simplement : °tthaṃ. Najjo;
najjâ. — ? (Cf. II, 1, 47, sch.).

[4] Il manque évidemment quelque chose dans cette dernière
phrase; il faut ajouter avant *na rassaṃ* : « si » ou « simhi » qui rétablit
dans les mots ce qui visiblement était dans la pensée du scholiaste.

[5] Cd Itthi; bhikkhuni.

## न सिस्मिं अनपुंसकानि ॥ ३४ ॥

Sismiṅ anapuñisakâni liṅgâni na rassaṅ âpajjante. Itthî; daṇḍî; sayambhû; vadhû, bhikkhunî[1].

Sisminti kimatthaṅ? Bhoti itthi; bho sayambhu; bhoti vadhu; bhoti daṇḍini.

Anapuñisakânîti kimatthaṅ? Sukhakârî dânaṅ; sukhakârî sîlaṅ[2]; sîghagâyi cittaṅ.

Excepté au nominatif singulier des masculins et des féminins. Ex. Bhikkhunî : la religieuse; daṇḍî : l'homme qui porte un bâton.

## उभादितो नं इन्नं ॥ ३५ ॥

Ubha iccevamâdito naṅvacanassa innaṅ hoti. Ubhinnaṅ duvinnaṅ.

Ubhâdito ti kimatthaṅ? Ubhayesaṅ.

[Les mots] *ubha*, etc. prennent [au génitif pluriel] *innaṅ* au lieu de [la désinence] *naṅ*. Ex. Ubhinnam : amborum.

## इन्नं इन्नन्नं तीहि[3] सङ्ख्याहि ॥ ३६ ॥

Naṅvacanassa iṇṇaṅ iṇṇannaṅ iccete âdesâ honti tîhi[4] saṅkhyâhi. Tiṇṇaṅ; tiṇṇannaṅ.

Tîhîti kimatthaṅ? Dvinnaṅ.

---

[1] Cd °tthi, °bhu, °dhu, °ni.
[2] Cd deux fois : sukhakârî. Sᵇ °kârî, la seconde fois.
[3] Cd iṇṇaminnantihi°. Sᵇ °tihi°.
[4] Cd tihi.

Le nom de nombre *ti* prend [au génitif pluriel] *iṇṇaṁ*, *iṇṇannaṁ* [au lieu de la désinence *naṁ*].

## यौसु कतनिकारलोपेसु दीघं ॥ ३७ ॥

Sabbe sarâ yosu kaṭanikâralopesu dîghaṁ âpajjante. Aggî; bhikkhû; rattî; yâgû; aṭṭhî; aṭṭhîni; âyû; âyûni[1]; sabbâni; yâni; tâni; kâni; etâni; amûni; imâni.

Yosviti kimatthaṁ ? Aggi; bhikkhu; ratti; sabbo; yo; so; ko; amuko.

Kaṭanikâralopesviti kimatthaṁ ? Itthiyo; vadhuyo; sayambhuvo.

Punarârambhaggahaṇaṁ kimatthaṁ ? Niccadîpanatthaṁ. Aggî; bhikkhû; rattî[2]; yâni; tâni; kaṭamâni.

Les voyelles [finales des thèmes nominaux] deviennent longues au nominatif et à l'accusatif pluriel tant devant la désinence *ni*, que lorsque toute désinence est supprimée. Ex. Aggî : les feux; aṭṭhîni ou aṭṭhî : les os.

## सुनंह्लिसु च ॥ ३८ ॥

Sunaṁhi iccetesu ca sabbe sarâ dîghaṁ âpajjante. Aggîsu; aggînaṁ; aggîhi; bhikkhûsu; bhikkhûnaṁ; bhikkhûhi[3]; purisâsu; purisânaṁ; purisâhi.

Etesviti kimatthaṁ ? Agginâ; pâṇinâ[4].

Casaddaggahaṇaṁ avadhâraṇatthaṁ. Sukhettesu brahmacârîsu dhammaṁ akkhâsi bhagavâ; bhikkhûnaṁ datvâ sakehi pâṇehi[5].

---

[1] Ici encore, dans la plupart des exemples Cd et S[b] écrivent la voyelle brève.

[2] Cd et S[b] aggi; bhikkhu; ratti.

[3] Cd ajoute ici : rattisu; rattînaṁ; rattîhi.

[4] Cd et S[b] pâninâ.

[5] Cd pâṇehi.

[Il en est] de même devant [les désinences] *su,*
*naṁ, hi* [du locatif, génitif et instrumental pluriel].
Ex. Aggîsu : dans les feux; bhikkhûnaṁ : des religieux.

### पञ्चादीनं अत्तं ॰ ॥ ३८ ॥

Pañcâdînaṁ saṅkhyânaṁ anto attaṁ âpajjate sunaṁhi
iccetesu. Pañcasu; pañcannaṁ; pañçahi; chasu; channaṁ;
chahi; sattasu; sattahi; sattannaṁ; aṭṭhannaṁ; aṭṭhasu; aṭ-
ṭhahi; navasu; navannaṁ; navahi; dasasu; dasannaṁ; dasahi.

Pañcâdînaṁ iti kimatthaṁ? Dvisu; dvinnaṁ; dvîhi.

Attaṁ iti bhâvaniddeso : ubhayasâgamattatthaṁ, anto
ukâro attaṁ âpajjatte [2]. Catassannaṁ itthînaṁ; tissannaṁ
vedanânaṁ.

[Devant les désinences du locatif, génitif et instrumental pluriel, les noms de nombre] *pañca,* etc.
ont *a.* Ex. Pañcasu : dans cinq...; channaṁ :
de six...; dasahi : par dix...

### पतिस्सानिम्हि ॥ ४० ॥

Patissanto attaṁ âpajjate inimhi paccaye pare. Gahapatâni [3].
inimhîti kimatthaṁ? Gahapati.

[De même] *pati* [change son *i* final en *a*] devant
[le suffixe] *ini.* Ex. Gahapatâni : maîtresse de
maison.

---

[1] Cd atthaṁ.
[2] S[b] omet : anto° jjate.
[3] Cd °patâni.

## न्तुस्सन्तो योसु च ॥ ४१ ॥

Ntuppaccayassanto attaṁ âpajjate sunaṁhiyo iccetesu. Guṇavantesu; guṇavantânaṁ; guṇavantehi; guṇavantâ; guṇavante.

Ntusseti kimatthaṁ? Isînaṁ.

Etesviti kimatthaṁ? Guṇavâ.

Casaddaggahaṇena aññesu ca vacanesu attaṁ[1] hoti. Guṇavantasmiṁ; guṇavantena. — Antaggahaṇena[2] attañca hoti yonaṁ ikâro ca. Guṇavanti.

La finale du suffixe *ntu* [se change de même en *a* devant les désinences du locatif, génitif et instrumental pluriel, et] aussi devant les désinences du nominatif et de l'accusatif pluriel. Ex. Guṇavantesu : chez les gens vertueux ; guṇavantânaṁ ; guṇavantâ ; guṇavante.

## सब्बस्स वा अंसेसु ॥ ४२ ॥

Sabbasseva ntuppaccayassa attaṁ hoti vâ aṁsa iccetesu. Satimaṁ bhikkhuṁ satimantaṁ bhikkhuṁ vâ; bandhumaṁ râjânaṁ bandhumantaṁ râjânaṁ vâ; satimassa bhikkhuno satimato bhikkhuno vâ; bandhumassa rañño bandhumato rañño vâ[3].

Etesviti kimatthaṁ? Satimâ bhikkhu; bandhumâ râjâ.

[Le suffixe *ntu*] tout entier [peut] à volonté [se changer en *a*] devant [les désinences] *aṁ* et *sa* [de l'accusatif et du génitif singulier]. Ex. Satimaṁ ou

---

[1] Cd attañca hoti, S[b] omet les deux *ca* après aññesu et après attaṁ.

[2] Cd ajoute ici : ntuppaccayassanto.

[3] Cd ajoute : sukhaṁ deti.

satimantaṁ bhikkhuṁ : un bhikshu qui n'est point oublieux.

## सिम्हि वा ॥ ४३ ॥

Ntuppaccayassantassa[1] attaṁ hoti vâ simhi vibhattimhi[2]. Himavanto pabbato[3].
Vâti kimatthaṁ ? Himavâ pabbato.

[La voyelle finale du suffixe *ntu* peut se changer] à volonté [en *a*] au nominatif singulier. Ex. Himavanto pabbato : le mont Himavat (Himâlaya).

## अग्गिस्सिनि ॥ ४४ ॥

Aggissanto ini hoti vâ simhi vibhattimhi. Purato aggini; pacchimato aggini; dakkhiṇato aggini; vâmato aggini[4].
Vâti kimatthaṁ ? Aggi.

[La voyelle finale] de *aggi* [peut à volonté se changer en] *ini* [au nominatif singulier]. Ex. Purato aggini : le feu à l'orient.

## योस्वकतरस्सो को ॥ ४५ ॥

Yosu akatarasso jho attaṁ âpajjate. Aggayo; munayo; isayo[5].
Yosviti kimatthaṁ ? Aggîsu.

---

[1] Cd Sᵇ °nto a°.
[2] Cd vibhaktimhi.
[3] Cd ajoute : himo yassa atthi tasmiṁ vâ vijjatîti himavanto : une glose introduite par erreur dans le texte.
[4] Sᵇ pour tout exemple donne une seule fois : aggini. Cd dakkhina°.
[5] Cd ajoute : gavayo.

Akatarassoti kimatthaṁ ? Daṇḍino.
Jhoti kimatthaṁ ? Rattiyo.


Devant [les désinences] *yo* [du nominatif et de
l'accusatif pluriel], les noms masculins en *i, î* [le
changent en *a*], excepté les noms en *î*, qui [dans
ce cas] remplacent la longue par la brève. Ex.
Aggayo : les feux (de : aggi); mais daṇḍino : les por-
teurs de bâtons (de : daṇḍî).


वेवोसु ' लो च ॥ ४६ ॥

Vevo iccetesu akatarasso lo attaṁ âpajjate. Bhikkhave ;
bhikkhavo; hetave; hetavo.
Akatarassoti kimatthaṁ ? Sayambhuvo [2]; vessabhuvo; pa-
râbhibhuvo [3].
Vevosviti kimatthaṁ ? Hetunâ; ketunâ; setunâ.
Casaddaggahaṇaṁ attaṁ anukaḍḍhanatthaṁ [4].


De même les noms masculins en *u, û* [le changent en *a*] devant [les désinences] *ve, vo* [excepté
les noms qui ayant un *û* final le changent en *u*],
Ex. Bhikkhavo : les religieux; hetavo : les motifs;
mais : parâbhibhuvo : les maîtres (de : parâbhibhû).


[1] Cd vevosû°.

[2] Avant sayambhuvo Cd a : Daṇḍino, qui n'a rien à voir dans cette
règle.

[3] Cd parâbhuvo.

[4] S[b] omet cette ligne.

## मातुलादीनं आनत्तं इकारे [1] ॥ ४७ ॥

Mâtula iccevamâdìnañ anto ânattañ âpajjate îkarappaccaye pare. Mâtulânî; eyyakânì; varuṇânî [2].

Îkâreti kimatthañ ? Bhikkhunì, jâlinì; gahapatânì [3].

Ânattaggahaṇena nadî iccetassa dîsaddassa jjo jjâ jjâ âdesâ [4] honti saha vibhattiyâ [5] yonâsa iccetesu. Tañ yathâ : najjo sandanti; najjâ katañ taraṅgañ; najjâ nerañjarâya tîre.


[Les noms] *mâtula*, etc. prennent *ân* [au lieu de leur voyelle finale] devant le suffixe *î*. Ex. Mâtulânî : la femme d'un oncle maternel.


## स्मादिस्मिं म्हाभिम्हि वा ॥ ४८ ॥

Sabbato smâhismiñ iccetesañ mhâbhimhi iccete âdesâ honti vâ yathâsaṅkhyañ. Purisamhâ, purisasmâ; purisebhi, purisehi; purisamhi, purisasmiñ.

Smâhisminnañ iti kimatthañ ? Vaṇṇavantañ agandhakañ; mahantañ chattañ.


On peut à volonté remplacer par [les désinences] *mhâ*, *bhi*, *mhi* [les désinences] *smâ*, *hi*, *smiñ* [de l'ablatif singulier, de l'instrumental pluriel et du locatif singulier]. Ex. Purisamhâ ou purisasmâ : de l'homme; purisebhi ou purisehi.


<hr>

[1] Cd mâtulâthâdinam ânattam ikâro. — S[b] °ikâro.

[2], [3] Cd écrit ces trois exemples avec ï final.

[4] Cd jo jâ jjâ â°. S[b] jjo jjâ jjâdesâ°.

[5] Cd vibhaktiyâ.

## न तिमेहि कताकारेहि[1] ॥ ४९ ॥

Ta ima iccetehi katâkârehi smâsminnaṁ mhâmhi iccete
âdesâ na honti. Asmâ; asmiṁ; asmâ; asmiṁ.

Katâkârehîti[2] kimatthaṁ ? Tamhâ; tamhi; imamhâ;
imamhi.

Excepté après les pronoms *ta*, *ima*, quand ils
sont réduits à la forme *a*. Ex. Asmâ : de celui-ci;
mais : tasmâ ou tamhâ.

## सुहिस्वकारो[3] ए ॥ ५० ॥

Suhi iccetesu akâro ettaṁ[4] âpajjate. Sabbesu; yesu; tesu;
kesu; purisesu; imesu; kusalesu; tumhesu; amhesu; sabbehi; yehi; tehi; kehi; purisehi; imehi; kusalehi; tumhehi;
amhehi.

Devant [les désinences] *su*, *hi* [du locatif et de
l'instrumental pluriel, les thèmes en] *a* [changent
cette voyelle en] *e*. Ex. Sabbesu : dans tous; sabbehi : par tous.

## सब्बनामानं नम्हि च ॥ ५१ ॥

Sabbesaṁ sabbanâmânaṁ akâro ettaṁ âpajjate namhi vibhattimhi. Sabbesaṁ; sabbesânaṁ; yesaṁ; yesânaṁ; tesaṁ;
tesânaṁ; kesaṁ; kesânaṁ; imesaṁ; imesânaṁ; itaresaṁ; ita-
resânaṁ; katamesaṁ; katamesânaṁ.

[1], [2] Cd k târe°.
[3] S[b] suhisvâkâ°.
[4] Cd etatthaṁ.

Sabbanâmânaṁ iti kimatthaṁ? Buddhânaṁ; bhagavan-
tânaṁ.

Akâroti kimatthaṁ? Amûsaṁ, amûsânaṁ [1].

Casaddaggahaṇaṁ eggahaṇaṁ anukaḍḍhanatthaṁ [2].


Les pronoms [subissent ce changement] aussi,
au génitif pluriel. Ex. Sabbesaṁ ou sabbesânaṁ : de
tous; yesaṁ ou yesânaṁ : de qui.


## अतो नेन ॥ ५२ ॥

Tasmâ akârato nâvacanassa enâdeso hoti. Yena; tena; kena;
anena; purisena; rûpena.

Atoti kimatthaṁ? Muninâ; amunâ; bhikkhunâ.

Nâti kimatthaṁ? Tasmâ.


Après [les thèmes en] *a*, [à la désinence] *nâ* [de
l'instrumental singulier on substitue la forme] *ena*.
Ex. Purisena : par l'homme.


## सो ॥ ५३ ॥

Tasmâ akârato sivacanassa okârâdeso hoti. Sabbo; yo; so;
ko; puriso.

Siti kimatthaṁ? Purisânaṁ.

Atoti kimatthaṁ? Sayambhû [3].


[Après les thèmes en *a*, à la désinence] *si* [du
nominatif singulier on substitue la forme] *o*. Ex. Puriso : l'homme.


---

[1] Cd et S[b] ámusaṁ; amusânaṁ.
[2] Cette ligne manque dans S[b].
[3] Cd sayambhu.

## सो बा ॥ ५४ ॥

Tasmâ akârato nâvacanassa so âdeso hoti vâ. Atthaso;
byañjanaso; suttaso; padaso; yasaso; upâyaso; sabbaso; thâ-
naso; thâmaso.

Vâti kimatthaṁ? Pâdena vâ pâdarahena vâ atirekapâdena
vâ atthena [1].

[Après les thèmes en *a*, à la désinence *nâ* de l'instrumental singulier on peut] à volonté [substituer
la forme] *so*. Ex. Atthaso : par le sens.

## दीघोरेह्हि ॥ ५५ ॥

Dîgha ora iccetehi smâvacanassa so âdeso hoti vâ [2]. Dîghaso,
dîghamhâ; oraso, oramhâ.

Dîghorehîti kimatthaṁ? Amunâ; saramhâ; vacanamhâ.

Après *dîgha, ora* [on peut à volonté, à la désinence *smâ* de l'ablatif singulier substituer la forme
*so*]. Ex. Dîghaso ou dîghamhâ : de loin.

Ce sûtra, si le scholiaste en exprime bien le sens, est singulièrement placé ici, où rien dans les règles précédentes
n'autorise régulièrement à sous-entendre le « smâvacanassa »
du commentaire. C'est « nâvacanassa », comme dans le précédent sûtra, qu'on s'attendrait naturellement à suppléer :
néanmoins, comme dans cette hypothèse le sûtra 55 ne
serait qu'une application tout à fait régulière de la règle
générale précédente, et se trouverait d'une inutilité injus-
tifiable, il est vraisemblable que le scholiaste est bien entré

[1] Cd pâdârahena vâ theyyacittena.
[2] Cd n'a pas « vâ ».

dans l'intention de l'auteur. La Rûpasiddhi (fol. 36ᵃ), il est
vrai, renvoit expressément pour le smâ au sûtra 48 ; c'est là
un artifice fort peu régulier, mais fréquemment nécessaire.

सब्बयोनीनं आ ए ॥ ५६ ॥

Tasmâ akârato sabbesaṁ yoninaṁ à e âdesâ honti vâ ya-
thâsaṅkhyaṁ. Purisâ ; purise ; rûpâ ; rûpe.
Vâti kimatthaṁ ? Aggayo ; munayo ; isayo.
Yonînanti kimatthaṁ ? Purisassa ; rûpassa.
Akârato ti kimatthaṁ ? Daṇḍino ; aṭṭhîni ; aggi jalanti ;
munî caranti[1].

[Les thèmes en *a*, masculins ou neutres, peuvent
à volonté prendre] *â*, *e* pour toute désinence au
nominatif et à l'accusatif pluriel. Ex. Purisâ, purise :
les hommes ; rûpâ, rûpe : les formes.

Ici « vâ » ne peut porter que sur la substitution des formes
*â*, *e* à la désinence *ni*, et peut-être aussi sur la forme *e* pour l'accusatif des masculins. Car pour la forme du nominatif pluriel
masculin en *â*, elle n'est point facultative, elle est la forme
régulière et unique. Quant à l'accusatif, on pourrait, à la rigueur, penser que l'auteur songe à une seconde forme en *â*
(Cf. Storck, *Casuum in L. Pâlicâ*, etc. p. 9), que, du reste,
il n'autorise nulle part expressément. D'un autre côté, la répétition de « vâ » dans le sûtra suivant donnerait à penser que
l'auteur ne l'a pas voulu sous-entendre dans cette règle-ci ;
mais il n'a pu pourtant entendre proscrire des formes comme
« rûpâni », beaucoup plus habituelles que les formes en *â*, *e*,
et que le S. II, 4, 8, en contradiction avec la présente règle,
autorise même *exclusivement*.

[1] Cd aggi munî". Sᵇ aggi tiṭṭhati ; munî carati.

## स्मास्मिं वा ॥ ५७

Tasmâ akârato sabbesañ smâ smiñ iccetesañ â e âdesâ honti vâ yathâsañkhyañ. Purisâ; purisasmâ; purise; purisasmiñ.

Atoti kimatthañ ? Daṇḍinâ; daṇḍismiñ; bhikkhunâ; bhikkhusmiñ.

Vâti kimatthañ ? Purisamhâ; purisamhi[1].

[Les thèmes en *a* peuvent] à volonté [prendre *â, e*] au lieu [des désinences] *smâ, smiñ* [de l'ablatif et du locatif singulier]. Ex. Purisâ ou purisasmâ : de l'homme; purise ou purisasmiñ : dans l'homme.

## आय चतुत्थेकवचनस्स तु ॥ ५८ ॥

Tasmâ akârato catutthekavacanassa âyâdeso hoti vâ. Atthâya hitâya sukhâya[2] devamanussânañ buddho loke[3] uppajjati.

Atoti kimatthañ ? Isissa.

Catutthîti kimatthañ ? Purisassa sukhañ.

Ekavacanasseti kimatthañ ? Purisânañ dadâti.

Vâti kimatthañ ? Dâtâ hoti samaṇassa vâ brâhmaṇassa vâ.

Tusaddaggahaṇena atthañ ca hoti. Attatthañ; hitatthañ; sukhatthañ.

[Et dans ces thèmes en *a*] le quatrième cas (datif) du singulier [peut à volonté prendre la désinence]

---

[1] Cd purisasmiñ. S^b ajoute : Punavâggahaṇena smâsmiññnam año âdesâ honti. Saṁsârañ târeti; assamo tiṭṭhati; vessantaro râjâ, et passe la ligne vâti°.

[2] Cd omet sukhâya.

[3] Cd loka u°.

*âya*. Ex. Atthâya hitâya sukhâya devamanussânaṁ buddho loke uppajjati : c'est dans l'intérêt, pour l'avantage et le bonheur des dieux et des hommes, qu'un Buddha naît dans le monde.

## तयो नेव च सब्बनामेहि ॥ ५८ ॥

Tehi sabbanâmehi akârantehi smâ smiṁ sa iccetesaṁ eka-vacanânaṁ[1] tayo â e âya âdesâ neva honti. Sabbasmâ; sab-basmiṁ; sabbassa; yasmâ; yasmiṁ; yassa; tasmâ; tasmiṁ; tassa; kasmâ; kasmiṁ; kassa; imasmâ; imasmiṁ; imassa.

Sabbanâmehîti kimatthaṁ ? Pâpâ; pâpe; pâpâya.

Casaddaggahaṇaṁ atoggahaṇaṁ anukaḍḍhanatthaṁ[2].

Et au contraire les pronoms [en *a*] n'admettent pas ces trois [désinences *â, e, âya*]. Ex. On dit seulement de *sabba*, tout : sabbasmâ, sabbasmiṁ, sab-bassa.

## घतो नादीनं ॥ ६० ॥

Tasmâ ghato nâdinaṁ ekavacanânaṁ vibhattigaṇânaṁ âyâ-deso hoti. Kaññâya kataṁ kammaṁ; kaññâya nissaṭaṁ vat-thaṁ; kaññâya pariggaho; kaññâya patiṭṭhitaṁ sîlaṁ.

Ghatoti kimatthaṁ ? Rattiyâ; vadhuyâ.

Nâdinaṁ iti kimatthaṁ ? Kaññaṁ; vijjaṁ; vîṇaṁ; gaṅ-gaṁ.

Ekavacanânaṁ iti kimatthaṁ ? Sabbâsu; yâsu; tâsu; kâsu; imâsu; pabhâsu.

[Les féminins en] *â* [prennent *âya*], au lieu des désinences *nâ*, etc. [de l'instrumental, etc. (des cas

---

[1] Cd °sa ekavacana iccetesaṁ tayo°.

[2] S[b] omet cette ligne.

obliques) du singulier]. Ex. Kaññâya kataṁ kamma-
maṁ : cet acte a été fait par une jeune fille; dîyate
kaññâya : on donne à une jeune fille.

पत्तो या ' ॥ ६१

'Tasmâ pato nâdînaṁ ekavacanânaṁ vibhattigaṇânaṁ yâ-
deso hoti. Rattiyâ; itthiyâ; vadhuyâ; dhenuyâ; deviyâ.
Nâdînaṁ iti kimatthaṁ ? Ratti; rattiṁ; itthî [2]; itthiṁ.
Patoti kimatthaṁ ? Kaññâya; vîṇâya; gaṅgâya; pabhâya.
Ekavacanânaṁ iti kimatthaṁ ? Rattînaṁ; itthînaṁ.

[Les féminins] en *î, û* prennent *yâ* [au lieu des
désinences *nâ*, etc. des cas obliques du singulier].
Ex. Rattiyâ : par la nuit; dhenuyâ : par la vache.

Malgré l'absence de toute restriction expresse, cette règle
ne doit pas être prise dans un sens absolu, puisque, pour le
locatif tout au moins, le sûtra II, 1, 17, indique la forme
en *aṁ*.

सखातो गस्से वा ॥ ६२ ॥

'Tasmâ sakhâto gassa akâraâkâraikâraikâra ekârâdesâ hont
vâ. Bho sakha; bho sakhâ; bho sakhi; bho sakhî; bho
sakhe.

*Sakhâ* peut à volonté faire le vocatif singulier
en *a, â, i, î* ou *e*. Ex. Bho sakha ou sakhâ, etc. :
ô ami!

On hésitera peut-être à voir dans l'*e* du sûtra, outre l'*a*
final élidé de « gassa », toutes les voyelles qu'y trouve le scho-

----

[1] Cd pato ya.
[2] Cd ratti °itthi°.

liaste; mais comme, à la rigueur, elles y peuvent entrer, et que, d'ailleurs, toutes les formes ainsi autorisées s'expliquent aisément, nous n'avions pas de raison suffisante de nous éloigner de cette interprétation, que confirme du reste la répétition de *e* dans le sûtra suivant.

घते च ॥ ६३ ॥

Tasmâ ghato gassa ekâro hoti. Bhoti ayye; bhoti kaññe; bhoti gharâdiye.

Et les féminins en *â* font leur vocatif singulier en *e*. Ex. Bhoti ayye : madame! bhoti kaññe : ô jeune fille !

न अम्मादितो ॥ ६४ ॥

Tato ammâdito gassa na ekârattaṁ hoti. Bhoti ammâ, bhoti annâ; bhoti ambâ; bhoti tâtâ.
Ammâdito ti kimatthaṁ? Bhoti kaññe.

Excepté les mots *ammâ*, etc. Ex. Bhoti ammâ : ma mère !

Ces vocatifs avec l'*â* long sont directement contraires à l'usage sanscrit constaté par Pâṇini (VII, 3, 107) : « Ambârthanadyor hrasvah, » ou, comme s'exprime la grammaire Kâtantra : « Hrasvo 'mbârthânâṁ. » (Fol. 14ᵃ.) Cependant les formes données par le scholiaste peuvent être les vraies pour le pâli ; c'est ce que semble prouver le choix même fait pour la présente règle d'une forme nouvelle, s'éloignant des modèles sanscrits. Car il n'existe point d'ailleurs dans notre grammaire de règle complétant celle-ci, et enseignant la substitution d'un *ă* bref à l'*â* long des mots *ambâ*, etc. dont le changement en *e*, au moins, est ici nettement exclu. Tou-

tefois on trouve la brève, p. ex. dans *amma* ( *Dhammap.*
p. 113, l. 14, etc.).

## श्रकतरस्सा लतो यवालपनस्स ' वे वो ॥ ६५ ॥

Tasmâ akatarassâ lato yvâlapanassa ve vo âdesâ honti.
Bhikkhave; bhikkhavo; hetave; hetavo.
Akatarassâti kimatthaṁ? Sayambhuvo.
Latoti kimatthaṁ? Nâgiyo; aggayo; dhenuyo; yâguyo.
Âlapanasseti² kimatthaṁ? Te hetavo; te bhikkhavo.

Les noms masculins en *u*, *û* font le vocatif pluriel
en *ve*, *vo*, excepté ceux en *û*, qui rendent cette
voyelle brève. Ex. Bhikkhave ou bhikkhavo : ô
bhikshus! mais : Sayambhuvo : ô êtres existants par
vous-mêmes!

## कलतो सस्स नो वा ॥ ६६ ॥

Tasmâ jhalato sassa no hoti vâ. Aggino; aggissa; sakhino;
sakhissa; daṇḍino; daṇḍissa; bhikkhuno; bhikkhussa; sayambhuno; sayambhussa.
Sasseti kimatthaṁ? Isinâ; bhikkhunâ.
Jhalatoti kimatthaṁ? Purisassa.

Les noms masculins en *i*, *î*, *u*, *û* peuvent à volonté prendre *no* au lieu de la désinence *sa* [du
génitif singulier]. Ex. Aggino ou aggissa : du feu;
sayambhuno ou sayambhussa : de l'être existant par
lui-même.

## घपतो च योनं लोपो ॥ ६७ ॥

Tehi ghapajhala iccetehi yonaṁ lopo hoti vâ. Kaññâ; kaññâyo; ratti; rattiyo; itthî; itthiyo; vadhû; vadhuyo; yâgû;

---

¹ C. yuvâ°.
² Cd âlapaneti, Sᵇ âlapanassa vevoti.

yâguyo ; aggî ; aggayo ; bhikkhû ; bhikkhavo ; sayambhû ; sayambhuvo ; aṭṭhî ; aṭṭhîni ; âyû ; âyûni [1].

Les féminins en *â*, aussi [bien que les noms masculins et féminins en *i, î, u, û*], peuvent à volonté
supprimer toute désinence des nominatif et accusatif du pluriel. Ex. Kaññâ ou kaññâyo : les jeunes
filles ; rattî ou rattiyo : les nuits ; bhikkhû ou bhikkhavo : les religieux.

Cette règle se complète par II, 1, 37.

लतो वोकारो च ॥ ६८ ॥

Tasmâ lato yonaṁ vokâro hoti vâ. Bhikkhavo ; bhikkhû
sayambhuvo ; sayambhû [2].
Kâraggahaṇaṁ kimatthaṁ ? Yonaṁ no ca hoti. Jantuno.
Casaddaggahaṇaṁ avadhâraṇatthaṁ. Amû purisâ tiṭṭhanti ;
amû purise passatha.

Les masculins en *u, û* [peuvent] aussi [à volonté
faire leur nominatif et leur accusatif pluriel en] *vo*.
Ex. Bhikkhavo ou bhikkhû : les bhikshus.

ITI NÂMAKAPPE PAṬHAMO KAṆḌO.

त्रम्हस्स ममं सविभत्तिस्स से ॥ १ ॥

Sabbassa amhasaddassa savibhattissa mamaṁ âdeso hoti se
vibhattimhi. Mamaṁ dîyate purisena ; mamaṁ pariggaho [3].

---

[1] Cd omet l'exemple : kaññâ, kaññâyo, et écrit brève la voyelle
finale de chaque exemple syncopé. — S[b] omet : rattî ; rattiyo, il lit :
aggiyo, au lieu de : aggayo.

[2] Cd °kkhu °mbhu.

[3] S[b] ajoute ici : amhasseti kimatthaṁ ? Purisassa dîyate. Seti kimatthaṁ ? Ahaṁ gacchâmi.

[Le thème pronominal] *amha*, dans son entier et y compris la désinence, devient *mamaṁ* au génitif singulier. Ex. Mamaṁ dîyate : on me donne.

## मयं योम्हि पठमे ॥ २ ॥

Sabbasseva amhasaddassa savibhattissa mayaṁ âdeso hoti yomhi paṭhame. Mayaṁ gacchâma ; mayaṁ dema.
Amhasseti kimatthaṁ ? Purisâ tiṭṭhanti.
Yomhîti kimatthaṁ ? Ahaṁ gacchâmi.
Paṭhameti kimatthaṁ ? Amhâkaṁ passasi tvaṁ.

[*Amha*, dans son entier, et y compris la désinence, devient] *mayaṁ* au premier [des deux cas en] *yo*, [au nominatif pluriel]. Exemple : Mayaṁ gacchâma : nous allons.

## न्तुस्स न्तो ॥ ३ ॥

Sabbasseva ntuppaccayassa savibhattissa nto âdeso hoti yomhi paṭhame. Guṇavanto tiṭṭhanti.
Ntusseti kimatthaṁ ? Sabbe sattâ gacchanti.
Paṭhameti kimatthaṁ ? Guṇavante passatha.

[Le suffixe] *ntu* [dans son entier, et y compris la désinence,] devient *nto* [au nominatif pluriel]. Ex. Guṇavanto tiṭṭhanti : les gens vertueux se tiennent fermes.....

## न्तस्स ' से वा ॥ ४ ॥

Sabbasseva ntuppaccayassa savibhattissa ntassâdeso hoti vâ se vibhattimhi. Sîlavantassa jhâyino, sîlavato jhâyino.

---

¹ Cd Sᵇ ntussa. Malgré l'accord des deux manuscrits et aussi de

Seti kimattham ? Sîlavā tiṭṭhati.

[Il peut] à volonté [se changer en] *ntassa* au génitif singulier. Ex. Sîlavantassa jhâyino : d'un contemplatif persévérant.

आ सिम्हि ॥ ५ ॥

Sabbasseva ntuppaccayassa savibhattissa â âdeso hoti simhi vibhattimhi. Guṇavâ; paññavâ; sîlavâ; satimâ; matimâ.
Ntusseti kimattham ? Purisâ tiṭṭhanti.
Simhîti kimattham ? Sîlavanto tiṭṭhanti.

[Il se change en] *â* au nominatif singulier. Ex. Guṇavâ : vertueux; satimâ : qui se souvient.

अं नपुंसके ॥ ६ ॥

Sabbasseva ntuppaccayassa savibhattissa aṁ hoti simhi vibhattimhi napuṁsake vattamânassa liṅgassa [1]. Guṇavaṁ cittaṁ tiṭṭhati; rucimaṁ pupphaṁ rocati.
Simhîti kimattham ? Vaṇṇavantaṁ agandhakaṁ [2] pupphaṁ passasi.

[En] *aṁ* au neutre. Ex. Guṇavaṁ cittaṁ tiṭṭhati : une âme vertueuse demeure ferme.

la Rûpasiddhi, qui lit de même et dans le sûtra et dans le commentaire, il est évident que c'est « ntassa » qu'il faut lire; la leçon « ntussa » n'est sans doute que le résultat du voisinage de : ntussa nto.

[1] Sb °ke gamyamâne. Guṇa°.
Cd vannavantaṁ agandha agakam pu°.

## अवण्णा च गे ॥ ७ ॥

Sabbasseva ntuppaccayassa savibhattissa aṁ a â âdesâ honti
ge pare. Bho guṇavaṁ; bho guṇava; bho guṇavâ.
Casaddaggahaṇena aṁgahaṇânukaḍḍhanatthaṁ[1].

Et au vocatif singulier en *a*, *â* ou *aṁ*. Ex.
Bho guṇava, guṇavâ ou guṇavaṁ : ô homme vertueux !

## तोतिताऽस्स्मिंनासु ॥ ८ ॥

Sabbasseva ntuppaccayassa savibhattissa totitâ âdesâ honti
vâ sasmiṁnâ iccetesu yathâsaṅkhyaṁ. Guṇavato, guṇavantassa; guṇavati, guṇavantasmiṁ; guṇavatâ, guṇavantena;
satimato, satimantassa; satimati, satimantasmiṁ; satimatâ,
satimantena.
Etesviti kimatthaṁ ? Guṇavâ; satimâ.

[Il peut se changer à volonté en] *to*, *ti*, *tâ*, aux
génitif, locatif et instrumental du singulier. Ex.
Guṇavato ou guṇavantassa, guṇavati ou guṇavantasmiṁ, guṇavatâ ou guṇavantena.

L'absence de « vâ » dans cette règle est surprenante; la répétition y en est d'autant plus nécessaire, qu'il est plus irrégulier de le suppléer en l'empruntant au sûtra 4, après
trois sûtras intermédiaires où il ne continue point de garder
cours. D'ailleurs, s'il était dans la pensée de l'auteur de sous-
entendre dans cette règle un *vâ* précédemment exprimé,
pourquoi le répéter expressément dans le sûtra suivant ? Et
pourtant le sûtra 4 enseigne, par exemple, d'une façon po-
sitive, des formes comme : guṇavantassa.

---

[1] S[b] n'a pas cette ligne.

## नम्हि तं वा ॥ ९ ॥

Sabbasseva ntuppaccayassa savibhattissa taṁ âdeso hoti vá
namhi vibhattimhi. Guṇavataṁ; guṇavantânaṁ; satimataṁ;
satimantânaṁ.

Namhíti kimatthaṁ? Guṇavanto tiṭṭhanti; tiṭṭhanti sati-
manto.

[Il peut] à volonté [se changer en] *taṁ* au génitif pluriel. Ex. Guṇavataṁ ou guṇavantânaṁ : des
hommes vertueux.

## इमस्सिदं अंसिसु नपुंसके ॥ १० ॥

Sabbasseva imasaddassa savibhattissa idaṁ hoti vá aṁsisu
napuṁsake vattamânassa liṅgassa. Idaṁ cittaṁ tiṭṭhati; idaṁ
cittaṁ passasi.

Váti kimatthaṁ ? Imaṁ cittaṁ tiṭṭhati[1].

Napuṁsaketi kimatthaṁ ? Imaṁ purisaṁ passasi; ayaṁ
puriso tiṭṭhati.

*Ima* peut à volonté faire *idam* à l'accusatif et au
nominatif singulier du neutre. Ex. Idaṁ ou imaṁ
cittaṁ : ce tableau.

## अमुस्सादुं ॥ ११ ॥

Sabbasseva amusaddassa savibhattissa aduṁ hoti aṁsisu
napuṁsake vattamânassa liṅgassa. Aduṁ pupphaṁ passasi;
aduṁ pupphaṁ virocati.

Napuṁsaketi kimatthaṁ ? Amuṁ râjânaṁ passasi; amu
râjâ tiṭṭhati.

[1] Cd °ssasi imaṁ cittaṁ tiṭṭhatíti vâ. Na°.
[2] Cd °ssâdû.

*Amu* [fait] *aduṁ* [au nominatif et à l'accusatif singulier du neutre]. Ex. Aduṁ pupphaṁ : cette fleur.

## इत्थिपुमनपुंसकसङ्ख्यं ॥ १२ ॥

Itthipumanapuṁsakasaṅkhyaṁ iccetaṁ adhikâratthaṁ veditabbaṁ.

[Les sûtras qui vont suivre concernent les] noms de nombre et [s'appliquent également aux trois genres], féminin, masculin et neutre.

## योसु द्विंं दे च ॥ १३ ॥

Dvinnaṁ saṅkhyânaṁ itthipumanapuṁsake vattamânânaṁ savibhattînaṁ dve hoti yo iccetesu. Dve itthiyo; dve dhammâ; dve rûpâni.
Yosvîti kimatthaṁ ? Dvisu.
Casaddaggahaṇena dvisaddassa duve[1] dvaya[2] ubha ubhaya duvi ca honti yo nâ aṁ naṁ iccetesu. Duve samaṇâ; duve brahmaṇâ; duve janâ; dvayena; dvayaṁ; ubhinnaṁ; ubhayesaṁ; duvinnaṁ[3].

Le nom de nombre *dvi* fait aussi *dve* [au nominatif et à l'accusatif pluriel des trois genres]. Ex. Dve itthiyo : deux femmes; dve rûpâni : deux formes.

Le pluriel « dvinnaṁ » au lieu du singulier « dvissa » ne

---

[1] Cd duvo.
[2] Cd dvayaṁ.
[3] S[b] °maṇâ; dvayena samaṇena; dvayaṁ samaṇaṁ; ubhinnaṁ samaṇânaṁ; ubhayesaṁ samaṇânaṁ; duvinnaṁ samaṇânaṁ.

peut guère avoir d'autre but que de marquer qu'il s'agit des trois genres. (Cf. IV, 15.) Quant au *ca*, dans cette règle, qui n'est point en coordination avec une autre règle précédente, il faut, pour lui trouver un sens, admettre qu'il a une signification *facultative*, et qu'il rappelle, par exemple, la forme « duve », comme le veut un des glossateurs.

तिचतुन्नं तिस्सो चतस्सो तयो चत्तारो तीणि

चत्तारि ॥ १४ ॥

Ticatunnaṁ saṅkhyânaṁ itthipumanapuṁsake vattamânânaṁ savibhattînaṁ tisso catasso tayo cattâro tîṇi cattâri iccete âdesâ honti yathâsaṅkhyaṁ yo iccetesu. Tisso vedanâ ; catasso disâ ; tayo janâ ; cattâro purisâ ; tîṇi [1] âsanâni ; cattâri ariyasaccâni.

Yosvîti kimatthaṁ ? Tîsu ; catûsu.

[Les noms de nombre] *ti, catu* font *tisso, catasso* [pour le féminin], *tayo, cattâro* [pour le masculin], *tîṇi, cattâri* [pour le neutre, au nominatif et à l'accusatif pluriel]. Ex. Tisso vedanâ : les trois douleurs ; cattâro purisâ : les quatre hommes ; cattâri ariyasaccâni : les quatre grandes vérités.

पञ्चादीनं अकारो ॥ १५ ॥

Pañcâdînaṁ saṅkhyânaṁ itthipumanapuṁsake [2] vattamânânaṁ savibhattissa antasarassa akâro hoti yo iccetesu. Pañca itthî ; pañca janâ ; pañca rûpâ ; cha, cha ; satta, satta ; aṭṭha, aṭṭha ; nava, nava ; dasa, dasa [3].

Pañcâdînaṁ iti kimatthaṁ ? Dve ; tayo ; cattâri.

---

[1] Cd tîni.

[2] Cd itthipuma°.

[3] S[b] °rûpâ : cha rûpâ, cha, cha rûpâ ; satta (3 fois) ; aṭṭha (3 fois) ;

[Les noms de nombre] *pañca*, etc. [font le nominatif et l'accusatif pluriels des trois genres en] *a*.
Ex. Pañca itthî : cinq femmes; pañca janâ : cinq
hommes.

## राजस्स ञ्ञो राजिनो से ॥ १६ ॥

Sabbasseva[1] râjasaddassa savibhattissa rañño râjino iccete
âdesâ honti se vibhattimhi. Rañño; râjino.
Seti kimatthaṁ ? Raññaṁ.

*Râja* fait au génitif singulier *rañño* ou *râjino*.
Ex. Rañño ou râjino : du roi.

## ञ्ञं नम्हि वा ॥ १७ ॥

Sabbasseva râjasaddassa savibhattissa raññaṁ âdeso hoti
vâ namhi vibhattimhi. Raññaṁ; râjûnaṁ.

[Il peut] à volonté [faire] *raññaṁ* au génitif pluriel. Ex. Raññaṁ ou râjûnaṁ : des rois.

## नाम्हि ञ्ञा वा ॥ १८ ॥

Sabbasseva râjasaddassa savibhattissa raññâ âdeso hoti vâ
nâmhi vibhattimhi. Tena raññâ kataṁ kammaṁ; râjena[2].
Nâmhiti kimatthaṁ ? Rañño santikaṁ.

[Il peut] à volonté faire *raññâ* à l'instrumental
singulier. Ex. Tena raññâ (ou râjena) kataṁ kammaṁ : cette action a été faite par le roi.

nava (3 fois); dasa (3 fois). — Cd Pañca, pañca; etc., répétant deux
fois chaque nombre.
[1] Cd Sabbassa.
[2] Cd n a pas « râjena ».

## लिम्हि ल्ञो राजिनि ॥ १८ ॥

Sabbasseva râjasaddassa savibhattissa raññe râjini iccete
âdesâ honti smimhi vibhattimhi, Raññe; râjini.

[Il fait] au locatif singulier *raññe* ou *râjini*.
Ex. Raññe ou râjini : dans, chez un roi.

## तुम्हाम्हाकं तयि मयि ॥ २० ॥

Sabbesaṁ tumhaamha'saddânaṁ savibhattînaṁ tayi mayi
iccete âdesâ honti yathâsaṅkhyaṁ smimhi vibhattimhi. Tayi;
mayi.
Smimhîti kimatthaṁ? Tvaṁ bhavasi; ahaṁ bhavâmi.

*Tumha, amha* font *tayi, mayi* [au locatif singulier].
Ex. Tayi : en toi.

## त्वं अहं सिम्हि च ॥ २१ ॥

Sabbesaṁ tumhaamhasaddânaṁ savibhattînaṁ tvaṁ ahaṁ
iccete âdesâ honti yathâsaṅkhyaṁ simhi vibhattimhi. Tvaṁ,
ahaṁ.
Casaddaggahaṇena tuvaṁ ca hoti. Tuvaṁ satthâ.

Et *tvaṁ, ahaṁ* au nominatif singulier. Ex. Tvaṁ :
toi.

## तव मम से ॥ २२ ॥

Sabbesaṁ tumhaamhasaddânaṁ savibhattînaṁ tava mama
iccete âdesâ honti yathâsaṅkhyaṁ se vibhattimhi. Tava; mama.
Seti kimatthaṁ? Tayi; mayi.

---

[1] Cd tumhâmha, et de même dans les sûtras suivants.

[Ils font] *tava*, *mama* au génitif singulier. Ex.
Tava : de toi.

## तुय्हं मय्हं च ॥ २३ ॥

Sabbesaṁ tumhaamhasaddânaṁ savibhattînaṁ tuyhaṁ
mayhaṁ iccete âdesâ honti yathâsaṅkhyaṁ se vibhattimhi.
Tuyhaṁ; mayhaṁ.
Seti kimattham ? Tayâ; mayâ.
Casaddagahaṇaṁ seggahaṇaṁ anukaḍḍhanatthaṁ[1].

Et aussi *tuyhaṁ*, *mayhaṁ*. Ex. Tuyhaṁ : à toi.

## तं मं अम्हि ॥ २४ ॥

Sabbesaṁ tumhaamhasaddânaṁ savibhattinaṁ taṁ maṁ
iccete âdesâ honti yathâsaṅkhyaṁ amhi vibhattimhi. Taṁ;
maṁ.
Amhîti kimatthaṁ ? Tayâ; mayâ.

[Ils font] *taṁ*, *maṁ* à l'accusatif singulier. Ex.
Taṁ : toi.

## तवं ममं च न वा ॥ २५ ॥

Sabbesaṁ tumhaamhasaddânaṁ savibhattînaṁ tavaṁ mamaṁ iccete âdesâ honti na vâ yathâsaṅkhyaṁ amhi vibhattimhi. Tavaṁ; mamaṁ.
Navâti kimatthaṁ ? Taṁ maṁ passasi.
Casaddaggahaṇaṁ aṁgahaṇânukaḍḍhanatthaṁ[2].

[Ils peuvent] aussi [faire] ou non *tavaṁ*, *mamaṁ*
[à l'accusatif singulier]. Ex. Tavaṁ : toi.

---

[1] S[b] n'a pas cette ligne.
[2] S[b] n'a pas cette dernière glose.

## नाम्हि तया मया ॥ २६ ॥

Sabbesaṁ tumhaamhasaddânaṁ savibhattînaṁ tayâ mayâ
iccete âdesâ honti yathâsaṅkhyaṁ nâmhi vibhattimhi. Tayâ;
mayâ.

Nâmhiti kimatthaṁ? Tumhehi; amhehi.

[Ils font] *tayâ*, *maya* à l'instrumental singulier.
Ex. Tayâ : par toi.

## तुम्हस्स तुवं त्वं अम्हि ॥ २७ ॥

Sabbassa tumhasaddassa savibhattissa tuvaṁ tvaṁ iccete
âdesâ honti amhi vibhattimhi. Kaliṅgarassa tuvaṁ maññe;
kaṭṭhassa tvaṁ maññe.

*Tumha* fait *tuvaṁ* et *tvaṁ* à l'accusatif singulier.
Ex. Tuvaṁ (ou tvaṁ) kaliṅgarassa maññe : je ne
fais aucun fond sur toi.

On s'attendrait à trouver ce sûtra plus sensiblement rat-
taché aux règles 24 et 25, qui enseignent d'autres formes
équivalentes dont rien ici ne ferait soupçonner l'existence.

## पच्चो दुतियाचतुत्थीछट्ठीसु ¹ वो नो ॥ २८ ॥

Sabbesaṁ tumhaamhasaddânaṁ savibhattînaṁ yadâ pa-
dasmâ paresaṁ vo no âdesâ honti yathâsaṅkhyaṁ dutiyâca-
tutthîchaṭṭhî iccetesu na vâ. Pahâya vo bhikkhave gamissâmi;
mâ no ajja vikantisu ²; dhammaṁ vo bhikkhave desissâmi;
saṁvibhajetha no rajjena; tuṭṭhosmi vo pakatiyâ; satthâ no
bhagavâ anuppatto.

Navâti kimatthaṁ? Eso amhâkaṁ satthâ.

Tumhâmhâkaṁ iti kimatthaṁ? Ete isayo passasi.

¹ Cd °catutthichaṭṭhisu.
² Cd vikantiṁaudha°.

Padatoti kimattham? Tumhâkam satthâ.
Etesvili kimattham? Gacchatha tumhe.

Après un mot, (quand ils ne sont pas en tête de
la phrase ou du membre de phrase,) [*tumha* et
*amha* font] *vo* et *no* aux deuxième, quatrième et
sixième cas (accusatif, datif et génitif) [du pluriel].
Ex. Pahâya vo, bhikkhave, gamissâmi : je vous
quitterai, ô religieux, et j'irai......

Le scholiaste reprend ici « na vâ » du sûtra 25, ce qui est
irrégulier; mais il y a d'ailleurs une raison de croire que
l'auteur n'a pas voulu donner à cette règle une valeur simplement facultative : ce sont les sûtras 31 et 32 qu'il aurait
tout naturellement incorporés aux sûtras 28 et 29, si l'emploi
des formes *vo*, *no*, *te*, *me* était, dans tous les cas, facultatif,
au lieu de l'être seulement quand ces formes ont le sens de
l'instrumental. — D'autre part, l'on ne s'explique guère pourquoi ni le texte du sûtra ni le scholiaste ne spécifient qu'il ne
s'agit que du *pluriel*.

## ते मेकवचने ॥ २८ ॥

Sabbesam tumhaamhasaddânam savibhattinam yadâ pa-
dasmâ paresam te me âdesâ honti yathâsankhyam catutthî-
chatthî iccetesu ekavacanesu. Dadâmi te gâmavarâni pañca,
dadâhi me gâmavaram; idam te ratthami; ayam me putto.
Padatoti kimattham? Tava ñâti; mama ñâti.

Au singulier ils font [aux mêmes cas] *te*, *me*.
Ex. Dadâmi te gâmavarâni pañca : je te fais présent
de cinq villages.

## नाम्हि ॥ ३० ॥

Sabbesam tumhaamhasaddânam savibhattinam yadâ pa-

dasmâ paresañ te me âdesâ na honti amhi vibhattimhi. Passeya[1] tañ vassasatañ arogañ; so mañ abruvi[2].

Pas [cependant] à l'accusatif. Ex. Passeyañ tañ
vassasatañ arogañ : puissé-je te voir cent ans en
pleine santé !

## वा ततिये च ॥ ३१ ॥

Sabbesañ tumhaamhasaddânañ savibhattinañ yadâ pa-
dasmâ paresañ te me âdesâ honti vâ yathâsankhyañ tatiyeka-
vacane pare. Katañ te pâpañ, katañ tayâ pâpañ; katañ me
pâpañ; katañ mayâ pâpañ.
Padatoti kimatthañ ? Tayà katañ; mayâ katañ.
Casaddaggahaṇañ temeggahaṇañ anukaḍḍhanatthañ[3].

[*Tumha, amha,* après un mot, peuvent] à volonté
[faire] aussi [*te, me*] au troisième cas (instrumental)
[du singulier]. Ex. Katañ te (ou tayâ) pâpañ : tu
as fait une mauvaise action.

## बहुवचनेसु वो नो ॥ ३२ ॥

Sabbesañ tumhaamhasaddânañ savibhattînañ yadâ pa-
dasmâ paresañ vo no âdesâ honti yathâsankhyañ tatiye ba-
huvacane[4] pare. Katañ vo kammañ; katañ no kammañ.
Padatoti kimatthañ ? Tumhehi katañ; amhehi katañ.
Bahuvacanaggahaṇena yomhi paṭhame vo no âdesâ honti.
Gâmañ vo gaccheyatha; gâmañ no gacchcyâma.

---

[1] Cd S[b] passeya tañ°. Cd ârogyañ.
[2] Cd so mabbruvi.
[3] S[b] n'a pas cette glose.
[4] Cd S[b] tatiyâ bahu°.

[Et] *vo*, *no* au [troisième cas du] pluriel. Ex. Kataṁ vo kammaṁ : vous avez fait cette action.

Je ne m'explique pas le pluriel « bahuvacanesu », un seul cas étant ici en question, car personne ne voudra s'associer à la glose du scholiaste : bahuvacanaggahaṇena, etc., malgré l'autorité de la Rûpasiddhi qui s'exprime dans des termes presque identiques (ms. n° 87, fol. 27ᵃ). S'il est vraisemblable qu'il faille lire ici : « bahuvacane », la correction « °vacanesu » n'est guère moins nécessaire au s. 29. Y aurait-il là une vieille faute d'un copiste qui aurait transposé d'une règle à l'autre la syllabe *su*?

पुमन्तस्सा सिम्हि <sup>1</sup> ॥ ३३ ॥

Puma iccevamantassa savibhattissa â âdeso hoti simhi vibhattimhi. Pumâ tiṭṭhati.

Simhîti kimatthaṁ ? Pumâno tiṭṭhanti.

Antaggahaṇena maghavayuva iccevamâdinaṁ liṅgânaṁ antassa savibhattissa â âdeso hoti simhi vibhattimhi. Maghavâ ; yuvâ.

*Puma* change au nominatif singulier sa [voyelle] finale en *â*. Ex. Pumâ tiṭṭhati : l'homme est debout.

अं आलपनेकवचने ॥ ३४ ॥

Puma iccevamantassa savibhattissa aṁ hoti âlapanekavacane paro. He pumaṁ <sup>2</sup>.

Âlapaneti kimatthaṁ ? Pumâ tiṭṭhati.

Ekavacaneti kimatthaṁ ? He pumâno <sup>3</sup>.

---

<sup>1</sup> Sᵇ Pumassâ simhi.
<sup>2</sup> Cd he puma.
<sup>3</sup> Cd Âlapaneti kim atthaṁ ? He pumâno.

Il la change en *aṁ* au vocatif singulier. Ex. He pumaṁ : ô homme!

## समासे च विभासा ॥ ३५ ॥

Puma iccevamantassa samâse ca aṁ âdeso hoti vibhâsâ. Itthî ca pumâ ca napuṁsakañ ca, itthîpuñnapuṁsakânaṁ samûho, itthîpumannapuṁsakasamûho [1].

Vibhâsâti kimatthaṁ ? Itthî pumanapuṁsakâni.

Casaddaggahaṇaṁ aṁgahaṇânukaḍḍhanatthaṁ [2].

[Il change] aussi [son *a* final en *aṁ*], à volonté, en composition. Ex. Itthîpumannapuṁsakasamûho (ou itthîpumana°) : les trois genres, féminin, masculin et neutre.

## योस्वानो ॥ ३६ ॥

Puma iccevamantassa savibhattissa âno âdeso hoti yosu vibhattîsu. Pumâno; he pumâno.

Yosviti kimatthaṁ ? Pumâ [3].

[Il change son *a* final en] *âno* au nominatif et à l'accusatif du pluriel. Ex. Pumâno : les hommes.

## आने स्मिम्हि वा ॥ ३७ ॥

Puma iccevamantassa savibhattissa âne âdeso hoti vâ smimhi vibhattimhi. Pumâne pume vâ.

[Il peut] à volonté [changer son *a* final en] *âne*

---

[1] Pour tout l'exemple S[b] a : Itthîpumanapuṁsakasamuho. Cd °pumanapuṁsakasa°.

[2] S[b] n'a pas cette glose.

[3] Cd pumâno.

au locatif singulier. Ex. Pumâne ou pume : dans l'homme.

हिविभत्तिम्हि च ॥ ३८ ॥

Puma iccevamantassa hivibhattimhi ca âne âdeso hoti. Pumânehi; pumânebhi.

Punavibhattiggahaṇaṁ kimatthaṁ ? Savibhattiggahaṇanivattanatthaṁ[1].

Casaddaggahaṇena maghavayuva iccevamâdînaṁ antassa âna âdeso hoti siyoaṁyo iccetâsu[2] vibhattîsu pumakammathâmantassa ca ukâro hoti sasmâsu vibhattisu. Yuvâno[3]; yuvânaṁ; yuvâne; maghavâno; maghavânaṁ; maghavâne; pumuno; pumunâ; kammuno; kammunâ; thâṁuno; thâmunâ.

[Il change] aussi [son *a* final en *âne*] devant la désinence *hi* (ou *bhi*) [de l'instrumental pluriel]. Ex. Pumânehi : par les hommes.

Remarquez que la glose relative à « ca » donne comme prévues par l'emploi de cette particule plusieurs formes dont s'occupent explicitement les règles suivantes : pumunâ (40), kammunâ (41).

सुस्मिं आ वा ॥ ३९ ॥

Puma iccevamantassa suvibhattimhi à âdeso hoti vâ. Pumâsu pumesu vâ.

[Il peut] à volonté [changer son *a* final en] *â*

---

[1] Cd ° ggahaṇaṁ nivattanatthaṁ. Pumânehi.

[2] Cd iccetesu. S[b] °antassa sarassa âno âdeso hoti sabbappaccayesu pu°.

[3] Cd ajoute : yuvânâ.

devant [la désinence] *su* [du locatif pluriel]. Ex.
Pumâsu ou pumesu : dans les hommes.

उ नाम्हि च ॥ ४० ॥

Puma iccevamantassa â u[1] âdesâ honti vâ nâmhi vibhattimhi. Pumânâ; pumunâ; pumena vâ.

[Il peut à volonté changer son *a* final en *â*] et
aussi [en] *u* devant [la désinence] *nâ* [de l'instrumental singulier]. Ex. Pumânâ, pumunâ ou pumena : par l'homme.

अ कम्मन्तस्स च ॥ ४१ ॥

Kamma iccevamantassa ca a u âdesâ honti vâ nâmhi vibhattimhi. Kammanâ; kammunâ, kammena vâ.
Casaddaggahanena maghavayuva iccevamâdînam antassa
â âdeso hoti kvaci nâsu iccetesu. Maghavânâ; maghavâsu;
maghavena vâ; yuvânâ; yuvâsu; yuvena vâ.

*Kamma* prend [à volonté *u* et] aussi *a* [devant
la désinence *nâ* de l'instrumental singulier]. Ex.
Kammanâ, kammunâ ou kammena : par l'action.

Il n'y a évidemment pas lieu de s'arrêter aux subtilités
d'explication au moyen desquelles le commentaire prétend
tirer de plusieurs des sûtras précédents des règles touchant
la déclinaison de *yuva, maghava*. Toutefois, il est si bizarre
de rapporter l'*â* de : maghavânâ, etc. à une règle où il n'est
même pas question d'un *â* long, qu'on pourrait croire à une
interpolation purement accidentelle, à une transposition

___
[1] Cd ù.

d'un fragment du commentaire du sûtra 39; mais la Rûpasiddhi présente absolument la même singularité.

ITI NÂMAKAPPE DUTIYO KAṆḌO.

## तुम्हाम्हेहि नं आकं ॥ १ ॥

Tehi tumhâmbehi naṁvacanassa âkaṁ [1] hoti. Tumhâkaṁ,
ambhâkaṁ.

Naṁ iti kimatthaṁ ? Tumhehi; amhehi.

Après [les thèmes] *tumha*, *amha*, le génitif pluriel
se fait en *âkaṁ*. Ex. Tumhâkaṁ : de vous.

## वा ट्वप्पठमो [2] ॥ २ ॥

Tehi tumhâmhehi yo appaṭhamo âkaṁ hoti vâ. Tumhâkaṁ
passasi; tumhe passasi vâ; amhâkaṁ passasi; amhe passasi vâ.

Yoti kimatthaṁ ? Tumhehi; amhehi.

Appaṭhamoti kimatthaṁ ? Gacchatha tumhe; gacchâma
mayaṁ.

Vâti vikappanatthaṁ. Yoṇaṁ aṁ ânaṁ âdesâ honti. Tumhaṁ; tumhânaṁ; amhaṁ; amhânaṁ.

[Après les thèmes *tumha*, *amha*] l'accusatif pluriel
[peut aussi] à volonté [se faire en *âkaṁ*]. Ex. Amhâkaṁ passasi : tu nous vois.

## सस्सं ॥ ३ ॥

Tehi tumhâmhehi sassa vibhattissa aṁ âdeso hoti vâ. Tumhaṁ dîyate; tava dîyate; tumhaṁ pariggaho; tava parig-

---

[1] Cd âka âkaṁ.

[2] Sᶜ vâ yvapa°.

gaho; amhaṁ dîyate; mama dîyate; amhaṁ pariggaho; mama
pariggaho[1]; mayhaṁ dîyate; mama dîyate; mayhaṁ pariggaho; mama pariggaho[2].

Sasseti kimatthaṁ ? Tumhesu; amhesu.

[Après les thèmes *tumha, amha*] le génitif singulier [peut à volonté se faire] en *aṁ*. Ex. Tumhaṁ dîyate : on te donne; amhaṁ pariggaho : mon
bien.

## सब्बनामाकारते पठमो ॥ ४ ॥

Sabbesaṁ sabbanâmânaṁ akârato yo paṭhamo ettaṁ âpajjate. Sabbe; ye; te; ke; tumhe; amhe; ime.

Sabbanâmânaṁ iti kimatthaṁ ? Devâ; asurâ; nâgâ; gandhabbâ.

Akâratoti kimatthaṁ ? Amû purisâ.

Yoti kimatthaṁ ? Sabbo; yo; ko; ayaṁ.

Paṭhamaggahaṇaṁ uttarasuttatthaṁ. Kataro ca katamo ca
katarakatame katarakatamâ vâ.

Après les thèmes pronominaux en *a* le nominatif
pluriel se fait en *e*. Ex. Sabbe : tous.

## इन्द्दा वा ॥ ५ ॥

Tasmâ sabbanâmânaṁ akârato dvandaṭṭhâ yo paṭhamo
ettaṁ âpajjate vâ. Katarakatame; katarakatamâ.

Sabbanâmânaṁ iti kimatthaṁ ? Devâsuranâgagandhabba-
manussâ.

Dvandaṭṭhâti kimatthaṁ ? Te sabbe.

---

[1] Cd n'a pas les contre-exemples par mama.
[2] Sc n'a pas les exemples mayhaṁ dîyate, etc.
[3] Cd sabbanâma akârato.

Après un thème pronominal, dernier membre d'un composé dvandva, cette règle est facultative. Ex. Katarakatame ou katarakatamâ : lesquels?

नञ्ञं ¹ सब्बनामिकं ॥ ६ ॥

Sabbanâmikavidhânaṁ dvandaṭṭhe naññaṁ ² kâriyaṁ hoti. Pubbo ca aparo ca ³ : pubbâparânaṁ; pubbo ca uttaro ca ⁴ : pubbottarânaṁ; adharo ca uttaro ca : adharottarânaṁ ⁵.

[Les thèmes pronominaux en *a*, quand ils font partie d'un composé dvandva, ne participent à] aucune autre des particularités de la déclinaison pronominale. Ex. Pubbâparânaṁ (et non °paresaṁ) : des précédents et des suivants.

बहुब्बीहिम्हि च ॥ ७ ॥

Bahubbîhimhi ca samâse sabbanâmikavidhânaṁ naññaṁ ⁶ kâriyaṁ hoti. Piyo pubbo yassa : piyapubbâya, piyapubbânaṁ, piyapubbe, piyapubbassa.

Ceti kimatthaṁ? Sabbanâmikavidhânañ ca hoti. Dakkhiṇapubbassaṁ; dakkhiṇapubbassâ; uttarapubbassaṁ; uttarapubbassâ.

De même pour [les thèmes pronominaux qui font partie d'un] composé bahuvrîhi. Ex. Piyapubbânaṁ (et non °pubbesaṁ], de piyapubbo : qui aime le passé.

---

¹ Cd S° nâññaṁ.
² Cd dvanvaṭṭhe nâññaṁ.
³ Cd pubbâca aparâ ca.
⁴ Cd pubbâ ca uttarâ ca.
⁵ S° n'a pas la décomposition des trois exemples.
⁶ Cd S° nâññaṁ.

Ce passage est assez instructif relativement à la composition tant des sûtras que des gloses. Il est modelé sur un passage correspondant de la grammaire Kâtantra qui donne (fol. 13) successivement les règles : *Jas sarvva i*, correspondant à notre s. 4; — *Alpâder vâ* (Pâṇ. I, 1, 33), qui n'est point représentée ici; — *Dvandvasthâccu*, à laquelle correspond le s. 5 avec le seul changement de *ca* en *vâ* nécessité par l'omission du sûtra précédent; — *Nânyat sârvvanâmikaṁ* (s. 6); — *Trittyâsamâse ca* (Pâṇ. I, 1, 30) que n'a point reprise notre grammairien, qui s'est contenté de transporter au sûtra suivant : *Bahuvrîhau* la particule *ca* : « bahubbîhimhi ca; » et c'est à cette particule que le glossateur veut maintenant attribuer le rôle de suppléer la règle Kâtantra qui vient immédiatement à la suite : *Diçâṁ vâ* (Pâṇ. I, 1, 28) que l'auteur ne peut cependant avoir omise qu'à bon escient.

## सब्बतो नं संसानं ॥ ८ ॥

Sabbato sabbanâmato naṁvacanassa saṁ sânaṁ iccete âdesâ honti. Sabbesaṁ; sabbesânaṁ; sabbâsaṁ; sabbâsânam; yesaṁ; yesânaṁ; yâsaṁ; yâsânaṁ; tesaṁ; tesânaṁ; tâsaṁ; tâsânaṁ; kesaṁ; kesânaṁ; kâsaṁ; kâsânaṁ; imesaṁ; imesânaṁ; imâsaṁ; imâsânaṁ; amûsaṁ; amûsânaṁ.

Nanti kimatthaṁ ? Sabbassa; yassa; tassa. Evaṁ sabbattha.

Après les thèmes pronominaux, le génitif pluriel se fait en *saṁ*, *sânaṁ*. Ex. Sabbesaṁ ou sabbesânaṁ : de tous; sabbâsaṁ ou sabbâsânaṁ : de toutes.

## राजस्स राजु सुनंह्सिु च ॥ ९ ॥

Sabbassa râjasaddassa râju âdeso hoti su naṁ hi iccetesu. Rajûsu; râjânaṁ; râjûhi; râjûbhi.

Sunaṁhisûti kimatthaṁ ? Râjâ.

Casaddaggahaṇaṃ avadhâraṇatthaṃ? Râjesu; râjânaṃ; râjehi; râjebhi.

*Râja* se change aussi en *râju* devant [les désinences] *su, naṃ, hi* [du locatif, du génitif et de l'instrumental pluriel]. Ex. Râjûsu : chez les rois.

Il est difficile de croire que cette règle soit bien ici à sa vraie place, séparée des autres règles relatives au thème *râja* et interrompant une série de règles relatives au pronom. C'est aussi ce qui explique l'absence d'un mot marquant que l'application en est facultative; le « ca » servait sans doute à relier cette règle à une autre précédente où « vâ » devait être exprimé.

सब्बस्सिमस्सें वा ' ॥ १० ॥

Sabbassa imasaddassa ekâro hoti vâ sunaṃhi iccetesu. Esu; imesu; esaṃ; imesaṃ; ehi; imehi.
Imasseti kimatthaṃ? Etesu; etesaṃ; etehi.

Le thème *ima* peut à volonté se changer tout entier en *e* [devant les mêmes désinences]. Ex. Esu ou imesu : dans ceux-ci.

अनिमि नाम्हि च ॥ ११ ॥

Imasaddassa sabbasseva ana imi âdesâ honti nâmhi vibhattimhi. Anena dhammadânena sukhitâ honti sâ pajâ; iminâ buddhapûjena patvâna amataṃ padaṃ.
Nâmhiti kimatthaṃ? Imesu; imesaṃ; imehi.
Caggahaṇaṃ vâgahaṇanivattanatthaṃ [2].

Devant la désinence de l'instrumental singulier,

____

[1] Cd sabassimase vâ.
[2] Sᶜ n'a pas cette ligne.

le thème *ima* se change en *ana* ou en *imi*. Ex.
Anena [ou iminà] dhammadânena sukhitâ honti sà
pajâ : ces créatures sont comblées de joie par cet enseignement de la loi.

## अनपुंसकस्सायं सिम्हि ॥ १२ ॥

Imasaddassa sabbasseva anapuñsakassa ayaṁ âdeso hoti
simhi vibhattimhi. Ayaṁ puriso; ayaṁ itthî.
Anapuñsakasseti kimatthaṁ? Idaṁ cittaṁ.
Simhîti kimatthaṁ? Imaṁ purisaṁ passasi.

[*Ima* fait] *ayaṁ* au nominatif singulier du masculin et du féminin. Ex. Ayaṁ puriso : cet homme.

## अमुस्स मो सं ॥ १३ ॥

Amusaddassa anapuñsakassa makâro sakâraṁ âpajjate vâ
simhi vibhattimhi. Asu râjâ; amuko râjâ; asu itthî; amukà
itthî.
Anapuñsakasseti kimatthaṁ? Aduṁ pupphaṁ virocati.
Amusseti kimatthaṁ? Ayaṁ puriso.
Simhîti kimatthaṁ? Amuṁ purisaṁ passasi.

*Amu* change son *m* en *s* au nominatif singulier
du masculin et du féminin. Ex. Amuko râjâ : ce
roi.

Le scholiaste est obligé de corriger le texte en ajoutant
une limitation qui n'est nulle part exprimée.

## एततेसं तो ॥ १४ ॥

Etata iccetesaṁ anapuñsakânaṁ takâro sakâraṁ âpajjate
simhi vibhattimhi. Eso puriso; esâ itthî; so puriso; sâ itthî.
Etesviti kimatthaṁ? Itaro puriso; itarâ itthî.

Anapuñsakasseti kimatthaṁ? Etaṁ cittaṁ: taṁ cittaṁ: etaṁ rûpaṁ; taṁ rûpaṁ.

*Eta*, *ta* [changent] leur *t* [en *s* au nominatif sin-gulier du masculin et du féminin]. Ex. Eso puriso : cet homme; sâ itthî : cette femme.

## तस्स वा नत्तं सब्बत्थ ॥ १५ ॥

Tassa sabbanâmassa takârassa nattaṁ hoti vâ[1] sabbattha liṅgesu. Nâya; tâya; naṁ; taṁ; ne; te; nesu; tesu; namhi; tamhi; nâhi; tâhi.

*Ta* peut toujours se changer à volonté en *na*. Ex. Nâya ou tâya, etc.

## सस्मास्मिंसंसास्वत्तं ॥ १६ ॥

Tassa sabbanâmassa takârassa sabbasseva attaṁ hoti vâ sa smâ smiṁ saṁ sâ iccetesu sabbattha liṅgesu. Assa; tassa; asmâ; tasmâ; asmiṁ; tasmiṁ; assaṁ; tassaṁ; assâ, tassâ.

Takârasseti kimatthaṁ? Amussam; amussâ.

Etesviti kimatthaṁ? Tesu; nesu.

[Il peut se changer] en *a* devant les désinences *sa*, *smâ*, *smiṁ*, *saṁ*, *sâ* [du génitif, ablatif, locatif masculin et neutre, locatif et génitif féminin du singulier]. Ex. Assa ou tassa: de celui-ci.

## इमसद्दस्स च ॥ १७ ॥

Imasaddassa sabbasseva attaṁ hoti vâ sasmâsmiṁsaṁsâ iccetesu sabbattha liṅgesu. Assa; imassa; asmâ; imasmâ; asmiṁ; imasmiṁ; assaṁ; imissaṁ[2]; assâ; imissâ.

---

[1] Cd n'a pas : vâ.
[2] Cd S<sup>e</sup> imassaṁ, mais cf. II, 1, 12.

Imasaddasseti kimatthaṁ? Etissaṁ; etissâ.
Casaddaggahaṇaṁ attaṁ anukaḍḍhanatthaṁ[1]?

[Aux mêmes cas], *ima* [se peut] aussi [à volonté
changer en *a*]. Ex. Assa ou imassa, etc.

## सब्बतो को ॥ १८ ॥

Sabbato sabbanâmato kakârâgamo hoti vâ. Sabbako; yako;
sako; amuko; asuko.
Vâti kimatthaṁ? Sabbo; yo; so; ko.
Sabbanâmatoti kimatthaṁ? Puriso.
Punasabbatoggahaṇena aññasmâpi kakârâgamo hoti. Hi-
nako; potako.

Aux thèmes pronominaux [on peut à volonté
affixer la syllabe additionnelle] *ka*. Ex. Sabbako :
tout; yako : qui.

## घपतो स्मिंसानं संसा ॥ १९ ॥

Sabbato sabbanâmato ghapasaññâto smiṁ sa[2] iccetesaṁ
saṁ sâ âdesâ honti vâ yathâsaṅkhyaṁ, Sabbassaṁ; sabbâyaṁ; sabbassâ; sabbâya; imissaṁ; imâyaṁ; imissâ; imâya;
amussaṁ; amuyaṁ; amussâ, amuyâ.
Sabbanâmatoti kimatthaṁ? Itthiyaṁ; itthiyâ.
Smiṁsânaṁ iti kimatthaṁ? Amuyo.

Les féminins en *â*, *î*, *û* [des thèmes pronomi-
naux] peuvent à volonté prendre les désinences
*saṁ*, *sâ* au locatif et au génitif du singulier. Ex.
Sabbassaṁ ou sabbâyaṁ : dans toute; imissâ ou
imâya : de celle-ci.

[1] S° n'a pas cette ligne.
[2] Sa manque dans Cd.

## नेताहि स्मिं श्रायया ॥ २० ॥

Etâhi sabbanâmâhi ghapasaññâto smiñvacanassa neva âya
yâ âdesâ honti. Etissaṁ; etâyaṁ; imissaṁ; imâyaṁ; amussaṁ; amuyaṁ.

Sminti kimatthaṁ? Tâya itthiyâ mukhaṁ.

Etâhiti kimatthaṁ? Kaññâya; gaṅgâya; viṇâya; saddhâya.

**Ils ne prennent pas au locatif singulier les dési-
nences *âya* ni *yâ*. Ex. Etissaṁ ou etâyaṁ : dans
celle-ci, mais non : etâya.**

Ce sûtra est destiné à restreindre l'application des règles II,
1, 60 et 61 qui autorisent à tous les cas obliques du singulier des féminins les désinences *âya* pour les thèmes en *â*
et *yâ* pour les thèmes en *î, û*.

## मनोगणादितौ स्मिंनानं इ त्रा ॥ २१ ॥ [1]

Tasmâ manogaṇâdito[2] smiññâ iccetesaṁ ikâraâkârâdesâ
honti vâ yathâsaṅkhyaṁ. Manasi; manasmiñ; sirasi; siras-
miñ; manasâ; manena[3]; vacasâ; vacena; sirasâ; sirena; tapasâ; tapena; vayasâ; vayena; yasasâ; yasena; tejasâ; tejena;
urasâ; urena; tamasâ; tamena.

Smiññânaṁ iti kimatthaṁ? Mano; siro; tapo; tamo;
tejo.

Âdiggahaṇena aññehîpi smiññânaṁ ikâraâkârâdesâ honti.
Bilasi; bilasâ; padasi; padasâ.

**Après les thèmes du gaṇa mano-âdi, etc. on**

---

[1] Depuis ce sûtra jusqu'à II, 4, 11, il n'a pu être fait usage de
Cd dont trois feuilles sont endommagées et illisibles; c'est donc sur
S° seul qu'a été constitué le texte.

[2] S° manodigaṇâdito.

[3] S° vanena.

substitue *i, â* aux désinences *smiṁ, nâ* [du locatif
et de l'instrumental singulier]. Ex. Manasi : dans
l'esprit; manasâ : par l'esprit.

Ici, comme souvent, la règle n'est que facultative, malgré
son apparence et sa forme absolue. Cf. p. ex. s. 13, s. 26.

सस्स ओ ॥ २२ ॥

Tasmâ manogaṇâdito sassa ca okâro hoti. Manaso; ta-
paso.

Et *o* à la désinence *sa* [du génitif singulier].
Ex. Manaso : de l'esprit.

एतेसं ओ लोपे ॥ २३ ॥

Etesaṁ manogaṇâdînaṁ anto ottaṁ âpajjate vibhattilopo
kate. Manomayaṁ; ayomayaṁ; tejosamena; tapoguṇena; si-
roruho.
Âdiggahaṇena aññesaṁ anto ottaṁ âpajjate. Âposamena;
vâyosamena.
Lopeti kimatthaṁ? Padasâ; tapasâ; yasasâ; vacasâ; manasâ. Evaṁ aññepi yojetabbâ [1].

Les thèmes [du gaṇa manoâdi, etc.] prennent *o*
[final] quand ils sont dépourvus de toute désinence.
Ex. Ayomayaṁ : fait de fer.

स सरे वागमो ॥ २४ ॥

Etheva manogaṇâdîhi vibhattâdese sare pare sakârâgamo
hoti vâ. Manasâ; vacasâ; manasi; vacasi.

[1] S° yojjetabbâ.

Vàti kimatthaṁ? Madena; tejena; yasena.

Sareti kimatthaṁ? Mano; tejo; yaso.

Punàdiggahaṇena aññasmiṁ pi sare paccaye sakârâgamo hoti. Mânasikaṁ; vâcasikaṁ.

**Ils prennent dans certains cas un *s* additionnel devant la voyelle [initiale d'un suffixe]. Ex. Mana-s-à; mana-s-i.**

Le scholiaste s'exprime mal en ajoutant « vibhattâdese » et en maintenant cependant le *và*. En effet, il n'est pas exact de dire que l'insertion prescrite soit facultative devant les voyelles *â*, *i* substituées aux désinences ordinaires. Employant « và » une fois de plus dans le sens de « dans certains cas précis (où alors la règle n'a rien de facultatif) », le sùtra dit simplement que, devant une voyelle initiale de certains suffixes casuels et autres (parmi lesquels *â*, *i* substitués à *nà*, *smiṁ*), les thèmes en question insèrent régulièrement un *s*. Le scholiaste eût donc dù supprimer dans sa paraphrase ou « và » ou « vibhattâdese », ou plutôt il eût dù supprimer vibhattâdese, qui a le tort d'exclure certains suffixes qu'à la fin le commentaire est bien obligé de faire rentrer dans cette règle.

## सन्तसद्दस्स सो भे बो चन्ते ॥ २५ ॥

Sabbasseva santasaddassa sakârâdeso hoti bhakâre pare ante ca bakârâgamo hoti. Sabbhir eva samâsetha; sabbhi kubbetha [1] nâsabbhi; sabbhi pavedayanti; sabbhato; sabbhâvo.

Bheti kimatthaṁ? Santehi pùjito bhagavà.

Casaddaggahaṇaṁ kvaci sakârassara pasiddhatthaṁ. Sakkâro; sakkato.

**Le mot *santa* devant *bh* devient *sa*, et [s'aug-**

[1] Se kubbetha.

mente] à la fin [d'un] *b* [additionnel]. Ex. Sabbhir eva samâsetha : ne fréquentez que les gens vertueux.

सिम्हि गच्छन्तादीनं अन्तसद्दो <sup>1</sup> अं ॥ २६ ॥

Simhi gacchantâdînaṁ antasaddo[2] aṁ âpajjate vâ. Gacchaṁ ; gacchanto ; mahaṁ ; mahanto ; caraṁ ; caranto ; tiṭṭhaṁ ;
tiṭṭhanto ; khâdaṁ ; khâdanto.

Gacchantâdînaṁ iti kimatthaṁ ? Anto ; danto ; vanto ;
santo.

Au nominatif singulier, les thèmes *gacchanta*, etc.
changent *anto* en *aṁ*. Ex. Gacchaṁ : marchant ;
mahaṁ : grand.

Cette règle encore n'est que facultative, bien que l'auteur
ne l'indique pas expressément. (Cf. s. 21, etc.) Nous avons
visiblement affaire à une collection d'observations grammaticales bien plus qu'à une grammaire méthodique, où
chaque mot serait pesé et les limites naturelles de chaque
règle seraient nettement définies.

ससेसु न्तु व <sup>3</sup> ॥ २७ ॥

Gacchantâdìnaṁ antasaddo[4] ntuppaccayova daṭṭhabbo sesesu vibhattipaccayesu. Gacchato ; mahato ; gacchati ; mahati ;
gacchatâ ; mahatâ.

Sesesviti kimatthaṁ ? Gacchaṁ ; mahaṁ ; khâdaṁ.

A tous les autres cas [ces thèmes sont traités]
comme [les mots terminés par] le suffixe *ntu*.
Ex. Gacchato, gén. sing. comme guṇavato, etc.

<hr>

[1] et [2]  Sᵉ gacchantâdinantasaddo.
[3]  Sᵉ ntava.
[4]  Sᵉ gacchantâdinantasaddo.

## बह्मत्तसखराजादितो अं आनं ॥ २८ ॥

Brahma atta sakha râja iccevamâdito aṁvaçanassa ânaṁ
âdeso hoti vâ. Brahmânaṁ; brahmaṁ; attânaṁ; attaṁ; sa-
khânaṁ; sakhaṁ; râjânaṁ; râjaṁ.
Aṁ iti kimatthaṁ? Râjâ.

Après les thèmes *brahma*, *atta*, *sakha*, *râja*, etc.
l'accusatif singulier se fait en *ânaṁ*. Ex. Brahmânaṁ : un brâhmane.

La remarque du s. 26 s'applique également à cette règle.

## स्या च ॥ २८ ॥

Brahma atta sakha râja iccevamâdihi 'sivaçanassa â hoti.
Brahmâ; attâ; sakhâ; râjâ; âtumâ.

Et le nominatif singulier en *â*. Ex. Brahmâ : un
brâhmane.

## योनं आनो ॥ ३० ॥

Brahma atta sakha râja iccevamâdihi yonaṁ âno âdeso
hoti. Brahmâno; attâno; sakhâno; râjâno; âtumâno.

Le nominatif et l'accusatif pluriel en *âno*. Ex.
Brahmâno : les brâhmanes.

## सखातो चायो नो ॥ ३१ ॥

Tasmâ sakhâto ca yonaṁ âyono âdesâ honti. Sakhâyo;
sakhino.
Yonaṁ iti kimatthaṁ? Sakhâ.

Après *sakha* le nominatif et l'accusatif pluriel se font aussi en *âyo* et *no*. Ex. Sakhâyo ou sakhino : les amis.

स्मिं ए ॥ ३२ ॥

Tasmâ sakhâto smiṁvacanassa ekâro hoti. Sakhe.

Après *sakha*, le locatif singulier se fait en *e*. Ex. Sakhe : dans un ami.

ब्रह्मातो ' गस्स च ॥ ३३ ॥

Tasmâ brahmâto[2] gassa ca ekâro hoti. He brahme.

Après *brahma*, on fait aussi le vocatif singulier en *e*. Ex. He brahme! ô brâhmane!

सखान्तस्सि ' नोनानंसेसु ॥ ३४ ॥

Tassa sakhântassa ikârâdeso hoti nonânaṁsa iccetesu. Sakhino; sakhinâ; sakhinaṁ; sakhissa.
Etesviti kimatthaṁ? Sakhârehi; sakhehi.

*Sakha* change sa voyelle finale en *i* devant les désinences *no, nâ, naṁ, sa*. Ex. Sakhino : de l'ami.

आरो हिम्हि वा ॥ ३५ ॥

Tassa sakhântassa âro hoti vâ himhi vibhattimhi. Sakhârehi; sakhehi.

[Il peut] à volonté [la changer] en *âra* devant la

---


[1] S<sup>c</sup> brahmato. C. brahmâto.
[2] S<sup>c</sup> brahmato.
[3] S<sup>c</sup> saṁkhâ°.

désinence *hi* [de l'instrumental pluriel]. Ex. Sakhârehi ou sakhehi : par les amis.

## सुनमंसु वा ॥ ३६ ॥

Tassa sakhântassa âro hoti vâ sunaṁaṁ iccetesu. Sakhâresu ; sakhesu ; sakhârânaṁ ; sakhînaṁ ; sakhâraṁ ; sakhaṁ.

[Et aussi] à volonté devant les désinences *su*, *naṁ*, *aṁ* [du locatif et du génitif pluriel et de l'accusatif singulier]. Ex. Sakhâresu ou sakhesu : dans les amis.

## ब्रह्मातो ¹ तु स्मिं नि ॥ ३७ ॥

Tasmâ brahmâto[2] smiṁvacanassa ni âdeso hoti. Brahmani. Tusaddaggahaṇena abrahmâto[3] pi smiṁvacanassa ni hoti. Kammani ; cammani ; muddhani[4].

Après *brahma* le locatif singulier se fait en *ni*. Ex. Brahmani : dans un brâhmane.

## उत्तं सनासु ॥ ३८ ॥

Tassa brahmasaddassa anto uttaṁ âpajjate sanâ iccetesu. Brahmuno ; brahmunâ.

Sanâsviti kimatthaṁ? Brahmâ.

Uttaṁ iti bhâvaniddesena katthaci abhâvaṁ dasseti[5]. Brahmassa.

*Brahma* change sa voyelle finale en *u* devant les

1 S° brahmato. C. brahmato.
2 et 3 S° brahmato.
4 S° muddani.
5 S° dassesi.

désinences du génitif et de l'instrumental du singulier. Ex. Brahmuno : du brâhmane.

सत्युपिताद्ीनं आ सिस्मिं सिलोंपो च ' ॥ ३९ ॥

Satthupitu iccevamâdinaṁ anto âttaṁ âpajjate sismiṁ silopo ca[2]. Satthâ; pitâ; mâtâ; bhâtâ; kattâ.

Sismiṁ ti kimatthaṁ? Satthussa; pitussa; bhâtussa; kattussa[3].

Les thèmes *satthu*, *pitu*, etc. prennent *â* au nominatif singulier et perdent toute désinence. Ex. Satthâ : le maître.

अञ्ञेस्वन्नं ॥ ४० ॥

Satthupitâdînaṁ anto sivacanato aññesu vacanesu ârattaṁ âpajjate. Satthâraṁ; pitaraṁ; mâtaraṁ; bhâtaraṁ; satthârehi; pitarehi; mâtarehi; bhâtarehi.

Aññesvîti kimatthaṁ? Satthâ; pitâ; mâtâ; bhâtâ.

Ârattaggahaṇena katthaci niyamaṁ[4] dasseti. Satthussa; pitussa; mâtussa; bhâtussa.

Aux autres cas ils changent leur finale en *âra*. Ex. Satthâraṁ : le maître; pitarehi : par les pères.

वा नम्हि ॥ ४१ ॥

Satthupitâdînaṁ anto ârattaṁ âpajjate namhi vibhattimhi vâ. Satthârânaṁ; pitarânaṁ; mâtarânaṁ; bhâtarânaṁ.

Vâti kimatthaṁ? Satthûnaṁ[5]; pitûnaṁ; mâtûnaṁ; bhâtûnaṁ.

---

[1] S° satthapitâdinam âsismi lopo ca. C. comme le texte.

[2] S° sulopo ca.

[3] S° katussa.

[4] S° °ci aniyamaṁ.

[5] S° satthânaṁ. Mais le voisinage des formes suivantes rend la correction évidemment nécessaire.

Ce changement est facultatif au génitif pluriel.
Ex. Satthârânaṁ ou satthûnaṁ : des maîtres.

Il me paraît plus que douteux que ce sûtra ait été ajouté
par l'auteur en vue de ces formes « satthûnaṁ, » etc. que le
commentateur rapproche ici des formes facultatives « satthârânaṁ, » etc.; car s'il avait eu cette intention, ce n'est pas
pour le génitif pluriel seulement qu'il eût enseigné la non-
obligation d'un second thème en *âra* (ara), mais aussi pour
le génitif singulier (en *no* ou *ssa*) et les autres cas qui se
peuvent encore dériver du thème en *u* : satthussa, etc. L'auteur ne le faisant pas, il est clair que l'autre forme de génitif
pluriel à laquelle il fait allusion est la forme en *ânaṁ* autorisée par le sûtra suivant. La suite des règles 40, 41, 42 est
donc : aux cas autres que le nominatif singulier, *satthu*, etc.
forment un nouveau thème en *âra* (ara), excepté pourtant
au génitif pluriel, qui peut aussi faire « satthânaṁ », etc.

## सत्थुनात्तञ्च [1] ॥ ४२ ॥

Tassa satthusaddassa âttaṁ hoti vâ namhi vibhattimhi.
Satthânaṁ; pitânaṁ; mâtânaṁ; bhâtânaṁ; dhitânaṁ; kat-
tânaṁ.
Vâti kimatthaṁ? Satthârânaṁ; pitûnaṁ; mâtûnaṁ; dhi-
tûnaṁ.

*Satthu* peut aussi, au génitif pluriel, prendre
*â* devant la désinence *naṁ*. Ex. Satthânaṁ : des
maîtres.

Le scholiaste prend « satthu » comme représentant tous les
thèmes du gaṇa satthupitâdi; mais alors on ne voit pas dans
quel but l'auteur du sûtra a répété satthu, répétition qui pa-

[1] S Satthunâtañca.

raîtrait plutôt destinée à restreindre à ce seul mot l'application du sûtra. D'autre part la règle suivante semble bien s'appliquer à tous les thèmes du gaṇa, sans qu'elle contienne une spécification nouvelle du gaṇa tout entier, ce qui régulièrement serait nécessaire, si *satthuno* avait ici un sens restrictif.

उ स्स्मिं सलोपो च ॥ ४३ ॥

Satthupitu iccevamâdînaṃ antassa uttaṃ hoti vâ sasmiṃ salopo ca. Satthu, satthussa, satthuno dîyate pariggaho vâ; pitu, pitussa; pituno dîyate pariggaho vâ; bhâtu, bhâtussa; bhâtuno dîyate parriggaho vâ.

[Les thèmes *satthu*, etc. peuvent à volonté prendre] *u* au génitif singulier, en éliminant toute désinence. Ex. Satthu dîyate : on donne au maître.

सक्कमन्धातादीनञ्च [1] ॥ ४४ ॥

Sakkamandhâtu [2] iccevamâdînaṃ uttaṃ hoti [3] sasmiṃ salopo ca. Sakkamandhâtu [4] iva assa râjino vibhavo; evaṃ : kattu; gantu; dhâtu iccevamâdi.

Les thèmes *sakkamandhâtu*, etc. [forment le génitif] de même. Ex. Sakkamandhâtu iva assa râjino vibhavo : la puissance de ce roi est égale à celle de Sakkamandhâtṛi.

ततो योनं ओ तु ॥ ४५ ॥

Tato ârâdesato sabbesaṃ yonaṃ okârâdeso hoti. Satthâro; pitaro; mâtaro; bhâtaro; kattâro [5]; vattâro.

<hr>

[1], [2], [4] S⁰ ⁰mandâ⁰.

[3] S⁰ uttaṃ âpajjate, qui ne se peut construire avec le génitif ⁰âdînaṃ.

[5] S⁰ Kattaro.

Tusaddaggahaṇena aññasmâpi yonaṁ okârâdeso hoti. Caturo janitâro[1]; ubho purisâ.

Mais après cette addition [de *âra* aux thèmes
*satthu*, *pitu*, etc.] o [sert de désinence] pour le nominatif et l'accusatif du pluriel. Ex. Satthâro : les
maîtres; pitaro : les pères.

## ततो स्मिं इ ॥ ४६ ॥

Tato ârâdesato smiñvacanassa ikârâdeso hoti. Satthari;
pitari; mâtari; bhâtari; kattari; dhitari; vattari[2].
Punatatogahaṇena aññasmâpi smiñvacanassa ikârâdeso
hoti. Bhuvi.

Après cette addition [de *âra* aux thèmes *satthu*,
*pitu*, etc.] *i* [sert de désinence] pour le locatif singulier. Ex. Satthari : dans le maître; pitari : dans
le père.

Je ne vois rien qui explique ni justifie la répétition de
« tato » dans cette règle (étant donnés la suite et l'état actuel
des sûtras); peut-être n'est-elle que le résultat d'une faute de
copiste, ancienne assurément, puisque le scholiaste essaye
une explication telle" quelle, et qu'on la retrouve dans la
Rûpasiddhi.

## ना आ ॥ ४७ ॥

Tato ârâdesato nâvacanassa âkârâdeso hoti. Satthârâ; pitarâ; mâtarâ; bhâtarâ; dhitarâ, kattarâ; vattarâ.

[Et] *â* pour l'instrumental singulier. Ex. Satthârâ : par le maître; pitarâ : par le père.

---

[1] S<sup>c</sup> janâtâro.
[2] S<sup>c</sup> ajoute une seconde fois kattari.

# ब्रारो रस्सं इकारे ॥ ४८ ॥

Ârâdeso rassaṁ âpajjate ikâre pare. Satthari; pitari; mâtari; bhâtari; dhitari.

[L'additionnel] *âra* est bref devant *i* [du locatif singulier]. Ex. Satthari; pitari.

# पिताद्दीनं ब्रसिम्हि ¹ ॥ ४ऍ ॥

Pitâdînaṁ ârâdeso rassaṁ âpajjate asimhi ca. Pitarâ: mâtarâ, bhâtarâ; dhitarâ; pitaro; mâtaro; bhâtaro; dhitaro.

Asimhiggahaṇaṁ tomhi ikârâdesasaññâpanatthaṁ. Mâtito; pitito; bhâtito; duhitito.

[L'additionnel] *âra* des thèmes *pitu*, etc. [est bref à tous les cas] excepté au nominatif singulier. Ex. Pitarâ, etc.

*Asimhi* est, pour le moins, inutile, étant donnée la forme sous laquelle est enseigné l'*â* long du nominatif singulier (s. 39).

# तयातयिनं तकारो त्वत्तं वा ॥ ५० ॥

Tayâ tayi iccetesaṁ takâro tvattaṁ âpajjate vâ. Tvayâ; tayâ; tvayi; tayi.

Etesanti kimatthaṁ? Tuvaṁ; tvaṁ.

Le *t* de *tayâ*, *tayi* peut à volonté se changer en *tv*. Ex. Tvayâ ou tayâ : par toi.

ITI NÂMAKAPPE TATIYO KAṆḌO.

¹ S⁰ âsimhi.

## अत्तन्तो ह्सिम्िं अनत्तं[1] ॥ १ ॥

Tassa attano anto[2] anattaṃ âpajjate hismiṃ vibhattimhi. Attanehi; attanebhi.

Attantoti kimatthaṃ? Gajjehi; gajjebhi.

Hisminti kimatthaṃ? Attanâ.

Anattaṃ iti bhâvaniddesena attasaddassa sakârâdeso hoti sabbâsu vibhattîsu. Sako; sakâ; sake.

L'*a* final du thème *atta* se change en *ana* devant la désinence de l'instrumental pluriel. Ex. Attanehi.

## ततो स्मिं नि ॥ २ ॥

Tato attato smiṃvaĉanassa ni hoti. Attani.

Tatoggahaṇaṃ avadhâraṇatthaṃ. Sake petavisaye.

Après ce thème *atta*, la désinence pour le locatif singulier est *ni*. Ex. Attani : en soi-même.

## सस्स नो ॥ ३ ॥

Tato attato[3] sassa vibhattissa no hoti. Attano.

[Et] pour le génitif singulier, *no*. Ex. Attano : de soi-même.

## स्मा ना ॥ ४ ॥

Tato attasaddato smâvacanassa nâ hoti. Attanâ.

Punatatogahaṇena[4] tassa attano takârassa rakâro hoti sabbesu vacanesu. Atrajo; atrajaṃ.

Pour l'ablatif singulier, *nâ*. Ex. Attanà : par soi-même.

कालतो च ॥ ५ ॥

Jhala iccetehi smâvacanassa nâ hoti. Agginà ; pâṇinâ ; daṇ-ḍinâ ; bhikkhunâ ; sayambhunâ.
Smâti kimatthaṁ ? Aggayo ; munayo ; isayo.

[*Nâ* sert] de même [de désinence à l'ablatif singulier,] après les thèmes masculins en *i, î, u, û*. Ex. Pâṇinâ : de la main.

घपतो स्मिं यं वा ॥ ६ ॥

Tasmâ ghapato smiṁvacanassa yaṁ hoti vâ. Kaññâyaṁ : kaññâya ; gaṅgâyaṁ ; gaṅgâya ; rattiyaṁ ; rattiyâ ; itthiyaṁ ; itthiyâ ; vadhuyaṁ ; vadhuyâ ; yâguyaṁ ; yâguyâ.

*Yaṁ* peut à volonté s'employer comme désinence du locatif singulier, après les thèmes féminins en *â, î, û*.

Ce sûtra est complétement superflu, au moins en ce qui concerne les thèmes en *i, î* pour lesquels la forme de locatif en *yaṁ* (à côté de *yâ*) est expressément enseignée par le sûtra II, 1, 17 combiné avec les sûtras II, 1, 19 et 20.

योनं नि नपुंसकोहि ॥ ७ ॥

Sabbesaṁ yonaṁ ni hoti vâ napuṁsakehi liṅgehi. Aṭṭhîni ; aṭṭhî ; âyûni, âyû. Evaṁ dutiyâyaṁ.
Napuṁsakchîti kimatthaṁ ? Itthiyo.

Les [thèmes] neutres forment [à volonté] en *ni*

leur nominatif et leur accusatif pluriel. Ex. Aṭṭhìni
ou aṭṭhî : les os.

## श्रतो निच्चं ॥ ८ ॥

Akârantehi napuṁsakaliṅgehi yonaṁ niccaṁ ni hoti. Yâni;
yâni; tâni; tâni; kâni; kâni; bhayâni; bhayâni; rûpâni; rûpâni.

Les thèmes [neutres] en *a* [les forment] toujours
[ainsi]. Ex. Yâni (et non : yâ) : quæ; rûpâni (et
non : rûpâ) : les formes.

Nous avons ici une contradiction directe avec la règle II,
1, 56.

## सिं ॥ ६ ॥

Akârantehi napuṁsakaliṅgehi sivacanassa aṁ hoti niccaṁ.
Sabbaṁ; yaṁ; kaṁ; taṁ; cittaṁ; rûpaṁ.

[Les thèmes neutres en *a* forment] le nominatif
singulier en [*a*]ṁ. Ex. Sabbaṁ : tout; cittaṁ : l'esprit.

## सेसतो लोपं गसिपि ॥ १० ॥

Tato niddiṭṭhehi sesato gasi iccete lopaṁ âpajjante [1]. Bhoti
itthi; sâ itthî; bho daṇḍi; so daṇḍî; bho sattha; so satthâ;
bho râja; so râjâ.
  Sesatoti kimatthaṁ? Puriso gacchati.
  Gasipîti kimatthaṁ? Itthiyâ; satthussa.

Après tous les autres thèmes (autres que ceux
pour qui il a été donné des règles précédemment),

_______
[1] Sc âpajjate.

le nominatif et le vocatif singulier éliminent toute
désinence. Ex. Sâ itthî : cette femme; bhoti itthi :
ô femme!

Je n'ai pas rendu « pi » dont la portée m'échappe. L'explication qu'en donne la Rûpasiddhi (fol. 12ᵃ) ne me le rend
pas plus clair : « Apiggahaṇaṁ dutiyatthasampiṇḍanatthaṁ. »

सब्बासं आवुसोउपसग्गनिपाताादीर्हि च ॥ ११ ॥

Sabbâsaṁ vibhattìnaṁ ekavacanànaṁ bahuvacanânaṁ
paṭhamâdutiyàtatiyàcatuṭṭhîpañcamîchaṭṭhîsattamînaṁ lopo
hoti àvusoupasagganipâta iccevamâdîhi. Tvaṁ panâvuso;
tumhe panâvuso; padaso dhammaṁ vâceyya; vihàraṁ sve
upagacchissati[1]. Pa parâ ni nî u du saṁ vi ava anu pari adhi
abhi pati su â ati api apa upa : pahàro; parâbhavo; nihâro;
nihâro; ubâro; duhâro; saṁhâro; vihâro; avahâro, anuhâro;
parihâro; adhihâro; abhihâro; patihâro; suhâro; àhàro; ati-
hâro; apihâro; apahâro; upahâro — evaṁ vîsati upasaggehi
ca; — yathâ tathà khalu kho yatra tatra atho atha hi tu ca
vâ ve[2] ham ahaṁ evaṁ ho aho he ahe re are — evamâdihi
nipâtehi ca yojetabbaṁ[3].

Le mot *âvuso*, les prépositions, les conjonctions, etc. éliminent aussi toute désinence casuelle.
Ex. Tvaṁ panâvuso : mais toi, ô ami; pahâro (de
pa-hâra) : coup; yathâ : comme.

[1] Sᶜ upagacchisati.
[2] Sᶜ vo.
[3] Sᶜ yojettabbâ. Ici s'arrête la lacune de Cd.

## पुमस्स लिङ्गादीसु समासेसु ॥ १२ ॥

Puma iccetassa [1] anto lopaṁ âpajjate liṅgâdîsu parapadesu
samâsesu. Pulliṅgaṁ; pumbhâvo; puṅkokilo [2].
Pumasseti kimatthaṁ ? Itthîliṅgaṁ; napuṁsakaliṅgaṁ.
Liṅgâdîsûti kimatthaṁ ? Pumitthî.
Samâsesûti kimatthaṁ ? Pumassa liṅgaṁ.

*Puma* [perd sa voyelle finale], en composition
devant les mots *liṅga*, etc. Ex. Pulliṅgaṁ : le genre
masculin.

## अं यं इतो पसञ्ञातो [3] ॥ १३ ॥

Aṁvacanassa yaṁ hoti vâ îto pasaññâto. Itthiyaṁ; itthiṁ.
Pasaññâto ti kimatthaṁ ? Daṇḍinaṁ; bhoginaṁ [4].
Aṁ iti kimatthaṁ ? Itthîhi.

**Les thèmes féminins en *i* font l'accusatif singulier
en *yaṁ*. Ex. Itthiyaṁ : la femme.**

## नं कतो कतरस्सा [5] ॥ १४ ॥

Tasmâ jhato katarassâ aṁvacanassa naṁ hoti. Daṇḍinaṁ;
bhoginaṁ.
Jhatoti kimatthaṁ ? Vessabhuṁ.
Katarassâti kimatthaṁ ? Kucchiṁ.

**Les masculins en *i* le font en *naṁ* en prenant *i*
bref [devant cette désinence]. Ex. Daṇḍinaṁ (accus.**

[1] Cd iccevatassa.
[2] Cd °padesu. Pulliṅgaṁ; pubbhâvo.
[3] Cd ° yaṁ îtâ pa°.
[4] Cd daṇḍînaṁ; bhogînaṁ.
[5] Cd S° na jhato°.

de daṇḍî) : qui porte un bâton ; mais : kucchiṁ (accus.
de kucchi) : ventre.

## योनं नो ॥ १५ ॥

Sabbesaṁ yonaṁ jhato katarassâ no hoti. Daṇḍino, bho-
gino ; he daṇḍino ; he bhogino.
Katarassâti kimatthaṁ ? Aggayo ; munayo ; isayo.
Jhatoti kimatthaṁ ? Sayambhuvo.
Yonanti kimatthaṁ ? Daṇḍinâ ; bhoginâ.

[Ils font] le nominatif et l'accusatif pluriel en *no*,
[en prenant *i* bref devant cette désinence]. Ex. Daṇḍino : qui portent un bâton ; mais : aggayo (de aggi) :
les feux.

## स्मिं नि ॥ १६ ॥

Tasmâ jhato katarassâ smiṁvacanassa ni hoti. Daṇḍini ;
bhogini.
Katarassâti kimatthaṁ ? Byâdhimhi.

[Ils font] le locatif singulier en *ni* [en prenant
*i* bref devant cette désinence]. Ex. Bhogini : dans
le serpent.

## किस्स क वे च ॥ १७ ॥

Kiṁ iccetassa ko hoti vappaccaye pare. Kva gatosi devânampiyatissa ?
Casaddaggahaṇena avappaccaye pare pi ko hoti. Kathaṁ
bodhesi tvaṁ dhammaṁ ?
Veti kimatthaṁ ? Kuto âgatosi tvaṁ.

*Kiṁ* se change en *k* devant le suffixe *va*. Ex. Kva
gatosi devânampiyatissa : où es-tu allé, Devânampiyatissa ?

# कु स्विंहंसु च ॥ १८ ॥

Kiṁ iccetassa ku hoti hiṁhaṁ iccetesu. Kuhiṁ gacchasi;
kuhaṁ gacchasi.

Casaddaggahaṇena hiñcanaṁ dâcanaṁ paccayesu ku hoti.
Kuhiñcanaṁ; kudâcanaṁ [1].

Et aussi en *ku* devant les suffixes *hiṁ*, *haṁ*. Ex.
Kuhiṁ gacchasi : où vas-tu?

Malgré le silence du scholiaste, cette règle entend évidemment autoriser les formes comme *kahaṁ* (cf. par exemple
*Dhammap.* 212, 15 et *passim*.).

# सेसेसु च ॥ १९ ॥

Kiṁ iccetassa ko hoti sesesu vibhattippaccayesu paresu.
Ko pakâro, kathaṁ; kaṁ pakâraṁ, kathaṁ.
Casaddaggahaṇaṁ kakârânukaḍḍhanatthaṁ [2].

Et [en *ka*] devant tous les autres [suffixes].
Ex. Kathaṁ : comment.

Régulièrement c'est *ku* et non *ka* que nous devrions suppléer dans le sûtra; malgré les libertés et les irrégularités fréquentes que nous avons eu déjà l'occasion de constater dans
la construction et la succession des sûtras, il est difficile de
ne pas croire, surtout en comparant la règle suivante, qu'il
y ait ici une transposition accidentelle des sûtras 18 et 19
dont la simple interversion évite toute difficulté.

# त्रतोधेसु च ॥ २० ॥

Kiṁ iccetassa ku hoti trathotha iccetesu. Kutra; kuto;
kuttha.

---

[1] S° haṇenâti kimatthaṁ? Aññatopi ku hoti. Kuhiñcanaṁ.

[2] Glose omise par S°.

Casaddaggahaṇaṁ kiṁsaddânukaḍḍhanatthaṁ[1].

Et [en *ku*] devant les suffixes *tra*, *to*, *tha*. Ex. Ku-tra : où ; kuto : d'où.

सब्बस्सेतस्सकारो वा ॥ २१ ॥

Sabbassa etasaddassa akâro hoti vâ totha iccetesu. Ato, attha ; etto ; ettha.

*Eta* peut à volonté se substituer *a* devant les suf-fixes *to*, *tha*. Ex. Ato : de là ; ettha : là.

त्रे निच्चं ॥ २२ ॥

Sabbassa etasaddassa akâro hoti niccaṁ trappaccaye pare. Atra.

Devant *tra* [cette substitution a] toujours [lieu]. Ex. Atra : ici.

ए तोथेसु वा ॥ २३ ॥

Sabbasseva etasaddassa ekâro hoti vâ totha iccetesu. Etto ; ato[2] ; ettha ; attha.

[*Eta* peut] à volonté [se réduire à] *e* devant les suffixes *to*, *tha*. Exemple : Etto (ou : ato) : de là ; ettha (ou : attha) : là.

इमस्सि त्थंदानिह्तोथेसु च ॥ २४ ॥

Sabbasseva imasaddassa ikâro hoti tthaṁdânihatodha iccetesu. Itthaṁ ; idâni ; iha ; ito ; idha.

---

[1] Glose omise par S[t].
[2] Cd akho.

Casaddaggahaṇaṁ avadhâraṇatthaṁ.

Et *ima* se change en *i* devant les suffixes *tthaṁ*,
*dâni*, *ha*, *to*, *dha*. Ex. Itthaṁ : ainsi; idâni : maintenant.

## अ धुनाम्हि च ॥ २५ ॥

Sabbasseva imasaddassa akâro hoti dhunâ iccetamhi. A-
dhunâ.
Casaddaggahaṇaṁ avadhâraṇatthaṁ [1].

Et en *a* devant *dhunâ*. Ex. Adhunâ : maintenant.

## एत रहिम्हि [2] ॥ २६ ॥

Sabbasseva imasaddassa etâdeso hoti rahimhi paccaye
pare. Etarahi.

En *eta* devant *rahi*. Ex. Etarahi : maintenant.

## इत्थियं अतो आपच्चयो ॥ २७ ॥

Itthiyaṁ vattamânâya akârato âpaccayo hoti. Sabbâ; sâ;
yâ; kâ; kaññâ.

Au féminin, les thèmes en *a* prennent *â* long.
Ex. Sabbâ : toute; sâ : celle-ci.

## नदादितो वा ई ॥ २८ ॥

Nadâdito vâ anadâdito vâ itthiyaṁ vattamânâya akârato

---

[1] Glose omise par S[e].
[2] Cd rahmi.

îpaccayo hoti. Nadî; mahî; kumârî; karuṇî; vâruṇî; sakhî; hatthî[1]; itthî.

Les thèmes [en *a*] du gaṇa nadâdi et autres prennent *î* long. Ex. Nadî : le fleuve; mahî : la terre; kumârî : la jeune fille.

Tout en traduisant comme le scholiaste, je ne suis pas sans avoir des doutes sur l'exactitude de cette interprétation qui suppose, chez l'auteur du sûtra, une façon de s'exprimer bien énigmatique. Le sens littéral serait que : les thèmes du gaṇa nadâdi peuvent à volonté former leur féminin en *î;* mais dans les thèmes *nadî*, etc. la forme en *î* n'est pas seulement facultative, elle est régulière et obligatoire. On pourrait toutefois penser qu'en ajoutant *vâ* l'auteur du sûtra a entendu faire allusion à certains cas où cet *î* deviendrait bref. En effet, sans partager complétement l'opinion de M. Storck (I, 11; II, 27), que les thèmes féminins en *î* «nominativum «sgl. in i brevem longamve formant et promiscue his termi «nationibus utuntur, » on doit reconnaître qu'il règne sur ce point dans les manuscrits une grande incertitude; et cette circonstance, jointe au caractère douteux et mobile de plusieurs voyelles finales en pâli, autorise à penser que les thèmes féminins mêmes dont l'i paraît le plus stable ont bien pu être considérés comme l'abrégeant quelquefois en *i*. Cette explication serait assurément plus simple, plus conforme à la lettre du texte. D'autre part, il faut avouer que le gaṇa *nadâdi* n'épuise pas la catégorie des thèmes qui font leur féminin en *î* (cf. Vopadeva, IV, 9), et qu'en fait, au moins, le commentateur a raison. Là où il a tort, c'est quand il donne des exemples comme «itthî, hatthî», le premier n'étant point dérivé d'un thème en *â*, le second étant nominatif *masculin* (cf. pourtant Clough, p. 40) en *î*. Il a oublié,

---

[1] Le Bâlâvatâra ayant la même forme, on ne peut songer à lire «hatthinî». Cf. du reste s. 30.

en les donnant, que cette règle enseigne la formation de thèmes féminins, et non des nominatifs singuliers en *î*, qui sont réglés déjà par le s. 10.

## णवणिकणेय्यणन्तुहि ॥ २ए ॥

Navaṇikaṇeyyaṇantu iccetehi itthiyaṁ vattamânehi îpac-cayo hoti. Mânavî; paṇḍavî[1]; nâvikî; veṇateyyî; kunteyyî; gotamî; guṇavatî; sâmavatî.

Les suffixes *ṇava*, *ṇika*, *ṇeyya*, *ṇantu* [prennent de même *î* au féminin]. Ex. Mânavî : une descendante de Manu; kunteyyî : une descendante de Kuntâ.

## पतिभिक्खुराजीकारन्तेहि [2] इनी [3] ॥ ३० ॥

Patibhikkhurâjikârantehi [4] itthiyaṁ vattamânehi [5] inipac-cayo [6] hoti. Gahapatânî; bhikkhunî; râjinî; hatthinî; ḍaṇ-ḍinî; medhâvinî; tapassinî [7].

Les thèmes *pati*, *bhikkhu*, *râja* et ceux qui se ter-minent [au masculin] en *î* prennent [au féminin le suffixe] *inî*. Ex. Gahapatânî : la maîtresse de mai-son; hatthinî : la femelle de l'éléphant.

## न्तुस्स तं ईकारे ॥ ३१ ॥

Sabbasseva ntuppaccayassa to hoti vâ îkâre pare. Guṇavatî

[1] Cd mânavî pâṇḍavî.
[2] Cd Sᶜ °râjikâra°.
[3] Cd °inî.
[4] Cd Sᶜ °râjikâ°.
[5] Itthiyaṁ vattamânehi manque dans Cd.
[6] Cd inippacayo.
[7] L'*i* final de tous les exemples est bref dans Cd.

guṇavantî; kulavatî; kulavantî; satimati; satimantî; mahatî;
mahantî; gomatî; gomantî [1].

Le suffixe *ntu* se change en *t* devant l'*i* du féminin. Ex. Guṇavatî : vertueuse; kulavatî : une femme
noble.

Le *vâ* du scholiaste n'étant nulle part dans le texte, je n'ai
pas dû le traduire.

## भवतो भोतो ॥ ३२ ॥

Sabbasseva bhavantasaddassa bhotâdeso hoti ikâre itthî-
kate [2] pare. Bhoti ayye; bhoti kaññe; bhoti gharâdiye [3].

*Bhavanta* se change en *bhot* devant l'*i* du féminin. Ex. Bhoti kaññe : ô jeune fille!

## भो गे तु ॥ ३३ ॥

Sabbasseva bhavantasaddassa bho hoti ge pare. Bho purisa; bho aggi; bho râja; bho sattha; bho daṇḍi; bho sayambhu.
Geti kimatthaṁ? Bhavatâ; bhavaṁ.
Tusaddaggahaṇena aññasmimpi vacane sabbassa bhavantasaddassa bhonta bhonte bhonto bhotâ bhoto iccete âdesâ
honti. Bhonta; bhonte; bhonto; bhadde; bhotâ; bhoto gotamassa.

Et en *bho* au vocatif [masculin] singulier. Ex. Bho
purisa : ô homme! bho aggi : ô agni!

[1] L'*i* final de tous les exemples est bref dans Cd.
[2] Cd S° itthikate.
[3] S° kharâdiye.

श्रोभावो ब्वाचि योसु वकारस्स ॥ ३४ ॥

Bhavanta iccetassa vakârassa obhâvo hoti kvaci yo iccetesu. Imañ bhonto nisâmetha bhavanto vâ.

Quelquefois il change son *va* en *o* devant les désinences du nominatif et de l'accusatif pluriel. Ex. Imañ bhonto (ou : bhavanto) nisâmetha : ô Vénérables ! voyez cet homme.

भद्न्तस्स भद्न्त भन्ते ॥ ३५ ॥

Sabbasseva bhadantasaddassa bhaddanta[2] bhante iccete âdesâ honti kvaci ge pare yosu ca. He bhaddanta; bhante, bhadantâ vâ[3].

*Bhadanta* [ fait quelquefois ] *bhaddanta, bhante* [au vocatif singulier et au nominatif et à l'accusatif du pluriel]. Ex. He bhaddanta ou bhante : vénérables !

अकारपिताब्न्तानं आ ॥ ३६ ॥

Akâro ca pitâdinaṁ anto ca âkarattaṁ âpajjate ge pare. Bho purisâ; bho pitâ; bho mâtâ; bho satthâ.

[Les thèmes en] *a* [et ceux du gaṇa] pitâdi [font leur vocatif singulier] en *â*. Ex. Bho purisâ : ô homme ! bho pitâ : ô père !

L'autre forme de vocatif, en *a*, pour les noms pitâ, etc.

---

[1] Cd °bhadanta°. S° bhaddantassa bhada°. C °bhadda°.
[2] Cd bhavantasaddassa bhadanta°. S° bhaddantasa — bhadda°.
[3] Cd he bhadanta. S° he bhadanta — bhaddantâ vâ.

est autorisée, je pense, par le sûtra 38; quant aux thèmes en *u*, ils possèdent certainement la même forme, bien que le seul sûtra dont elle se puisse autoriser (II, 4, 10) soit très-vague.

## झलया रस्सं ॥ ३७ ॥

Jhala iccete rassam âpajjante ge pare. Bho daṇḍi; bho sayambhu; bhoti itthi; bhoti vadhu.

[Les thèmes en] *i, î, u, û* ont la brève [au vocatif singulier]. Ex. Bho sayambhu : ô être qui existes par toi-même! bhoti itthi : ô femme !

## आकारो वा ॥ ३८ ॥

Âkâro rassam âpajjate vâ ge pare. Bho râja; bho râjâ; bho atta; bho attâ; bho sakha; bho sakhâ; bho sattha; bho satthâ.

[Les noms masculins en] *â* [peuvent] à volonté [faire de même]. Ex. Bho râja ou râjâ : ô roi !

ITI NÂMAKAPPE CATUTTHO KAṆḌO.

## त्वादयो विभत्तिसञ्ञायो ॥ १ ॥

To âdi yesam paccayânam te honti tvâdayo. Te paccayâ tvâdayo vibhattisaññâ va daṭṭhabbâ. Sabbato; yato; tato; kuto; ato; ito; sabbadâ; yadâ; tadâ; idha; idâni.

Les suffixes *to*, etc. participent au nom technique de vibhatti (c'est-à-dire : sont considérés comme des désinences casuelles).

## क्वचि तो पञ्चम्यत्थे ॥ २ ॥

Kvaci to paccayo hoti pañcamyatthe. Sabbato; yato; tato;
kuto; ato; ito.
Kvaciti kimatthaṁ ? Sabbasmâ.

Le suffixe *to* s'emploie quelquefois avec le sens
de l'ablatif. Ex. Sabbato : de tous côtés; tato : de là.

## त्र थ सत्तमिया सब्बनामेहि ॥ ३ ॥

Tratha iccete paccayâ honti sattamyatthe sabbanâmehi.
Sabbatra; sabbattha; yatra; yattha; tatra; tattha.

Les suffixes *tra*, *tha* s'emploient après les thèmes
pronominaux, avec le sens du locatif. Ex. Sabbatra
ou sabbattha : partout; tatra ou tattha : là.

## सब्बतो धि ॥ ४ ॥

Sabba iccetasmâ dhippaccayo hoti kvaci sattamyatthe. Sabbadhi; sabbasmiṁ.

Après *sabba* on emploie *dhi* [dans le même sens].
Ex. Sabbadhi : partout.

## किस्मा वो ' ॥ ५ ॥

Kiṁ iccetasmâ vappaccayo hoti sattamyatthe. Kva gatosi
tvaṁ devânampiyatissa.

Après *kiṁ* on emploie *va* [dans le même sens].
Ex. Kva gatosi : où es-tu allé?

____

¹ Sᶜ °vo ca.

## हिं हं हिञ्चनं ॥ ६ ॥

Kiṁ iccetasmâ hiṁ haṁ hiñcanaṁ iccete paccayâ honti
sattamyatthe. Kuhiṁ; kuhaṁ; kuhiñcanaṁ.

[Et aussi] *hiṁ*, *haṁ*, *hiñcanaṁ*. Ex. Kuhiṁ, kuhaṁ : où?

## तम्हा च ॥ ७ ॥

Tamhâ ca hiṁ haṁ iccete paccayâ honti sattamyatthe.
Tahiṁ; tahaṁ.
Casaddaggahaṇaṁ hiñcanaṁgahaṇanivattanatthaṁ [1].

Après *ta* aussi [on emploie les mêmes suffixes].
Ex. Tahiṁ : là.

Le scholiaste a sans doute raison d'éliminer « hiñcanaṁ » de
ce sûtra; mais rien dans le texte n'indique cette restriction.

## इमस्मा हधा च ॥ ८ ॥

Imasmâ hadhâ iccete paccayâ honti sattamyatthe. Iha;
idha.
Casaddaggahaṇaṁ avadhâraṇatthaṁ [2].

Et après *ima*, les suffixes *ha* et *dha*. Ex. Iha, idha :
ici.

## यतो हिं ॥ ९ ॥

Tasmâ yato hiṁpaccayo hoti sattamyatthe. Yahiṁ.

Après *ya* [on emploie le suffixe] *hiṁ* [dans le
sens du locatif]. Ex. Yahiṁ : où.

[1], [2] S° n'a pas cette glose.

## काले ॥ १० ॥

Kâle iccetaṁ adhikâratthaṁ veditabbaṁ.

[Les formations indiquées par les sûtras suivants ont un] sens temporel.

## किंसब्बञ्ञेकयकुहि दादाचनं ॥ ११ ॥

Kiṁ sabba aññâ eka ya ku iccetehi dâ dâcanaṁ iccete paccayâ honti kâle[1] sattamyatthe. Kadâ; sabbadâ; aññadâ; ekadâ; yadâ; kudâcanaṁ.

Après *kiṁ*, *sabba*, *añña*, *eka*, *ya*, *ku*, [on emploie les suffixes] *dâ*, *dâcanaṁ* [dans le sens temporel du locatif]. Ex. Kadâ : quand? sabbadâ : toujours.

## तम्हा दानि च ॥ १२ ॥

Ta iccetasmâ dâni dâ iccete paccayâ honti kâle sattamyatthe. Tadâni; tadâ.
Casaddaggahaṇaṁ dâpaccayânukaḍḍhanatthaṁ[2].

Après *ta* on emploie de plus le suffixe *dâni*. Ex. Tadâni, tadâ : alors.

## इमस्मा रहि धुना दानि च ॥ १३ ॥

Imasmâ rahidhunâdâni iccete paccayâ honti[1] kâle[3] sattamyatthe. Etarahi; adhunâ; idâni.

[1] S° kâle kvaci sa°.
[2] S° n'a pas cette glose.
[3] S° kâle kvaci.

Casaddaggahaṇaṁ dâpaccayânuhaddhanatthaṁ [1].

**Et après *ima* les suffixes *rahi*, *dhunâ*, *dâni*. Ex. Etarahi, adhunâ : maintenant.**

Relativement à la dérivation, de *ima*, des formes « etarahi, adhunâ, idâni », cf. le chapitre précédent ss. 24, 25 et 26. — Le scholiaste a tort de ne pas ajouter l'exemple « idâ », forme autorisée par le *ca* du sûtra et qui d'ailleurs s'est conservée au moins dans la locution « idâhaṁ » que le commentaire cite à l'appui de 1, 2, 9; si c'est en effet à cette forme que fait ici allusion l'auteur du sûtra, il faut avouer qu'il s'est mis plus haut en contradiction avec la règle présente. Quoi qu'il en puisse être, il est presque superflu de remarquer que la seule analyse permise de *idâhaṁ* est : idâ + ahaṁ.

सब्बस्स सो द्राम्हि वा ॥ १४ ॥

Sabba iccetassa sakârâdeso hoti vâ dâmhippaccaye pare. Sadâ; sabbadâ.

*Sabba* peut à volonté se changer en *sa* devant le suffixe *dâ*. Ex. Sadâ ou sabbadâ : toujours.

अवण्णो ये लोपञ्च ॥ १५ ॥

Avaṇṇo ye paccaye pare lopaṁ âpajjate. Bâhusaccaṁ; paṇḍiccaṁ; vepullaṁ; kâruññaṁ; kosallaṁ; sâmaññaṁ; sohajjaṁ.
Casaddaggahaṇaṁ vâgahaṇanivattanatthaṁ [2].

**Et *a* [final] s'élimine devant le suffixe *ya*. Ex. Ve-**

---

[1] S⁶ n'a pas cette glose, Cd °ṇaṁ rahidhunâdânippaccayaṁ anu°. Il y a là une méprise évidente du copiste.

[2] S⁶ n'a pas cette glose.

pullaṁ : la grandeur (vipula+ya); paṇḍiccaṁ : la science (paṇḍita+ya).

## बुड्डस्स ज्ञो इयिद्वेसु ' ॥ १६ ॥

Sabbassa vuḍḍhasaddassa[2] jo âdeso hoti iya iṭṭha iccetesu paccayesu. Sabbe ime vuḍḍhâ, ayaṁ imesaṁ visesena vuḍḍhoti jeyyo; sabbe ime vuḍḍhâ, ayaṁ etesaṁ visesena vuḍḍhoti jeṭṭho.

*Vuḍḍha* se change en *ja* devant les suffixes *iya*, *iṭṭha* [du comparatif et du superlatif]. Ex. Jeyyo : plus vieux; jeṭṭho : le plus vieux.

## पसट्टस्स ' सो च ॥ १७ ॥

Sabbassa pasaṭṭhasaddassa so âdeso hoti jâdeso ca iya iṭṭha iccetesu paccayesu paresu. Sabbe ime pasaṭṭhâ, ayaṁ imesaṁ visesena pasaṭṭhoti seyyo; sabbe ime pasaṭṭhâ, ayaṁ imesaṁ visesena pasaṭṭhoti seṭṭho; jeyyo, jeṭṭho.

Casaddaggahaṇaṁ dutiyâdesasampiṇḍanatthaṁ[4].

*Pasaṭṭha* [devant ces suffixes, se change en *ja* et] aussi en *sa*. Ex. Seyyo : meilleur; seṭṭho : le meilleur.

## अन्तिकस्स नेद्दो ॥ १८ ॥

Sabbassa antikasaddassa nedâdeso hoti iya iṭṭha iccetesu paresu. Nediyo; nediṭṭho.

---

[1] Cd vuddhassa jo iyiyeṭṭhasu. S° vuḍha °ṭṭhesu ca.

[2] Cd buddhassa°, et dans le reste du sûtra toujours vuddha. S° vuḍha.

[3] C Cd pasattha° (dans tout le sûtra).

[4] S° n'a pas cette glose.

*Antika* se change en *neda* [devant ces mêmes suffixes]. Ex. Nediyo : plus proche ; nediṭṭho : le plus proche.

## बाल्ह्स्स साधो ॥ १८ ॥

Sabbassa bâḷhasaddassa sâdhâdeso hoti iya iṭṭha iccetesu paccayesu paresu. Sâdhiyo ; sâdhiṭṭho.

*Bâḷha* en *sâdha*. Ex. Sâdhiyo : meilleur ; sâdhiṭṭho : le meilleur.

## अप्पस्स कणं [1] ॥ २० ॥

Sabbassa appasaddassa kaṇâdeso hoti iya iṭṭha iccetesu paccayesu paresu. Kaṇiyo ; kaṇiṭṭho.

*Appa* en *kaṇa*. Ex. Kaṇiyo : plus petit ; kaṇiṭṭho : le plus petit.

## युवान्ञ्च ॥ २१ ॥

Sabbassa yuvasaddassa kaṇâdeso hoti iya iṭṭha iccetesu paccayesu paresu. Kaṇiyo ; kaṇiṭṭho.

Casaddaggahaṇaṃ kaṇaggahaṇânukaḍḍhanatthaṃ [2].

*Yuva* de même. Ex. Kaṇiyo : plus jeune ; kaniṭṭho : le plus jeune.

La Rûpasiddhi n'essaye pas plus que notre commentateur d'expliquer le pluriel « yuvânaṃ », dont le sens et la cause m'échappent complétement.

---

[1] Cd apassa kaṇaṃ.
[2] S° n'a pas cette glose.

## वन्तुमन्तुवीनञ्च लोपो ॥ २२ ॥

Vantumantuvînaṁ iccetesaṁ paccayânaṁ lopo hoti iya iṭṭha iccetesu paccayesu paresu. Guṇiyo; guṇiṭṭho[1]; satiyo; satiṭṭho; medhiyo; medhiṭṭho.

Les suffixes *vantu*, *mantu*, *vî*, s'éliminent devant les suffixes *iya*, *iṭṭha*. Ex. Guṇiyo : plus vertueux; guṇiṭṭho : le plus vertueux (de : guṇavanta).

## यवतं तलनद्कारानं[2] ब्यञ्जनानि चलञजकारत्तं[3] ॥ २३ ॥

Yavataṁ talanadakârânaṁ byañjanâni calañajakârattaṁ[3] âppajjante[4] yathâsankhyaṁ. Bâhusaccaṁ; paṇḍiccaṁ; vepullaṁ; nepuññaṁ; sâmaññaṁ; sohajjaṁ.

Yavataṁ iti kimatthaṁ? Tiṇadalaṁ.

Talanadakârânaṁ iti kimatthaṁ? Âlasyaṁ; ârogyaṁ.

Byañjanânti kimatthaṁ? Maccunâ.

Kâraggahaṇanti kimatthaṁ? Yakârassa sakârabhakâramakârâdesaṁ saññâpanatthaṁ[5]. Purisassa bhâvo, porissaṁ; usabhassa bhâvo, osabbhaṁ; upamassa bhâvo, opammaṁ.

T, l, n, d, suivis de *y*, se changent avec lui en c, l, ñ, j. Ex. Paṇḍit+yaṁ, paṇḍiccaṁ : science; vipul + yaṁ, vepullaṁ : grandeur; suhad + yaṁ, sohajjaṁ : amitié.

---

[1] Cd ajoute : gaṇiyo; gaṇiṭṭho.
[2] Cd °kârâṇaṁ vya°.
[3] Cd calañakâ°. S° calaññakâ°.
[4] Cd S° âpajjate.
[5] Cd °desaṁ ñâpanatthaṁ. S° °kârasaññâ°.

J'ai cherché à rendre l'intention de « byañjanâni » du sûtra, en écrivant sans *a* les consonnes auxquelles cette règle s'applique. Le grammairien pâli, ayant l'habitude d'énoncer les consonnes en les faisant suivre de la voyelle *a*, tient à marquer expressément que cet *a* est là simplement pour la prononciation (akâro uccâraṇattho, dit quelquefois la Rûpasiddhi), et que la règle s'applique uniquement aux éléments consonantiques ; qu'ainsi, dans « maccunâ », le groupe *cc* résultant de *ty* est suivi d'un *a*. — Quant à la place qu'occupe ici cette règle, elle est assurément surprenante, et c'est ou dans la section relative au sandhi ou dans le chapitre des taddhitas qu'on s'attendrait à la rencontrer. En tout cas, elle ne devrait pas être séparée du sûtra 15, avec lequel elle a une si intime relation.

अम्हतुम्हन्तुराजब्रह्मत्तसखसत्थुपिताधीहि स्मा नाव

॥ २४ ॥

Amhatumhanturâjabrahmattasakhasatthupitu iccevamâdihi smâ nâva daṭṭhabbâ. Mayâ ; tayâ ; guṇavatâ ; raññâ ; brahmunâ ; attanâ ; sakhinâ ; satthârâ ; pitarâ ; mâtarâ ; bhâtarâ ; dhitarâ [1].

Etehiti kimattham ? Purisâ.

Après *amha*, *tamha*, le suffixe *ntu*, les thèmes *râja*, *brahma*, *atta*, *sakha*, *satthu*, *pitu*, etc., l'ablatif singulier se fait comme l'instrumental. Ex. Mayâ : par moi ou de moi ; guṇavatâ : par un homme vertueux ou d'un homme vertueux ; raññâ : par le roi ou du roi.

ITI NÀMAKAPPE PAÑCAMO KAṆḌO.

---

[1] Cd dhîtarâ.

## यस्मादपेति भयं आदत्ते वा तदपादानं ॥ १ ॥

Yasmâ vâ apeti yasmâ vâ bhayaṁ jâyate yasmâ vâ âdatte taṁ kârakaṁ apâdânasaññaṁ hoti. Gâmâ apenti munayo; nagarâ niggato râjâ; pâpâ cittaṁ nivâraye[1]; corâ bhayaṁ jâyate; âcariyupajjhâyehi sikkhaṁ[2] gaṇhâti sisso.

Apâdânaṁ iccanena kvattho? Apâdâne pañcamî. (III, 25.)

On appelle apâdâna (ablatio) [la relation syntactique où se trouve] l'objet dont on s'éloigne ou dont on s'effraye. Ex. Gâmâ apenti munayo : les anachorètes s'éloignent du village; corâ bhayaṁ jâyate : on a peur du voleur.

Malgré le scholiaste, suivi par M. Kuhn, je ne crois pas possible de dédoubler l'expression « bhayaṁ âdatte »; il faudrait dans ce cas un premier *vâ* après bhayaṁ. Aussi bien Pâṇini, dans les règles correspondantes (1, 4, 24-25), ne signale que les deux catégories marquées par : *apeti* et *bhayaṁ âdatte*. Dans le sûtra Kâtantra correspondant (fol. 29ᵃ) : « Yato apaiti bhayam âdatte tad apâdânaṁ » (le premier du *Samâsapâda*, contrairement à l'indication de M. Aufrecht, *Catal. Cdd. Sanscr. bibl. Bodl.* p. 169ᵃ; au moins mon manuscrit porte-t-il, avant ce sûtra, le signe habituel des divisions de chapitre, et d'ailleurs les ss. qui précèdent, depuis « avyayîbhâvâd, etc. », de quelque façon qu'on les considère, ne sauraient rentrer dans le chap. des Kârakas), il n'y a point de *vâ*. Il ne faudrait pourtant pas en vouloir conclure qu'il soit dans notre règle le résultat d'une interpolation ou d'une erreur. Voici en effet l'explication de Durgasiṁha : « Yasmâd apaiti yasmâd bhayaṁ bhavati yasmâd âdatte vâ tat kârakam apâdânasañjñaṁ bhavati. » D'où il semblerait ressortir que l'auteur de

[1] K. n'a pas cet exemple pâ °raye.
[2] K. sippaṁ.

notre sûtra a eu devant les yeux non-seulement le texte de
la règle Kâtantra, mais même le commentaire précité.

## धातुनामानं उपसग्गयोगादीष्वपि च ' ॥२॥

Dhâtunâmâvaṁ payoge ca [2] upasaggayogâdisvapi [3] ca taṁ
kârakaṁ apâdânasaññaṁ hoti. Dhâtûnaṁ payoge tâva; ji
iccetassa dhâtussa parâpubbassa payoge yo asayho so apâdânasañño hoti; taṁ yathâ : buddhasmâ parâjenti aññatitthiyâ;
—bhû iccetassa dhâtussa papubbassa payoge yato acchinnap-
pabbavo so apâdânasañño hoti; taṁ yathâ : himavantâ pabhavanti pañca mahânadiyo; anavatattambâ pabhavanti [3] mahâ-
sarâ; aciravatiyâ pabhavanti kunadiyo [4]. — Nâmappayoge pi
taṁ kârakaṁ apâdânasaññaṁ hoti; taṁ yathâ : urasmâ jâto
putto; bhûmito niggato raso; ubhato sujâto putto.

Upasaggayogâdisvapi ca taṁ kârakaṁ apâdânasaññaṁ
hoti; taṁ yathâ : apa sâlâya âyanti vânijâ; â brahmalokâ
saddo abbhuggacchati; upari pabbatâ devo vassati; bud.
dhasmâ pati sâriputto dhammadesanâya âlapati; temâsaṁ
ghataṁ assa telasmâ pati dadâti; uppalaṁ assa padumasmâ
pati dadâti; kanakaṁ assa hiraññasmâ pati dadâti.

Âdiggahaṇena kârakamajjhepi pañcamî vibhatti hoti; taṁ
yathâ : pakkhasmâ vijjhati migaṁ; kosâ vijjhati kuñjaraṁ;
mâsasmâ bhuñjati bhojanaṁ.— Apiggahaṇena nipâtappayoge
pi pañcamî vibhatti hoti dutiyâ ca tatiyâ ca : rahitâ mâtujâ
puññaṁ katvâ phalaṁ [5] deti, rahitâ mâtujaṁ rahitâ mâtujena
vâ; rite saddhammâ kuto sukhaṁ labhati, rite saddhammaṁ
rite saddhammena vâ; te bhikkhû nânâ kulâ pabbajitâ, nânâ
kulaṁ nânâ kulena vâ [6]; vinâ saddhammâ natthañño koci
nâtho loke vijjati, vinâ saddhammaṁ vinâ saddhammena vâ;

<hr>

[1] Cd. de K. °saggappayogâdisva°.
[2] K. n'a pas : ca.
[3] K. ajoute : satta.
[4] Cd kunnadiyo. Cd. de K. kunnanadiyo.
[5] Cd n'a pas : phalaṁ.
[6] Cd n'a pas : nânâ kulaṁ-lena vâ.

vinâ buddhasmâ, vinâ buddhaṁ vinâ buddhena vâ.— Casad-daggahaṇena aññatthâpi pañcamî vibhatti hoti. Yato haṁ bhagini ariyâya jâtiyâ jâto [1]; yato sarâmi attânaṁ yato patto smi viññutaṁ; yatvâdhikaraṇaṁ enaṁ [2] abhijjhâdomanassâ pâpakâ akusalâ dhammâ anvassaveyyuṁ [3].

[L'ablatif, qui sert à exprimer l'apâdâna, est régi] par des verbes ou des noms [seuls], et aussi accompagnés de prépositions, etc. Ex. Buddhasmâ parâjenti aññatitthiyâ : les hérétiques succombent devant le Buddha; bhûmito niggato raso : un suc sorti de terre; apa sâlâya âyanti vâṇijâ : les marchands sortent de la salle.

La construction de ce sûtra est assez embarrassée, et la variante du manuscrit de M. Kuhn pourrait faire penser qu'il y a lieu de corriger en ajoutant, par exemple, « payoge » après ᵗnâmânaṁ. Cependant, si nous comparons Pân. I, 4, 24 svv. nous trouvons dans ces sûtras, dont quelques-uns se retrouvent plus bas dans ceux de Kaccâyana, un emploi du génitif tout semblable à celui que nous constatons ici, sans qu'il soit possible de supposer que *prayoge* ou tout autre mot se soit perdu. Dans ces règles, nous voyons au génitif les mots indiqués comme régissant l'ablatif; l'emploi et la valeur du génitif *dhâtunâmânaṁ* sont ici les mêmes. Quant au locatif qui forme la seconde partie du sûtra, il doit, comme le marque d'ailleurs la particule *api*, exprimer une condition particulière qui affecte la règle générale. En traduisant littéralement, nous aurions donc : [Il y a apâdâna] après des verbes et des noms, aussi quand il y a union avec des prépositions, etc. Il semble donc que l'intention de l'au-

---

[1] K. ajoute : nâbhijânâmi sañcicca pâṇaṁ jîvitâ voropetuṁ.

[2] K. ajoute : cakkhundriyaṁ asaṁvutaṁ viharantaṁ.

[3] Cd. de K. anvâssaveyyuṁ. K. anvâsa°. Cd abhijjhâdayo dhammâ anvâssa°.

leur est de marquer que, à vrai dire, c'est toujours l'idée de
séparation contenue dans le verbe ou dans le nom qui régit
l'ablatif, idée que la présence d'une préposition sert seulement à préciser ou à renforcer.

## रक्खनट्ठानं इच्छितं ॥ ३ ॥

Rakkhanatthânaṁ dhâtûnaṁ payoge yaṁ icchitaṁ taṁ kârakaṁ apâdânasaññaṁ hoti. Kâke rakkhanti taṇḍulâ; yavâ
patisedhenti gâvo.

Après les verbes qui signifient protéger, l'objet
que l'on désire [sauvegarder est dans la relation d'a-
pâdâna (se met à l'ablatif)]. Ex. Kâke rakkhanti
taṇḍulâ : ils protégent le riz contre les corbeaux
(littér. ils éloignent les corbeaux du riz).

## येन वादस्सनं ॥ ४ ॥

Yena vâ adassanaṁ icchitaṁ taṁ kârakaṁ apâdânasaññaṁ hoti. Upajjhâyâ antaradhâyati sisso; mâtarâ ca pitarâ ca
antaradhâyati putto.

Vâti kimatthaṁ? Sattamîvibhattyatthaṁ. Jetavane antaradhâyati bhagavâ[1]; jetavane antarahito bhagavâ.

Ou la personne dont on désire ne pas être vu.
Ex. Upajjhâyâ sisso antaradhâyati : l'élève se cache
de son maître.

## दूरन्तिकद्धकालानम्मानत्वालोपदिसायोगविभत्तार्ण्यों-<br>गमुद्दय्यमोचनहेतुविविक्तप्पमानपुब्बयोगबन्धनगुणावच-<br>नपाहूकथनथोकाकत्तृसु च ॥ ५ ॥

Dûratthe antikatthe addhakâlanimmâne tvâlope disâyoge

[1] K. a un seul exemple : Jetavane antarahito bhagavâ.

vibhatte àrappayoge suddhatthe pamocanatthe hetvatthe[1] vivittatthe pamâne pubbayoge bandhane gunavacane paphe kathane thoke akattari[2] iccetesvatthesu payogesu ca[3] taṁ kârakaṁ apâdânasaññaṁ hoti.

Dûratthappayoge tàva : kîvadùro ito naḷakâragâmo ; dû-
rato vàgamma ; àrakâ te moghapurisâ imasmâ dhammavinayâ.
Dutiyâ ca tatiyâ ca : dûraṁ gâmaṁ âgato dûrena gâmena
vâ[4] ; àrakâ imaṁ vinayaṁ anena dhammavinayena vâ ; iccevamâdi. — Antikattho : antikaṁ gâmâ ; âsannaṁ gâmâ ; sami-
paṁ gâmâ ; samîpaṁ saddhammâ[5]. Dutiyâ ca tatiyâ ca : antikaṁ gâmaṁ gâmena vâ ; âsannaṁ gâmaṁ gâmena vâ ;
samîpaṁ gâmaṁ gàmena vâ ; samîpaṁ saddhammaṁ saddhammena vâ[6] ; iccevamâdi. — Addhakâlanimmâne : ito madhurâya catûsu yojanesu saṅkassanagaraṁ atthi, tattha bahû
janâ vasanti ; ito bhikkhave ekanavutikappe vipassî nâma
sammâsambuddho loke uppajji[7] ; ito tiṇṇaṁ màsânaṁ acca-
yena parinibbâyissâmi ; iccevamâdi. — Tvâlope kammâdhikaraṇesu : pâsâdâ saṅkameyya pâsâdaṁ abhiruyhitvâ vâ,
pabbatâ saṅkameyya pabbataṁ abhiruyhitvâ vâ ; hatthik-
khandâ saṅkameyya hatthikkhandaṁ abhiruyhitvâ vâ ; âsanâ
vuṭṭhaheyya âsane nisîditvâ vâ ; iccevamâdi. — Disâyoge :
avîcito upari bhavaggaṁ[8] antare ; yato khemaṁ tato bhayaṁ ;
puratthimato, dakkhiṇato, pacchimato, uttarato ; yato asso-
suṁ bhagavato[9] kittisaddaṁ ; uddhaṁ pâdatalà ; adho kesa-

---

[1] K. suddho pamocane he°. Cd au lieu de hetvatthe : gatyatthe.

[2] Cd vivittatthapamânapubbayogabandhanagupavacanapaṇ haka-
thanathokakattusu ca. — Puis il répète depuis dûratthe jusqu'à akattari.

[3] K. n'a pas : ca.

[4] K.° âgato dûrena gàmena âgato âra°.

[5] K. antikâ° âsaunâ° samîpâ° samîpá.

[6] K. a devant chaque instrumental : antikena, âsannena, *puis* sa-
mîpena.

[7] K. udapâdi.

[8] K. bhavataṁ. Cd. de K. bhavattaṁ (? les ligatures *gg* et *tt* sont
presque identiques). Cf. Burnouf, *Lot. d. l. B. L.* pp. 4,309.

[9] Cd bhagavantaṁ.

matthakâ[1]; iccevamâdi. — Vibhatte : yato paṇîlataro[2] vâ
visiṭṭhataro vâ natthi. Chaṭṭhî ca : channavutînaṁ pâsaṇ-
ḍânaṁ dhammânaṁ pavaraṁ yad idaṁ sugatavinayaṁ;
iccevamâdi. — Ârappayoge : gâmadhammâ vasaladhammâ
asaddhammâ ârati virati palivirati; pâṇâtipâlâ veramaṇî;
iccevamâdi. — Suddhatthe : lobhanîyehi dhammehi suddho;
mâtito ca pitito ca suddho, asaṁsaṭṭho, anupakuṭṭho, agara-
hito; iccevamâdi. — Pamocanatthe : parimutto dukkha-
smâti vadâmi; muttosmi mârabandhanâ; tato muccanti maccunâ[3]; iccevamâdi. — Hetvatthe : kasmâ hetunâ[4]; kasmâ
tumhe daharâ na miyyatha; kasmâ idheva maraṇaṁ bhavissati; iccevamâdi. — Vivittatthe : vivitto pâpakâ dhammâ;
viviceva kâmehi; vivicca akusalehi dhammehi; iccevamâdi.
— Pamânatthe : dîghaso navavidatthiyo sugatavidatthiyâ
pamânikâ kârctabbâ sugatasaṅghâṭi; majjhimassa purisassa
aḍḍhatelasahatthâ[5]; iccevamâdi. — Pubbayoge : pubbeva
me bhikkhave saṁbodhâ; iccevamâdi. — Bandhanatthe :
satasmâ bandho naro. Tatiyâ ca : satena vâ bandho[6]; iccevamâdi. — Guṇavacane : paññâya sugatiṁ yanti, câgâya
vipulaṁ dhanaṁ; paññâya vimuttamano issariyâ[7] janaṁ
rakkhati râjâ; iccevamâdi. — Paṇhe tvâlope kammâdhikaraṇesu : abhidhammâ[8] pucchanti. Dutiyâ ca tatiyâ ca : abhidhammaṁ abhidhammena vâ. Vinayâ pucchanti, vinayaṁ
vinayena vâ; evaṁ : suttâ gâthâ udânâ itivuttakâ jâtakâ abbhutadhammâ vedallâ; iccevamâdi. — Kathane tvâlope
kammâdhikaraṇesu : abhidhammâ[9] kathayanti. Dutiyâ ca

---

[1] K. a de plus ici : tattha pariyantaṁ puran nânappakârassa asu-
cino imaṁ pûtikâyaṁ paccavekkhati i°.

[2] K. paṇitataro.

[3] K. na te muccanti paccanâ.

[4] K. hetu. Cd. de K. hetunâ.

[5] Cd n'a pas : sugatasaṅghâṭi, et il écrit : aṭṭhatelasa".

[6] Cd °baudho rañño iṇathenatthenatthena i°.

[7] Cd. de K. issiriyâ janaṁ. K. issariyajanaṁ.

[8] K. abhidhammaṁ sutvâ abhidhammâ°.

[9] K. abhidhammaṁ âkaḍḍhitvâ abhidhammâ°.

tatiyâ ca : abhidhammaṁ abhidhammena vâ; vinayâ kathayanti, vinayaṁ vinayena vâ [1]; evaṁ : suttâ gâthâ udânâ itivuttakâ jâtakâ abbhutadhammâ vedallâ; iccevamâdi. —
Thokatthe : thokâ muccati; appamattakâ muccati; kicchâ
muccati. Dutiyâ ca tatiyâ ca : thokaṁ thokena vâ; appamattakaṁ appamattakena vâ; kicchaṁ kicchena vâ [2]; iccevamâdi. — Akattari : katattâ upacitattâ ussannattâ vipulattâ
uppannaṁ cakkhuviññânaṁ [3].

Casaddaggahaṇena sesesvapi ye mayâ nopadiṭṭhâ apâdâ-
nappayogikâ te payogavicakkhaṇehi yojetabbâ.

[L'ablatif, qui marque l'apâdâna, s'emploie] encore [dans les cas suivants] : 1° Après un mot qui
signifie l'éloignement. Ex. Kîvadûro ito naḷakâragâmo : de combien le village du faiseur de nattes est-
il éloigné d'ici? — 2° Après un mot qui signifie la
proximité. Ex. Antikaṁ, âsannaṁ, samîpaṁ gâmâ :
près du village. — 3° Pour marquer le point de départ d'une mesure de temps ou de chemin. Ex. Ito
Madhuraya catûsu yojanesu Sankassanagaraṁ atthi :
la ville de Sankassa est à quatre yojanas de Madhurâ où nous sommes; ito ekanavutikappe Vipassî
nâma sammâsambuddho loke uppajji : il y a quatre-
vingt-onze kalpas à compter de celui où nous
vivons que vint au monde le buddha Vipassin.
— 4° Pour marquer le lieu de l'action, l'absolutif
n'étant pas exprimé. Ex. Pâsâdâ sankameyya : il irait
du palais... (comme : Pâsâdaṁ abhiruyhitvâ sa° :

[1] K. et Cd vinayaṁ âkaḍḍhitvâ vinayâ°.
[2] Cd n'a pas les mots suivants : dutiyâ, thokaṁ, appamattakaṁ,
kicchaṁ.
[3] K. n'a pas : uppa°ññânaṁ.

étant monté au palais, il irait...). — 5° Dans une détermination de lieux, pour marquer le point de départ. Ex. Avîcito upari : de l'enfer Avîci... — 6° Après un mot exprimant la comparaison. Ex. Yato paṇîtataro vâ visiṭṭhataro vâ natthi : le plus éminent et le plus excellent des hommes (littéral. Quo nemo excellentior...). — 7° Dans le mot *ârâ*, loin de... Ex. Arâ imasmâ dhammavinayâ : loin des prescriptions de la religion. — 8° Après les mots qui signifient : pur de... Ex. Lobhanîyehi dhammehi suddho : pur de toute convoitise. — 9° Après les mots qui signifient : délivrer de... Ex. Parimutto dukkhasmâ : délivré du malheur. — 10° Pour marquer la cause. Ex. Kasmâ hetunâ : pour quelle raison? — 11° Après les mots qui signifient : séparé de... Ex. Vivitto pâpakâ dhammâ : séparé du mal. — 12° Pour exprimer une mesure. Ex. Dîghaso navavidatthiyo : neuf palmes de longueur. — 13° Après le mot *pubba*. Ex. Pubbeva me sambodhâ : avant que j'eusse atteint la connaissance parfaite. — 14° Après les mots qui signifient lier, etc. Ex. Satasmâ bandho naro : un homme emprisonné pour une dette de cent pièces d'argent. — 15° Pour marquer les qualités à l'aide desquelles on fait une chose. Ex. Paññâya sugatiṁ yanti : c'est par la sagesse qu'on arrive au bonheur. — 16° Après le mot interroger, pour marquer le lieu (la matière) de l'action, l'absolutif n'étant pas exprimé. Ex. Abhidhammâ pucchanti : ils sont interrogés sur l'Abhidharma (comme : Abhidhammaṁ sutvâ abhi° : après

qu'on leur a enseigné l'Abhidharma, ils...). —
17° Après le mot raconter, pour marquer l'objet
(le lieu, etc.) de l'action, l'absolutif n'étant pas
exprimé. Ex. Abhidhaṃmâ kathayanti : ils racontent
(des récits tirés) de l'Abhidharma. — 18° Dans le
mot *thoka* et autres de sens analogue. Ex. Thokâ,
kicchâ muccati : il est délivré à grand'peine. —
19° Pour marquer la cause, l'agent n'étant point
exprimé (la cause exprimée par un mot abstrait
dans une phrase construite passivement). Ex. Vipulattâ uppannaṃ cakkhuviññânaṃ : c'est en vertu
de leur étendue que l'œil perçoit les objets.

Il est un des cas d'emploi de l'ablatif prévus par ce sûtra,
de la traduction duquel je dois dire un mot; c'est celui qui,
dans la traduction, porte le numéro 7 et est exprimé dans
le texte par les mots °ârappayoga°; le scholiaste, bien qu'il ne
s'explique pas, montre par ses exemples qu'il n'a pas compris
ces mots comme je fais, mais bien comme le Bâlâvatâra, qui
les interprète par « âratyatthayoge » (p. 73). Clough (p. 141)
explique de même, et M. Kuhn ne s'éloigne pas essentiellement de cette interprétation quand il dit (p. 8) : « In cons-
tructione cum verbo ârâ aliisque ejusdem significationis. » Il
est clair tout d'abord que nous ne saurions voir avec les
scholiastes, dans ârappayoge : *ârati-payoge*, mais seulement
*âra*, ainsi que fait M. Kuhn; mais si l'auteur entendait parler
du cas régi par âra, il se rend coupable d'une répétition
absolument superflue, le cas étant prévu par « dûratthe »,
ainsi que le reconnaît le scholiaste lui-même par l'exemple
*âraka*, qu'il associe aux exemples de *dûra*. Il semble d'ail
leurs que l'auteur du sûtra ait eu l'intention, en ajoutant
« payoge », d'indiquer qu'âra ne doit pas être pris comme simplement coordonné aux cas précédents : dûrantika. Je crois
donc qu'il a voulu prescrire pour *âra* ce qu'il indique plus

loin pour *thoka*, que ce mot lui-même s'emploie toujours à l'ablatif (skr. àràt); quant à l'ablatif qu'il régit, il n'avait plus à s'en occuper, le cas étant prévu par le premier mot de la règle. De là ma traduction; notre grammairien ne se modèle point d'ailleurs ici assez exactement sur Pâṇini, pour que l'analogie qu'on pourrait invoquer de Pâṇini, II, 3, 29 décide rien contre elle, surtout en présence d'une différence d'expression qui ne peut guère être déterminée que par l'intention indiquée ci-dessus.

यस्स दातुकामो रोचते वा ' धारयते वा तं सम्पदानं ॥ ६॥

Yassa và dâtukâmo yassa và rocate yassa và dhârayate[2] taṁ kârakaṁ sampadânasaññaṁ hoti. Samaṇassa cîvaraṁ dadâti; samaṇassa rocate saccaṁ; devadattassa suvaṇṇachattaṁ dhârayate[3] yaññadatto.

Sampadânaṁ iccanena kvattho? Sampadâne catutthî. (III, 23.)

Vâti vikappanatthaṁ. Dhâtunâmânaṁ payoge và upasaggappayoge và nipâtappayoge và sati[4] atthavikappanatthaṁ vâsaddaṁ payujjati[5].


On appelle sampadâna [la relation syntactique où se trouve le mot qui désigne] celui à qui l'on veut donner, à qui une chose plaît, pour qui l'on fait une chose. Ex. Samaṇassa cîvaraṁ dadâti : il donne un manteau au religieux; samaṇassa rocate saccaṁ : la vérité plaît au religieux.

[1] K. y. và dâtukâmo r. dh. taṁ sa°.
[2] Cd dhâriyate.
[3] Cd dhârite.
[4] K. nipâtappayoge và na (Cod. na và) payoge và sati. — Cd na và payoge và iti attha°.
[5] K. payuññati. — Cd. de K. payujjati.

सिलाघनुट्ठासपधारापिहकुधदुहिस्सासुय्यराधिक्रवप्प-
च्चासुणअनुपतिगिण¹ पुब्बकत्तारोचनत्थतदत्थतुमत्थाल-
मत्थमञ्ञनाठप्पाणिनि गत्यत्थकम्मणि आसिंसत्थसम्मु-
तिभिय्यसत्तम्यत्थेसु च ॥ ७ ॥

Silâgha hanu ṭhâ sapa dhâra piha kudha duha issa iccetesaṁ dhâtûnaṁ payoge usuyyatthânañ ca payoge râdhikkhap-
payoge³ paccâsuṇâanupatiginânaṁ pubbakattari ca ârocanatthe tadatthe tumatthe alamatthe maññatippayoge anâdare
appâṇini gatyatthânaṁ kammaṇi âsiṁsatthe sammuti⁴ bhiy-
yasattamyatthesu ca taṁ kârakaṁ sampadânasaññaṁ hoti.

Silâghappayoge tâva : buddhassa silâghate; dhammassa
silâghate; saṅghassa silâghate; sakaupajjhâyassa⁵ silâghate;
tava silâghate; mama silâghate; iccevamâdi. — Hanup-
payoge : hanute mayhaṁ eva; hanute tuyhaṁ eva; iccevamâdi. — Ṭhâpayoge : upatiṭṭheyya sakyaputtânaṁ⁶ vaḍḍhaki;
bhikkhussa bhuñjamânassa pâniyena vâ vidhûpena vâ upatiṭṭheyya; iccevamâdi. — Sapappayoge : mayhaṁ sapate;
tuyhaṁ sapate; iccevamâdi. — Dhârappayoge : suvaṇṇaṁ
te dhârayate; suvaṇṇaṁ me dhârayate; iccevamâdi. — Pi-
happayoge : buddhassa aññatitthiyâ pihayanti; devâ dassana-
kâmâ te; yato icchâmi bhaddaṁ tassa; samiddhânaṁ pihayanti daliddâ; iccevamâdi. — Kudhaduhaissausuyyappayoge :
kodhayati devadattassa; tassa kujjha mahâvira; duhayati disânaṁ megho; titthiyâ samaṇânaṁ issayanti; titthiyâ samaṇânaṁ usuyyanti; lâbhagiddhena dujjanâ guṇavantânaṁ
usuyyanti; guṇavaḍḍhena kâ usuyyâ vijânataṁ. — Râdha ik-

---

¹ Cd paccâsuṇâanupatiginâ.

² K. sammati°. — Cd °ni saṁsaṭṭhasammuti°.

³ K. °ppayoge vâ pa°.

⁴ Cd sammuti. — K. sammati.

⁵ Cd saṁkaṁ upa°.

⁶ K. sâkyapu°.

kha iccetesaṁ dhá'ùnaṁ payoge yassa akathitassa punavi-
pucchanaṁ[1] kammavikhyâpanatthaṁ[2] taṁ kârakaṁ sampadânasaññaṁ hoti dutiyâ ca[3] : ârâdho me rañño; ârâdho me
râjânaṁ[4]; kyâhaṁ ayyânaṁ aparajjhâmi[5]; cakkhuṁ janassa
dassanâya taṁ viya maññe; âyasmato upâlitherassa upasampadâpekkho upatisso âyasmantaṁ vâ. — Paccâsuṇaanupáti-
giṇânaṁ pubbakattari ca; suṇotissa dhâtussa paccâyoge yassa
kammano pubbassa yo kattâ so sampadânasañño hoti; taṁ
yathâ : bhagavâ bhikkhû etad avoca. Bhikkhûti akathitakam-
maṁ, etaṁ ti kathitakammaṁ, yassa kammano pubbassa yo
kattâ so bhagavâ, yo karoti sa kattâti (III, 11) suttavacanena;
evaṁ yassa kammano pubbassa yo kattâ so sampadânasañño
hoti; taṁ yathâ : bhagavato paccassosuṁ te bhikkhû; âsuṇanti
buddhassa bhikkhû. Giṇassa dhâtussa. anupatiyoge[6] yassa
kammano pubbassa yo kattâ so sampadânasañño hoti; taṁ
yathâ : bhikkhu janaṁ dhammaṁ sâveti; tassa bhikkhuno
jano anugiṇâti; tassa bhikkhuno patigiṇâti. Yo vâdeti[7] sa
kattâ, yaṁ vuttam kammanti vuccati; yo patiggâhako tassa
sampadânaṁ vijâniyaṁ[8]. — Ârocanatthe : ârocayâmi vo
bhikkhave; âmantayâmi vo bhikkhave; pativedayâmi vo
bhikkhave; ârocayâmi te mahârâja; pativedayâmi te mahârâja. — Tadatthe : ûnassa[9] paripuriyâ[10]; buddhassa
atthâya, dhammassa atthâya, saṅghassa atthâya jîvitaṁ pa-
riccajâmi. — Tumatthe : lokânukampâya atthâya hitâya
sukhâya; bhikkhûnaṁ phâsuvihârâya; iccevamâdi. — Ala-

---

[1] Cd °na pi pu°.
[2] Cd et K. °tthañ ca taṁ°.
[3] K. supprime : dutiyâca, qui se trouve aussi dans son manuscrit.
[4] K. ârâdho me râjâ, ârâdho maṁ râjâ; ârâdho te haṁ tam ahaṁ
ârâdho.
[5] Cd ajoute : kyâham ayye aparajjhâmi.
[6] Cd anupatipubbassa giṇadhâtussa payoge yassa°.
[7] Cd vadeti.
[8] K. vijâniyâ.
[9] K. onassa.
[10] K. paripuriyâya. — Cd et Cd. de K. paripuriyâ.

matthe[1] : alaṁ iti arahati ca paṭikkhitte ca. Alaṁ me buddho; alaṁ me rajjaṁ; alaṁ bhikkhupattassa; alaṁ me mallo mallassa, evaṁ arahati[2]; alaṁ te rûpaṁ karapîyaṁ; alaṁ me hiraññasuvaṇṇehi, evaṁ paṭikkhitte.— Maññanâdarappâṇini[3] : maññatippayoge anâdare appâṇini : kaṭṭhassa tuvaṁ maññe ; kaliṅgarassa tuvaṁ maññe. Anâdareti kimatthaṁ? Suvaṇṇaṁ taṁ maññe. Appâṇinîti kimatthaṁ? Gadrabhaṁ tuvaṁ maññe. — Gatyatthakammaṇi : gâmassa pâdena gato; nagarassa pâdena gato; appo saggâya[4] gacchati saggassa gamanena vâ; mûlâya paṭikasseyya saṅgho. Dutiyâ ca : gâmaṁ pâdena gato; nagaraṁ pâdena gato; appo saggaṁ[5] gacchati saggaṁ gamanena vâ; mûlaṁ paṭikasseyya saṅgho. — Âsiṁsatthe[6] : âyasmato dîghâyu hoti; bhaddaṁ bhavato hotu; kusalaṁ bhavato hotu; anâmayaṁ bhavato hotu; sukhaṁ bhavato hotu; svâgataṁ bhavato hotu[7]; iccevamâdi. — Sammutippayoge : aññatra sanghasammutiyâ bhikkhussa vippavatthuṁ[8] na vaṭṭati; sâdhu sammuti me tassa bhagavato dassanâya. — Bhiyyappayoge : bhiyyo somattâya[9]; iccevamâdi.— Sattamyatthe : tuyhañcassa âvikaromi; tassa me sakko pâtur ahosi; iccevamâdi.

Atthaggahaṇena bahûsu akkharappayogesu dissati; taṁ yathâ : upamaṁ te karissâmi; dhammaṁ vo bhikkhave desissâmi; iccevamâdi. Sâratthe ca : desetu bhante bhagavâ dhammaṁ bhikkhûnaṁ; tassa phâsu; tassa pahiṇeyya[10]; yathâ

[1] K. alamatthappayoge.

[2] Cd °llassa arahati alaṁ me mallo mallassa paṭikkhitte alaṁ".

[3] Cd n'a pas : Ma-ni.

[4] Cd appossaggâya.

[5] Cd appossago ga°.

[6] Cd âsiṁsanatthe.

[7] Cd au lieu de : svâgataṁ bhavato hotu : atthaṁ bh. h., hitaṁ bh. h., parittaṁ bh. h.

[8] Cd bhikkhuvippavatthuṁ. — K. bhikkhussa vippavutthaṁ.

[9] K. °yyo so ma°. Clough (p. 137) et Fausböll (Dhammap. p. 188, l. 7) : °yyoso ma°.

[10] Cd pahiṇe°.

no bhagavâ byâkareyya tathâpi tesaṁ byâkarissâma; kappati samaṇânaṁ âyogo; amhâkaṁ maṇinâ attho; kimattho me buddhena; seyyo me [1] attho; bahûpakârâ bhante mahâpajâpatî gotamî bhagavato; bahûpakârâ bhikkhave mâtâpitaro puttânaṁ; iccevamâdi. Akkharappayogesu aññepi payogâ payogavicakkhaṇehi yojetabbâ.

Casaddaggahaṇaṁ vikappanatthaṁ vâgahaṇânukaḍḍhanatthaṁ. Ye keci [2] sampadânappayogikâ mayâ nopadiṭṭhâ tesaṁ gahaṇatthaṁ iti vikappayati; tam yathâ : bhikkhusaṅghassa pabhû ayaṁ bhagavâ; desassa pabhû ayaṁ râjâ; khettassa pabhû ayaṁ gahapati; araññassa pabhû ayaṁ luddhako; iccevamâdi. Kvaci dutiyâtatiyâchatthisattamyatthesu ca [3].

[Le datif qui marque le sampadâna s'emploie dans les cas suivants :] 1° Après le verbe *silâgh*, louer. Ex. Buddhassa silâghate : il loue le Buddha. — 2° Après le verbe *hanu*, se cacher. Ex. Hanute mayhaṁ eva : il se cache à mes yeux. — 3° Après le verbe *ṭhâ* [précédé de la préposition *upa*]. Ex. Upatiṭṭheya sakyaputtânaṁ vaḍḍhaki : que le charpentier serve les fils de Sâkya. — 4° Après le verbe *sap*. Ex. Mayhaṁ sapate : il me blâme. — 5° Après le verbe *dhâra*. Ex. Suvaṇṇaṁ te dhârayate : il te doit un suvarṇa. — 6° Après le verbe *piha*. Ex. Buddhâya aññatitthiyâ pihayanti : les hérétiques portent envie au Buddha. — 7° Après le verbe *khuda*. Ex. kodhayati devadattassa : il est en colère contre Devadatta. — 8° Après le verbe *duha*. Ex. Duhayati disânaṁ megho : le nuage obscurcit les (littérale-

---

[1] K. n'a pas : me.
[2] K. a de plus : saddâ.
[3] Cd dutiyâ ca tatiyâ ca chaṭṭhîca sa" su ca.

ment : nuit aux) régions célestes. — 9° Après le verbe *issa*. Ex. Titthiyâ samaṇânaṁ issayanti : les Brâhmanes portent envie aux Çramaṇas.—10° Après le verbe *usuyya*. Ex. Dujjanâ guṇavantânaṁ usuyyanti : les méchants portent envie aux bons. — 11° Après le verbe *râdha* et les mots qui signifient désirer, [pour marquer l'objet de l'action exprimée par ces verbes]. Ex. Ârâdho me rañño : je fais ma cour au roi; âyasmato upâlitherassa upasampadâpekkho upatisso : Upatissa demande l'ordination au sthavira Upâli. — 12° Après les verbes *suṇa* précédé des préfixes *prati*, *â*, et *giṇa* précédé des préfixes *anu*, *pati*, pour marquer l'agent d'une action antérieure, [cause déterminante de celle qui est exprimée par ces verbes]. Ex. Bhagavato paccassosuṁ te bhikkhû : (Bhagavat dit telle chose aux religieux, et) les religieux répondirent à Bhagavat; tassa bhikkhuno jano anugiṇâti : (le religieux récite la loi au peuple, et) le peuple répond au religieux (la récite après lui).—13° Après les mots qui signifient dire, annoncer. Ex. Ârocayâmi vo bhikkhave : je vous déclare, ô religieux. — 14° Pour exprimer le sens de : *à cause de*. Ex. ûnassa paripuriyâ : pour suppléer ce qui manque. — 15° Pour exprimer le sens de l'infinitif. Ex. Lokânukampâya : pour témoigner au monde sa compassion. — 16° Après un mot du sens de : *assez, suffisant*. Ex. Alaṁ bhikkhupattassa : c'est assez de l'écuelle de religieux. — 17° Après le verbe *mañña*, quand on exprime le mépris par la comparaison de certains objets ina-

nimés. Ex. Kaṭṭhassa tuvaṁ maññe : flocci te facio.
— 18° Pour marquer le but vers lequel on se di-
rige, après les verbes qui ont le sens d'aller. Ex.
Gâmassa pâdena gato : étant allé à pied au village.
— 19° Après des mots qui expriment un souhait. Ex.
Âyasmato dîghâyu hotu : une longue vie au véné-
rable! — 20° Pour exprimer le consentement, la
permission. Ex. Aññatra saṅghasammutiyâ bhikkhussa
vippavatthuṁ na vaṭṭati : il n'est pas permis au religieux de s'absenter autrement que du consentement de la communauté. — 21° Après le mot *bhiyyo*.
Ex. Bhiyyo somattâya : extrêmement (plus que dans
une raisonnable mesure). — 22° Dans le sens du
locatif. Ex. Tuyhañ cassa âvikaromi : je vous mon-
trerai à toi et à lui.....

Les quatre premiers cas prévus par cette règle semblent
empruntés à Pâṇini, I, 4, 34 : « Çlâghahnuṅsthâçapâṁ jñip-
syamânaḥ ». Mais comme, ni dans le texte de notre règle, ni
même dans le commentaire, le mot « jñîpsyamânaḥ » ne se
trouve reproduit, il est naturel de penser que le sens particulier que son addition force à attribuer aux quatre racines
dans le grammairien sanscrit ne doit pas être transporté aux
quatre verbes pâlis. C'est ainsi que j'ai traduit « silâghate »
non : il se vante à quelqu'un, mais : il loue quelqu'un, et « sapate mayhaṁ », non : il me fait le serment de... mais : il me
blâme, conformément à Vârt. 8 in Pâṇ. I, 3, 21 (çapate upâ-
lambhane : devadattâya çapate). — Relativement au cas
d'emploi du datif consigné sous le n° 16 de la traduction,
je ferai remarquer qu'on ne rendrait qu'imparfaitement la
pensée de l'auteur en y voyant seulement la prescription du
datif en construction avec *alaṁ*; l'auteur a voulu dire à la
fois plus et moins; plus, en embrassant dans sa règle d'autres

mots encore que *alaṁ*; moins, en restreignant l'emploi du datif au cas où *alaṁ* a le premier des deux sens relevés par le scholiaste. C'est ce qui ressort du rapprochement de notre règle avec le deuxième vârtika sur Pâṇ. II, 3, 16 (ubi corr. पर्याप्त्य॰ et cf. III, 4, 66), dont l'auteur a évidemment voulu mettre à profit la rectification. La grammaire Kâtantra se contente de copier la règle de Pâṇini; «Namaḥsvastisvâhâsvadhâlaṁvashaḍyoge caturthî» (fol. 32). Quant aux premiers cas dont il est question ci-dessus, je ne les y trouve mentionnés qu'occasionnellement, dans le commentaire.

## यो धारो तं ओकासं [1] ॥ ८ ॥

Yo âdhâro taṁ okâsasaññaṁ hoti. Svâdhâro catubbidho; byâpiko opasilesiko [2] vesayiko sâmîpiko ti. Tattha byâpiko tâva: jalesu khîraṁ; tilesu telaṁ; ucchûsu raso. Opasilesiko [3]: pariyaṅke râjâ seti; âsane upaviṭṭho saṅgho. Vesayiko: bhûmîsu manussâ; antarikkhe vâyû; âkâse sakuṇâ. Sâmîpiko: vane hatthino; gaṅgâyaṁ ghoso; vaje gâviṁ duhanti; sàvatthiyaṁ viharati jetavane.

Okâsa iccanena kvattho? Okâse sattamî. (III, 32.)

On appelle okâsa (espace, lieu) [la relation syntactique où se trouve] le mot qui exprime la sphère (le domaine, le lieu) de l'action. Ex. Tilesu telaṁ : l'huile se trouve dans les graines de sésame; pariyaṅke râjâ seti : le roi est assis dans le palanquin.

## येन वा कयिते [4] तं कारणं ॥ ९ ॥

Yena vâ kayirate [5] yena vâ passati yena vâ suṇâti taṁ kâ-

___

[1] Cd âkâsaṁ.

[2], [3] K. upasilesiko.

[4] K. kariyate.

[5] K. kariyate, Cd kayirati.

rakaṁ  karaṇasaññaṁ  hoti.  Dattena[1]  vîhiṁ lunâti; vâsiyâ
rukkhaṁ tacchati; pharasunâ rukkhaṁ chindati; kuddâlena
rukkhaṁ khaṇati; hatthena kammaṁ karoti; cakkhunâ rûpaṁ
passati; sotena saddaṁ suṇâti.

Karaṇa iccanena kvattho? Karaṇe tatiyâ. (III, 16.)

On appelle karaṇa (instrument) [la relation syntactique où se trouve le mot qui exprime] au moyen
de quoi l'action est exécutée. Ex. Dattena vîhiṁ
lunâti : il coupe le riz avec un couteau; cakkhunâ
rûpaṁ passati : il voit la forme avec l'œil.

Il est difficile de croire que le *vâ* du sûtra ait réellement
le sens que semble lui attribuer le scholiaste, surtout placé
comme il l'est. Il serait plus satisfaisant de le prendre dans le
sens de *eva*; cet emploi de *vâ* n'est pas absolument étranger
au sanskrit, et, pour le pâli, la confusion qui s'y est faite
entre *vâ, iva, eva* (cf. par exemple *Abhidhânapp.* n° 1189) le
rendrait bien plus admissible encore; cette interprétation
serait singulièrement appuyée par le sûtra de Pâṇini, I,
4, 42, qui définit ainsi le karaṇakâraka : « Sâdhakatamaṁ
karaṇaṁ ». Le grammairien pâli aurait cherché à rendre par
la particule *vâ* l'intention contenue dans le superlatif du
grammairien sanskrit. On peut objecter, il est vrai, que *vâ*
étant un terme technique de sens et d'emploi déterminés, il
est difficile de lui accorder ainsi une signification exception-
nelle. Faut-il alors y voir une interpolation? Ce qui est certain, c'est que ni la règle Kâtantra correspondante : « yena
kriyate tat karaṇaṁ » (fol. 30), ni la glose de Durgasiṁha
ne contiennent rien de pareil.

यं करोति तं कम्मं ॥ १० ॥

Yaṁ vâ karoti yaṁ vâ passati yaṁ vâ suṇâti taṁ kârakaṁ

---

[1] K. dâtena.

kammasaññaṁ hoti. Ratham karoti; chattaṁ karoti; dhajaṁ
karoti; rûpaṁ passati; saddaṁ suṇâti; kaṇṭakaṁ maddati;
visaṁ gilati.

Kamma iccanena kvattho? Kammatthe dutiyâ. (III, 27.)

On appelle kamma (action) [la relation syntactique où se trouve le mot qui exprime] ce que fait
[l'agent]. Ex. Rathaṁ karoti : il fait un char; saddaṁ suṇâti : il entend un bruit.

यो करोति स कत्ता ॥ ११ ॥

Yo karoti so kattusañño hoti. Ahinâ daṭṭho naro; garuḷena [1]
hato nâgo; buddhena jito mâro; upaguttena bandho mâro.

Kattu iccanena kvattho? Kattari ca. (III, 18.)

On appelle kattu (agent) celui qui fait l'action.
Ex. Ahinâ daṭṭho naro : un homme a été mordu
par un serpent (ahinâ est le kattâ).

यो कारोति [2] स हेतु ॥ १२ ॥

Yo kattâraṁ kâreti so hetusañño hoti kattusañño ca. So
puriso taṁ purisaṁ kammaṁ kâreti; so puriso tena purisena
kammaṁ kâreti; so puriso tassa purisassa kammaṁ kâreti [3];
evaṁ vihâreti, pâleti, pâṭheti, dhâreti; pâceti, nâyeti.

Hetu iccanena kvattho? Dhâtûhi nenayaṇâpeṇâpayâ kâ-
ritâni hetvatthe. (VI, 2, 7.)

On appelle hetu (cause) celui qui fait faire une
action. Ex. So puriso taṁ purisaṁ kammaṁ kâ-

___

[1] Cd garuḷena.
[2] Cd karoti.
[3] Cd ° purisena cassa purisassa kammaṁ kareti; evaṁ °.

reti : cet homme fait faire telle action à cet autre homme.

Il est curieux de voir ici le scholiaste commenter un mot qui ne se trouve pas dans le texte, mais bien dans le sûtra Kâtantra correspondant : « Kârayati yaḥ sa hetuç *ca* » (fol. 3o) ; c'est à ce *ca* que s'applique « kattusañño ca » de la vṛitti.

यस्स वा परिग्गह्हो तं सामी ॥ १३ ॥

Yassa vâ pariggaho taṁ sâmisaññaṁ hoti. Attano mukhaṁ ; tassa bhikkhuno paṭivisaṁ [1] ; tassa bhikkhuno pattaṁ ; tassa bhikkhuno civaraṁ.

Sâmi iccanena kvattho? Sâmismiṁ chaṭṭhi. (III, 3i.)

On appelle sâmi (maître) celui qui a la propriété d'une chose. Ex. Tassa bhikkhuno pattaṁ : l'écuelle de ce religieux.

Quelle est ici encore la signification de *vâ*? Le scholiaste n'essaye même pas de l'expliquer. L'explication proposée pour le sûtra 9 paraît ici encore la seule possible, encore que nous n'ayons pas cette fois de texte de Pâṇini qui témoigne positivement de la nécessité de restreindre et de limiter quelque peu l'expression très-générale du texte.

Après ce sûtra, M. Kuhn en a un autre que je ne retrouve ni dans C ni dans Cd ; il est ainsi conçu : तेसं परं ऊभयप्वतिग्रिह ॥ Tesam apâdânâdìnaṁ channaṁ kârakânaṁ ubhayamhi sampatte yaṁ paraṁ taṁ ñeva hoti : gâviṁ dohati ; dhanunâ vijjhati ; kaṁsapâtiyâ bhuñjati. — Cette règle ne se retrouvant ni dans mes manuscrits, ni dans le Bâlâvatâra, ni dans la Rûpasiddhi, et de plus, M. d'Alwis (*Introd.* p. 1o4) donnant pour les règles de cette section le chiffre de quarante-cinq que nous obtenons en ne comptant point celle-ci, il faut sans

[1] Cd Paṭivimsaṁ.

doute la considérer comme une addition postérieure. Il n'y aurait pourtant aucune raison *interne* de l'éliminer de la sorte; car elle donne un sens suffisant, et d'ailleurs elle figure à la même place, parmi les sûtras Kâtantra, sous cette forme (fol. 3o-3i) : « Teshâm param ubhayaprâptau », que Durgasiñha explique comme il suit : « Teshâm kârakânâm ubhayaprâptau satyâm yat param tad bhavati. Grâmâya dattvâ tirthaṁ gataḥ sampradânam eva » et autres exemples. — Cette observation paraît avoir sa première origine dans Pâṇini, II, 3, 66, que M. Kuhn (p. 12) rappelle avec raison. Quoi qu'il en soit, le grammairien a, par là, entendu spécifier que, dans le cas où deux des relations syntactiques précédemment énumérées paraîtraient pouvoir convenir également au rôle d'un même mot dans une phrase, c'est celui des deux kârakas qui apparaît le dernier dans les sûtras précédents qui est le vrai et qu'il faut appliquer. Ainsi dans la phrase : il trait une vache, on pourrait se demander si le mot *vache* ne tombe pas sous l'apâdânakâraka (en vertu de « yasmâd apeti » du s. 1) au lieu du kammakâraka; eh bien ! le kamma venant après l'apâdâna dans l'ordre des explications données, c'est à l'accusatif et non à l'ablatif qu'il faut mettre le mot *go*; et l'on dit : « Gâviṁ dohati ».

## लिङ्गत्थे पठमा [1] ॥ १४ ॥

Liṅgatthâbhidhânamatte paṭhamâ [2] vibhatti hoti. Puriso; purisâ; eko; dve; ca; vâ; hi; ahaṁ; hare; are.

Le nominatif s'emploie pour exprimer [purement et simplement] l'idée contenue dans le thème. Ex. Puriso : l'homme; purisâ : les hommes.

## आलपने च ॥ १५ ॥

Âlapanatthâdhike liṅgatthâbhidhânamatte ca [3] paṭhamâ [4]

---

[1], [2], [4] K. pathamâ.

[3] Cd n'a pas ca.

vibhatti hoti. Bho purisa; bhavanto purisâ; bho râja; bhavanto râjâno; he sakha; he sakhino.

Casaddaggahaṇaṁ paṭhamaggahaṇânukaḍḍhanatthaṁ [1].

Et aussi pour exprimer le vocatif. Ex. Bho purisa :
ô homme !

## कारणे ततिया ॥ १६ ॥

Karaṇakârake tatiyâ vibhatti hoti. Agginâ kuṭiṁ jhâpeti;
manasâ ce paduṭṭhena; manasâ ce pasannena; kâyena kammaṁ karoti.

Pour [exprimer la relation syntactique appelée]
karaṇakâraka, [on se sert de] l'instrumental. Ex.
Agginâ kuṭiṁ jhâpeti : il détruit la cabane par le
feu.

## सहादियोगे च ॥ १७ ॥

Sahâdiyogatthe ca[2] tatiyâ vibhatti hoti. Sahâpi gaggena[3]
saṅgho uposathaṁ kareyya; mahatâ bhikkhusaṅghena saddhiṁ; sahassena samaṁ mitâ[4].

Et aussi en construction avec *saha*, etc. Ex. Mahatâ saṅghena saddhiṁ : avec une nombreuse assemblée de religieux.

[1] K. n'a pas cette glose.
[2] Cd n'a pas : ca.
[3] K. Sahâgatena sa ".
[4] K. samappitâ.

## कत्तरि च ॥ १८ ॥

Kattari ca kârake[1] tatiyâ vibhatti hoti. Raññâ hato poso;
yakkhena dinno varo; ahinâ daṭṭho naro.

Et aussi pour [exprimer] le kattukâraka. Ex.
Raññâ hato poso : cet homme a été tué par le roi.

## हेत्वत्थे च ॥ १८ ॥

Hetvatthe ca[2] tatiyâ vibhatti hoti. Annena vasati; dhammena vasati; vijjâya vasati; sakkârena vasati.

Et aussi pour exprimer la cause. Ex. Annena
vasati : il habite ici à cause de la nourriture; vijjâya
vasati : il habite ici pour son instruction.

## सत्तम्यत्थे[3] च ॥ २० ॥

Sattamyatthe[4] ca tatiyâ vibhatti hoti. Tena kâlena; tena
samayena; tena kho pana samayena.

Et aussi dans le sens du locatif. Ex. Tena kâlena :
en ce temps.

## येनङ्गविकारो ॥ २१ ॥

Yena byâdhimatâ[5] aṅgena aṅgino vikâro lakkhate tattha
tatiyâ vibhatti hoti. Akkhinâ kâṇo; hatthena kuṇi; kâṇaṁ
passatu nettena; pâdena khañjo; piṭṭhiyâ khujjo.

[On se sert de l'instrumental] pour marquer quel

[1] Cd n'a pas : kârake.
[2] K. Hetuppayogo ca hetvatthe ca.
[3], [4] Cd Sattammyatthe.
[5] K. byâdhimattâ.

membre affecte une infirmité. Ex. Akkhinâ kâṇo :
privé d'un œil (*littéral, aveugle d'un œil*).

विसेसने च ॥ २२ ॥

Visêsanattho ca tatiyâ vibhatti hoti. Gottena gotamo nâtho
suvaṇṇena abhirùpo tapasâ uttamo.

Et par quelle qualité un objet se distingue.
Ex. Gottena gotamo nâtho suvaṇṇena abhirùpo tapasâ uttamo : Gotama, roi par sa naissance, beau
par sa couleur dorée, invincible par la pénitence.

सम्पदाने चतुत्थी ॥ २३ ॥

Sampadânakârake catutthî vibhatti hoti. Buddhassa vâ
dhammassa vâ saṅghassa vâ dânaṁ deti ; dâtâ hoti samaṇassa
vâ brâhmaṇassa vâ.

Pour [exprimer] le sampadânakâraka [on em-
ploie] le datif. Ex. Buddhassa dânaṁ deti : il fait
un présent au Buddha.

नमोयोगादीस्वपि च ॥ २४ ॥

Namoyogâdìsvapi ca catutthî vibhatti hoti. Namo te bud-
dhavìratthu ; sotthi pajânaṁ ; namo karohi nâgassa ; svâgatam
te mahârâja.
Casaddaggahaṇaṁ catutthìgahaṇànukaḍḍhanatthaṁ [1].

Et aussi en construction avec *namo*, etc. Ex.
Namo te buddhavîratthu : honneur à toi, ô Bud-
dhavîra.

<hr>

[1] K. n'a pas cette glose.

## ब्रपादाने पञ्चमी ॥ २५ ॥

Apâdânakârake pañcami vibhatti hoti. Pàpâ cittaṁ nivâraye; abbhâ mutto va candimâ; bhayâ muccati so naro.

Pour [exprimer] l'apâdânakâraka [on emploie]
l'ablatif. Ex. Pàpâ cittaṁ nivàraye : qu'il éloigne
son esprit du mal.

## कारणत्थे च ॥ २६ ॥

Kârapatthe ca pañcami vibhatti hoti. Ananubodhâ appa-
tivedhâ catunnaṁ ariyasaccânaṁ yathâbhûtamadassanâ [1].
Casaddaggahapaṁ pañcamìgahapânukaḍḍhanatthaṁ [2].

Et aussi pour marquer le motif. Ex. Ananubodhâ : par indocilité.

## कम्मत्थे दुतिया ॥ २७ ॥

Kammatthe dutiyâ vibhatti hoti. Kaṭaṁ karoti; rathaṁ karoti; chattaṁ karoti, dhammaṁ suṇâti; buddhaṁ pùjeti [3];
vàcaṁ bhàsati [4]; taṇḍulaṁ pacati; coraṁ ghâteti; gavaṁ hanati [5]; vihayo [6] lunâti.

Pour [exprimer] le kammakâraka [on emploie]
l'accusatif. Ex. Kaṭaṁ karoti : il fait une natte;
buddhaṁ pùjeti : il honore le Buddha.

---

[1] Cd °ssanâya.
[2] K. n'a pas cette glose.
[3] Cd pùjayati.
[4] Cd bhâsayati.
[5] Cd hanti. K. gàviṁ hanati.
[6] K. vihiyo.

## कालद्धानं अच्चन्तसंयोगे ॥ २८ ॥

Kàladdhànaṁ accantasaṁyoge dutiyà vibhatti hoti. Màsaṁ adhîte; yojanaṁ kalahaṁ karonto gacchati.

Accantasaṁyogeti kimatthaṁ? Saṁvacchare bhuñjati.

**Pour exprimer le temps et la distance avec l'idée de continuité. Ex. Mâsaṁ adhîte : il étudie un mois; yojanaṁ kalahaṁ karonto gacchati : il marche un yojana en se querellant.**

## कम्मप्पवचनीययुत्ते [1] ॥ २९ ॥

Kammappavacanîyayutte [2] dutiyà vibhatti hoti. Taṁ kho pana bhagavantaṁ gotamaṁ evaṁ kalyâṇo kittisaddo ab-bhuggato; pabbajitaṁ anu pabbajiṁsu.

**[L'accusatif s'emploie aussi] en construction avec des prépositions. Ex. Taṁ kho pana bhagavantaṁ gotamaṁ evaṁ kalyâṇo kittisaddo abbhuggato : et alors un pur concert de louanges s'est élevé vers Gotama le Bienheureux.**

## गतिबुद्धिभुजपठहरकरसयादीनं कारिते वा ॥ ३० ॥

Gatibuddhibhujapaṭhaharakarasayâdînaṁ dhâtûnaṁ [3] payoge kârite sati dutiyà vibhatti hoti và [4]. Puriso purisaṁ gâmaṁ gâmayati, puriso purisena và, puriso purisassa và [5]; evaṁ :

<hr>

1, 2 Cd °varaṇîye yutte.

3 Cd n'a pas : dhâtûnaṁ.

4 Cd n'a pas : và.

5 Cd n'a pas : puriso purisassa và.

bodhayati, bhojayati, pâṭhayati, hârayati; kârayati, sàyayati [1]
— evaṁ sabbattha kârite.

Il peut à volonté s'employer après le causatif des
racines qui signifient aller, connaître, et des verbes
*bhuj, paṭh, har, kar, ṣay*, etc. Ex. Puriso purisaṁ
gâmaṁ gâmayati : cet homme fait aller cet homme
au village.

Cette règle représente ici deux sûtras de Pâṇini, 1, 4, 52
et 53. Ils sont ainsi conçus : « Gatibúddhipratyavasânârthaçab-
dakarmâkarmakâṇâm aṇikartâ sa ṇau (*karmasaṁjñaḥ syât*).
— Hṛikror anyatarasyâṁ ». Il faut convenir que l'imitation
n'a pas été faite avec tout le soin désirable. Et d'abord le
grammairien pâli, en omettant de spécifier le mot qui se met
à l'accusatif après les causatifs en question, a enlevé toute
précision et toute portée sérieuse à sa règle; il a ainsi autorisé le scholiaste à dire : *evaṁ sabbattha kârite*; en effet,
après tous les causatifs, il y a place pour un accusatif; mais
alors à quoi bon spécifier dans la règle certaines racines, si
elle doit s'étendre également à toutes, et quelle est l'utilité
d'une règle assez vague pour embrasser à la fois les cas les
plus divers et les plus opposés? — En second lieu, en prenant modèle sur le sûtra sanskrit, le grammairien pâli a purement et simplement transporté dans le sien les deux premiers
mots, *gati* et *buddhi*, sans faire attention que les changements
qu'il opérait dans le reste du texte et notamment la suppression du mot *artha*, arrachaient ces mots à leur construction
logique, et rendaient tout à fait irrégulière et obscure la
forme du sûtra. Devant de pareils procédés, il est permis
de se demander si l'auteur n'a pas trop légèrement étendu
à toutes les racines qu'il cite (sans parler de l'extension illi-
mitée du scholiaste) le caractère facultatif que le grammairien

[1] Cd n'a pas : sàyayati.

sanskrit n'attribue à la règle que pour les deux racines *har* et *kar*. Le commentateur sanctionne, il est vrai, par ses exemples, cette extension du *vâ* à toutes les racines énumérées (cf. aussi le comment. du sûtra 12); mais comme ce ne sont là que des exemples d'école qui peuvent parfaitement ne reposer que sur la présente règle, cette autorité ne suffit pas pour lever tous les doutes.

## सामिस्मिं छट्ठी ॥ ३१ ॥

Sâmismiṁ chaṭṭhī vibhatti hoti. Tassa bhikkhuno paṭivisaṁ[1]; tassa bhikkhuno mukhaṁ; tassa bhikkhuno pattacîvaraṁ.

Pour [marquer] le sâmî (possesseur) [on emploie] le génitif. Ex. Tassa bhikkhuno pattacîvaraṁ : l'écuelle et le manteau appartiennent à ce religieux.

## ओकासे सत्तमी ॥ ३२ ॥

Okâsakârake sattamî[2] vibhatti hoti. Gambhîre odakaṇṇave[3]; pâpasmiṁ ramati mano; bhagavati brahmacariyam vasati kulaputto.

Pour [exprimer] l'okâsakâraka [on emploie] le locatif. Ex. Gambhîre odakaṇṇave : dans l'Océan profond.

## सामिस्सराधिपतिदायादसक्खिपटिभूपसूतकुसलेहि च ॥ ३३ ॥

Sâmi issara adhipati dâyâda sakkhi patibhû pasûta[5][6] kusala

[1] Cd pativiṁsam.
[2] Cd saptami.
[3] K. odakantike. Cd. de K. udakantike.
[4] Cd K. °sakkhipatibhû°.
[5],[6] K. pasutta. Cd pasuta.

iccetehi yoge sati[1] chaṭṭhî vibhatti hoti sattamî ca. Goṇânaṁ
sâmî; goṇesu issaro; goṇânaṁ adhipati; goṇesu adhipati;
goṇânaṁ dâyâdo; goṇesu dâyâdo; goṇânaṁ sakkhi; goṇesu
sakkhi; goṇânaṁ patibhû; goṇesu patibhû; goṇânaṁ pasûto;
goṇesu pasûto; goṇânaṁ kusalo; goṇesu kusalo.

Après les mots *sâmî, issara adhipati, dâyâda,
sakkhi, patibhû, pasûta, kusala* [on emploie le génitif et] aussi [le locatif]. Ex. Goṇânaṁ ou goṇesu
sâmî : propriétaire des bœufs; goṇânaṁ ou goṇesu
adhipati : maître des bœufs, etc.

## निद्धारणे च ॥ ३४ ॥

Niddhâraṇe ca chaṭṭhî vibhatti hoti sattamî ca. Kaṇhâ gâvînaṁ sampannakhîratamâ; kaṇhâ gâvisu sampannakhîrata-
tamâ; sâmâ nârînaṁ dassanîyatamâ; sâmâ nârisu dassanîyatamâ; manussânaṁ khattiyo sûratamo[2]; manussesu khattiyo
sûratamo[3]; pathikânaṁ dhavanto sîghatamo; pathikesu dhavanto sîghatamo.

Et [on emploie] aussi [le génitif et le locatif] pour
marquer la distinction [qu'on fait d'une partie com-
parée à l'ensemble]. Ex. Kaṇhâ gâvînaṁ ou gâvîsu
sampannakhîratamâ : la vache noire est de toutes
la plus riche en lait.

## अनादरे च ॥ ३५ ॥

Anâdare chaṭṭhî vibhatti hoti sattamî ca. Rudato dârakassa
pabbaji; rudantasmiṁ dârake pabbaji.

---

[1] K. °tehi payoge sati. Cd °tehi payogehi.
[2, 3] Cd suratamo.

Casaddaggahaṇaṃ chaṭṭhisattamigahaṇānukaḍḍhanatthaṃ[1].

Et aussi pour marquer qu'on ne tient pas compte d'une chose. Ex. Rudato dârakassa *ou* rudantasmiṃ dàrake pabbaji : il se fit religieux sans tenir compte de son fils en larmes.

द्वाचि दुतिया छट्ठीनं ग्रत्थ ॥ ३६ ॥

Chaṭṭhīnaṃ atthe kvaci dutiyà vibhatti hoti. Apissu maṃ aggivessàna tisso[2] upamàyo paṭibhaṃsu.

L'accusatif s'emploie dans certaines fonctions du génitif. Ex. Apissu maṃ aggivessâna tisso upamâyo paṭibhaṃsu : Aggivessâna, ai-je bien compris les trois paraboles?

M. Kuhn (p. 14) traduit : « Interdum accusativus casus ponitur notione fungens sextorum casuum, i. e. sexti atque septimi, genitivi atque locativi, » et plus bas il ajoute : « Ceterum plane supervacaneum fuit locativi mentionem plurali *chaṭṭhînaṃ* posito hac regula comprehendi, cum accusativus locativi notione fungens in sequente regula iterum tractetur. » Je ne vois pas sur quoi M. Kuhn appuie cette interprétation singulière du pluriel *chaṭṭhînaṃ*, que n'indique point le scholiaste, pas plus par exemple que le Bâlâvatâra dont le commentaire m'a suggéré au contraire l'explication que j'ai introduite dans la traduction. Il est ainsi conçu (p. 66) : « Evaṃ antarâ anto tiro abhito parito paṭibhâ iccâdînaṃ yoge; » suivent des exemples. D'après cela je crois qu'il a compris, et avec raison, que le pluriel « chaṭṭhînaṃ » a pour but d'indiquer qu'il ne s'agit pas seulement d'un cas précis, mais de plu-

[1] K. n'a pas cette glose.
[2] K. Aggivessânatisso.

sieurs cas de nature diverse où le génitif peut également être remplacé par l'accusatif: *kvaci* pourrait alors paraître faire double emploi; mais rien n'est plus simple que de le prendre comme équivalant à peu près à *râ*. A la rigueur le pluriel *chaṭṭhînaṁ* pourrait peut-être avoir encore un autre sens et désigner, avec le génitif, le datif, forme ordinairement identique; mais je ne vois pas de fait, je ne vois rien dans les exemples donnés qui autorise à penser que l'auteur ait eu en vue le datif que ne gouvernent ni en sanskrit ni en pâli les prépositions ni le verbe cités.

## ततियासत्तमीनञ्च ॥ ३७ ॥

Tatiyâsattamînaṁ atthe kvaci dutiyâ vibhatti hoti. Sace maṁ samaṇo gotamo nâlapissati tvañca maṁ nâbhibhâsasi, evaṁ tatiyatthe[1]; — pubbaṇhasamayaṁ nivâsetvâ; ekaṁ samayaṁ bhagavâ, evaṁ sattamyatthe.

Et aussi dans le sens de l'instrumental et du locatif. Ex. Sace maṁ Samaṇo Gotamo nâlapissati : si Gotama le Çramaṇa ne me parle pas; pubbaṇhasamayaṁ nivâsetvâ : l'ayant fait demeurer pendant la matinée.

## छट्ठी च ॥ ३८ ॥

Tatiyâsattamînaṁ atthe kvaci chaṭṭhî vibhatti hoti. Kataṁ me kalyâṇaṁ; kataṁ me pâpaṁ, evaṁ tatiyatthe; — kusalâ naccagîtassa susikkhitâ caturitthiyo; kusalo tvaṁ rathassa aṅgapaccaṅgânaṁ, evaṁ sattamyatthe.

Kvacîti kimatthaṁ? Desito ânanda mayâ dhammo; ânando atthesu vicakkhaṇo.

Le génitif [s'emploie] de même [quelquefois dans le sens de l'instrumental et du locatif]. Ex. Kataṁ

[1] Cd tatiyatthe.

me kalyânaṃ : j'ai fait une bonne action; kusalâ naccagîtassa susikkhitâ caturitthiyo : des femmes gracieuses et habiles, instruites dans la danse et le chant.

On remarquera que, si l'auteur du sûtra a eu vraiment en vue, comme l'indique le scholiaste, les formes *me*, *te* des pronoms ahaṃ, tvaṃ, la règle, en ce qui les concerne, était complétement superflue après II, 2, 31, d'après laquelle *me*, *te* sont aussi des formes enclitiques de l'instrumental.

## दुतियापञ्चमीनञ्च ॥ ३८ ॥

Dutiyâpañcaminaṃ atthe kvaci[1] chaṭṭhî vibhatti hoti. Tassa bhavanti vattâro; tassa kammassa kattâro, evaṃ dutiyatthe; — assa vanatâdhammassa[2] parihâyanti; kiṃ nu kho ahaṃ tassa bhâsayâmi; sabbe tasanti daṇḍassa; sabbe bhâyanti maccuno; bhîto catunnaṃ âsîvisânaṃ nâgânaṃ; bhâyâmi ghoravisassa nâgassa; evaṃ pañcamyatthe.

[Il s'emploie] aussi dans le sens de l'accusatif et de l'ablatif. Ex. Tassa bhavanti vattâro : ils disent cela; assa vanatâdhammassa parihâyanti : ils sont délivrés de l'empire de la concupiscence.

## कम्मकारणनिमित्तत्थेसु सत्तमी ॥ ४० ॥

Kammakaraṇanimittatthesu sattamî vibhatti hoti. Sundarâvuso ime âjîvikâ[3] bhikkhûsu abhivâdenti, evaṃ kammatthe; — hatthesu piṇḍâya caranti; pattesu piṇḍâya caranti;

---

[1] Cd n'a pas : kvaci.
[2] Cd. de K. vanatâdha° K. vanitâdha°.
[3] K. âjîvakâ.

pathesu caranti, evaṁ karaṇatthe; — dîpi cammesu haññate ;
kuñjaro dantesu haññate, evaṁ nimittatthe.

Le locatif s'emploie dans le sens du kamma (accusatif), du karaṇa ( instrumental ) et pour exprimer la cause. Ex. Sundarà ime àjivikà bhikkhùsu abhivâdenti : ces artisans sont polis, ils saluent les religieux; hatthesu piṇḍàya caranti : ils recueillent avec les mains la nourriture qu'ils mendient; dîpi cammesu haññate : c'est pour sa peau qu'on tue le léopard.

सम्पदाने च ॥ ४१ ॥

Sampadâne ca sattamî vibhatti hoti. Saṅghe dinnaṁ mahapphalaṁ; saṅghe gotami dehi; saṅghe dinne ahañceva pûjito bhavissâmi.

Et aussi pour [exprimer] le sampadânakâraka. Ex. Saṅghe dinnaṁ mahapphalaṁ : les dons faits à la communauté religieuse assurent de grands mérites.

पञ्चम्यत्थे च ॥ ४२ ॥

Pañcamyatthe ca sattamî vibhatti hoti. Kadalîsu gaje rakkhanti[1].

[Il s'emploie] aussi dans le sens de l'ablatif. Ex. Kadalîsu gaje rakkhanti : ils éloignent les éléphants des bananiers.

[1] K. ajoute : ucchûsu nivârayanti gâvo.

## कालभावेसु च ॥ ४३ ॥

Kâlabhâvesu ca kattari payujjamâne sattamî vibhatti hoti.
Pubbaṇhasamaye gato, sâyaṇhasamaye âgato; bhikkhusaṅghesu bhojiyamânesu gato, bhuttesu âgato; gosu duyhamâ-
nâsu[1] gato, duddhâsu[2] âgato.

Et pour exprimer le temps et l'état. Ex. Pubbaṇhasamaye gato, sâyaṇhasamaye âgato : il est parti
le matin et revenu le soir; bhikkhusaṅghesu bhojiyamânesu gato, bhuttesu âgato : il est parti au
moment où les religieux étaient à leur repas, et revenu qu'ils l'avaient terminé.

## उपाध्यधिकिस्सावचने[3] ॥ ४४ ॥

Upa adhi iccetesaṁ payoge adhikissaravacane sattamî vibhatti hoti. Upa khâriyaṁ[4] doṇo; upa nikkhe kahâpaṇaṁ[5];
adhi nacce gotamî; adhi brahmadatte pañcâlâ[6]; adhi devesu
buddho.

[Le locatif s'emploie encore] après *upa*, *adhi*,
pour marquer l'objet indiqué comme inférieur ou
supérieur. Ex. Upa khâriyaṁ doṇo : le droṇa est
inférieur à la khârî; adhi brahmadatte pañcâlâ : les
Pañcâlas sont sous la domination de Brahmadatta;
adhi devesu buddho : le Buddha est au-dessus des
dieux.

[1] Cd et K. ˮyhamânesu.
[2] Cd duddhesu.
[3] Cd upâddhyâdhi° K. upâdhyâdhiˮ canesu ca.
[4] Cd khâriyá.
[5] Cd ˮhâpaṇaṁ.
[6] Cd ˮdattesu pañcalo.

## मणिउतुस्सुकेसु ततिया च [1] ॥ ४५ ॥

Maṇḍitussuka [2] iccetesvatthesu ca tatiyâ vibhatti hoti sat-
tami ca. Ñânena pasìdito; ñânasmiñ pasìdito; ñânena ussuko [3]: ñânasmiñ ussuko [4] tathâgagato và tathàgatagotto và.

[Le locatif] et aussi l'instrumental [s'emploient]
après [les mots qui signifient] content de, avide
de. Ex. Ñânena ou ñânasmim pasîdito : qui trouve
le bonheur dans la sagesse; ñânasmiñ ou ñânena
ussuko : avide de la sagesse.

ITI KÂRAKAKAPPE CHAṬṬHO KAṆḌO.

---

## नामानं समासो युत्तत्थो ॥ १ ॥

Tesañ nâmânañ payujjamànapadatthânañ yo yuttattho
so samâsasañño hoti. Kaṭhinassa [5] dussañ, kaṭhinadussañ;
âgantukassa bhattañ, âgantukabhattañ; jìvitañ ca tañ in-
driyañ câti, jìvitindriyañ; samaṇo ca bràhmaṇo ca samaṇa-
bràhmaṇâ; sàriputto ca moggallàno ca, sàriputtamoggallânâ;
bràhmaṇo ca gahapatiko ca, bràhmaṇagahapatikâ.

Nâmânañ iti kimatthañ? Devadatto pacati.

Yuttatthoti kimatthañ? Bhaṭo rañño; putto devadattassa.

Samâsa iccanena kvattho [6]? Kvaci samâsagatânañ akâranto.
(IV, 22.)

---

[1] Cd °tussukesu tatiyâ. «Ca» manque aussi dans K.; mais le Bàlà-
vatâra et la Rùpasiddhi lisent comme nous.

[2] Cd ussukka°.

[3], [4] Cd ussukko°.

[5] Cd kaṭhiṇassa.

[6] S° °tho. Ityâdisu padesesu imesañ samâsasaddena yañ saṅga-
hanañ tad eva imâya samâsasaññâya payojanañ atthi. Kvaci°.

On appelle samâsa (composé) [le mot résultant de] la réunion de [plusieurs noms réunissant en un corps leurs] significations [respectives]. Ex. Âgantukabhattaṁ : le repas de l'étranger (= âgantukassa bhattaṁ).

तेसं विभत्तियो लोपा च ॥ २ ॥

Tesaṁ yuttatthânaṁ samâsânaṁ vibhattiyo lopâ ca honti. Kaṭhinadussaṁ; âgantukabhattaṁ.

Tesaṁgahaṇena samâsataddhitâkhyâta'kitakappânaṁ paccayapadakkharâgamânaṁ ca lopo hoti. Vasiṭṭhassa apaccaṁ, putto: vâsiṭṭho; vinatâya apaccaṁ, putto : venateyyo.

Casaddaggahaṇaṁ avadhâraṇatthaṁ. Pabhaṁ karotîti pabhaṁkaro; amataṁ dadâtîti amataṁdado; medhaṁ karotîti medhaṁkaro.

Et les mots ainsi rapprochés perdent leurs désinences casuelles. Ex. Âgantukabhattaṁ, au lieu de : âgantukassa bhattaṁ.

पकति चस्स सन्तस्स[2] ॥ ३ ॥

Luttâsu vibhattîsu assa[3] sarantassa liṅgassa pakatirûpâni honti. Cakkhuñ ca sotañ ca : cakkhusotaṁ; mukhañ ca nâsikañ ca : mukhanâsikaṁ; rañño putto : râjaputto; rañño puriso : râjapuriso.

Et [cette suppression opérée,] les thèmes voca-

---

[1] Cd °tàkkhyâta°.

[2] Il faudrait sans doute lire : «°ca ssarantassa», et «assa» ne doit probablement son origine qu'au double ss initial; mais la faute est ancienne. — Le s. Kâtantra (fol. 37) : «Prakṛtiçca svarântasya».

[3] Cd n'a pas : assa.

liques reprennent leur forme primitive. Ex. cakkhuṁ -+- sotaṁ : cakkhusotaṁ : la vue et l'ouïe
rañño puriso : râjapuriso : l'homme du roi (garde
de police).

## उपसग्गनिपातपुब्बको अब्ययीभावो[1] ॥ ४ ॥

Upasagganipâtapubbako samâso abyayîbhâvasañño hoti.
Nagarassa samîpe kathâ vattate[2] iti, upanagaraṁ; darathassa
abhâvo, niddarathaṁ; masakassa abhâvo, nimmasakaṁ; vud-
dhânaṁ paṭipâṭiyâ, yathâvuddhaṁ; ye ye[3] brâhmaṇâ vuddhâ
te te nisîdanti yathâvuddhaṁ; jîvassa yattako paricchedo, yâ-
vajîvaṁ; cittaṁ adhikicca dhammâ vattantîti adhicittaṁ; pab-
batassa tiro, tiropabbataṁ; sotassa paṭi vattatîti[4] paṭisotaṁ;
pâsâdassa anto, antopâsâdaṁ.

Abyayîbhâva iccanena kvattho[5]? Aṁ vibhattînaṁ akâran-
tâbyayîbhâvâ. (IV, 26.)

[On désigne sous le nom d']abyayîbhâva le composé dont le premier membre est une préposition
ou une conjonction. Ex. Upanagaraṁ : près de la
ville; yathâvuddhaṁ : suivant l'âge.

## सो नपुंसकलिङ्गो ॥ ५ ॥

So abyayîbhâvasamâso napuṁsakaliṅgo va daṭṭhabbo. Ku-
mâriṁ adhikicca kathâ vattatîti adhikumâri[6]; vadhuyâ sa-

---

[1] Cd abbyayibhâvo. S° abyayibhâvo, et de même toujours avec *i*
bref; le Bâlâvatâra, au moins dans l'édition dont je fais usage, a régulièrement l'î long.

[2] Cd vattata iti°.

[3] S° paṭipâṭiyâ ye ye°. Cd °paṭipâṭi ya°.

[4] Cd S° °ttatîti nâmâ pa°.

[5] S° °ttho? Ityâdisu padesu imesaṁ abyayibhâvasaddena yaṁ saṅgahaṇaṁ tad eva imâya abyayibhâvasaññâya payojanaṁ atthi. — So°.

[6] Cd °mârî.

mîpe vattatîti upavadhu[1]; gangâya samîpe vattate iti[2] upa-
gangaṁ; maṇikâya samîpe vattate iti[3] upamaṇikaṁ.

Ce composé est [considéré comme] neutre (il
prend la désinence du neutre). Ex. Adhikumâri :
relativement à une jeune fille; upavadhu : près d'une
femme.

छिगुस्सेकत्तं ॥ ६ ॥

Digussa samâsassa ekattaṁ hoti napuṁsakaliṅgattañca.
Tayo lokâ, tilokaṁ; tayo daṇḍâ, tidaṇḍaṁ; tîṇi[4] nayanâni,
tinayanaṁ; tayo siṅgâ, tisiṅgaṁ; catasso disâ, catuddisaṁ;
dasa disâ, dasadisaṁ; pañca indriyâni, pancindriyaṁ.

Le composé digu ne s'emploie qu'au singulier
[et au neutre]. Ex. Tilokaṁ : les trois mondes;
catuddisaṁ : les quatre points cardinaux.

Il est très-vraisemblable que le scholiaste entre bien dans
l'intention de l'auteur quand il étend à ce sûtra et aux suivants la prescription du neutre; pour le sanskrit, Pâṇini
(II, 4, 1, 2 suiv. 17) enseigne de même; et nos sûtras pâlis
sont ici calqués en partie sur ces règles sanskrites. Il faut
avouer toutefois que, si telle a été vraiment l'intention de
l'auteur, il s'est exprimé d'une façon malheureuse, alors
qu'il lui était si facile de se conformer plus exactement
au modèle qui lui était offert. En effet, à ne prendre que
le texte des sûtras et à en peser rigoureusement la construction, il serait impossible de penser que le sûtra 5 ait quelque

---

[1] Cd °vadhuṁ.
[2], [3] Cd vattata iti.
[4] Cd tîni.

lieu avec les suivants, l'auteur changeant complétement la construction au s. 6 et négligeant de le rattacher au précédent par la commode particule *ca*. On serait tenté de croire qu'il y a là une intention formelle de se séparer de la règle sanskrite et de repousser nettement la presicrption exclusive du neutre (relativement aux dvigus et pour le sanskrit même cf. Vârt. in Pân. II, 4, 17, et Pân. IV, 1, 21 et suiv.). Il était si simple de dire, s. 5 : Tassa napumsakattam ? — s. 6 : Digussekattañca. Toutefois, si nous nous reportons aux sûtras Kâtantra, nous y trouvons une inexactitude toute semblable. Les règles en question sont les suivantes (fol. 41) : «Sa (l'*avyayîbhâva*) napumsakalingam syât. — Dvandvaikatvam (que Durgasimha explique : *Dvandvasyaikatvam napumsakalingatvam syât*). — Tathà dvigoh». En comparant Pânini, II, 4, 1 suiv. il semble que notre grammairien, tout en se modelant sur ces règles, les ait à dessein modifiées, en se rapprochant de Pânini, de façon à incorporer dans son ouvrage les deux règles suivantes empruntées à ce dernier, sans augmenter pourtant le nombre de ses sûtras au delà du strict nécessaire.

तथा द्न्दे पाणि[1]तुरिययोग[3]सेनङ्गखुद्दजन्तुकविविधवि-
रुद्धविस[2]भागत्याद्दीनञ्च ॥ ७ ॥

Tathâ dvande pâni[1]turiyayoggasenangakhuddajantukavividhaviruddhavisabhâgattha iccevamâdinam ekattam hoti[5] napuñsakalingattañ ca. Tam yathâ : cakkhusotam; mukhanâsikam; chavimañsalohitam, evam pânya[6]ngatthe; — sañ-

---

[1] Cd °pâni°.
[2] Cd °vividhavisa°.
[3] S° °yoga°.
[4] Cd pâni°.
[5] Cd °ttam gahoti.
[6] Cd pânya°

kho ca paṇavo[1] ca, saṅkhapaṇavaṁ[2]; gîtañ ca vâditañ ca, gî-
tavâditaṁ; daddari ca[3] deṇḍimañ ca, daddarideṇḍimaṁ;
evaṁ turiyaṅgatthe;—phâlañ ca pâcanañ ca, phâlapâcanaṁ;
yugañ ca naṅgalañ ca, yuganaṅgalaṁ, evaṁ yogaṅgatthe;—
asiñ ca cammañ ca, asicammaṁ; dhanu ca[4] kalâpañ ca, dha-
nukalâpaṁ; hatthî ca asso ca ratho ca pattiko ca, hatthiassa-
rathapattikaṁ, evaṁ senaṅgatthe;—ḍaṁsañ ca masakañ ca,
ḍaṁsamasakaṁ, kunthañ ca kipilikañ ca, kunthakipilikaṁ[5];
kîḷañ ca siriñ ca sapañ ca; kîṭasirisapaṁ, evaṁ khuddajan-
tûkatthe; — ahi ca nakulo ca, ahinakulaṁ; viḷâro ca mûsiko
ca, viḷâramûsikaṁ; kâko ca ulûko ca, kâkolûkaṁ; evaṁ
vividhaviruddhatthe; — silañ ca paññâ ca sîlapaññaṁ[6]; samatho ca vipassano ca, samathavipassanaṁ; vijjâ ca cara-
ṇañ ca, vijjâcaraṇaṁ[7]; evaṁ vividhavisabhâgatthe.

Âdiggahaṇaṁ kimatthaṁ? Dâsidâsaṁ; itthipumaṁ; pattacîvaraṁ; tikacatukkaṁ; veṇarathakâraṁ[8]; sâkuṇikamâga-
vikaṁ; dìghamajjhimaṁ iccevamâdi[9].

Il en est de même des composés dvanda, quand
on met en composition : 1° des membres d'êtres
vivants. Ex. Mukhanâsikaṁ : la bouche et le nez;
— 2° des instruments ou des parties d'art musical.
Ex. Saṅkhapaṇavaṁ : la conque marine et le tam-
bourin; — 3° des objets d'attelage. Ex. Yuganaṅgalaṁ : le joug et la charrue; — 4° des parties

[1] Cd panavo.
[2] Cd °paṇavaṁ.
[3] Cd daddariñ ca.
[4] Cd dhanuñ ca.
[5] Cd kipilalikañ ca kutthapilalikaṁ. S⁰ kunthâ ca kipilaliko ca
kunthakipilikaṁ.
[6] Cd sîlapaññânaṁ.
[7] S⁰ ajoute l'analyse de chacun de ces trois exemples : silañ ca
paññâ ca, etc.
[8] Cd venarathakâraṁ; sâkuni°. S⁰ venakâro, etc.
[9] S⁰ ajoute l'analyse des exemples.

d'armée [ou d'armement]. Ex. Hatthiassarathapat-
tikaṁ : éléphants, cavaliers, chariots et fantassins;
— 5° de petits animaux. Ex. Ḍaṁsamasakaṁ :
mouches et moustiques; — 6° des êtres qui sont
naturellement en lutte. Ex. Ahinakulaṁ : serpents
et ichneumons; — 7° des contraires. Ex. Vijjâcaraṇaṁ : la science et la vie pratique.

विभासा रुक्खतिणपसुधन॰धञ्जनपठादीनञ्च ॥ ८ ॥

Rukkhatiṇapasudhanadhaññajanapada iccevamâdînaṁ vibhâsâ ckattaṁ hoti napuṁsakaliṅgattañ ca dvande samâse.
Assattho ca kapittho ca, assatthakapitthaṁ assatthakapitthâ[2]
vâ; usîrañ ca viraṇañ ca, usîraviraṇaṁ usîraviraṇâ[3] vâ; ajo ca
eḷako ca, ajeḷakaṁ ajeḷakâ vâ; hiraññañ ca suvaṇṇañ ca, hiraññasuvaṇṇaṁ hiraññasuvaṇṇâ vâ; sâli ca yavo ca, sâliyavaṁ sâliyavâ[4] vâ; kâsi ca kosalo ca, kâsikosalaṁ kâsikosalâ[5]
vâ.

Âdiggahaṇaṁ kimatthaṁ? Sâvajjañ ca anavajjañ ca, sâvaj-
jânavajjaṁ sâvajjânavajjâ vâ; hinañ ca paṇitañ ca, hinappa-
ṇîtaṁ hinappaṇîtâ[6] vâ; kaṇho ca sukko ca, kaṇhasukkaṁ
kaṇhasukkâ vâ.

Et à volonté, quand on met en composition :
1° des arbres. Ex. Assatthakapitthaṁ ou °tthâ : le
figuier sacré et le kapittha; — 2° des plantes. Ex.
Usîravîraṇaṁ ou °ṇâ : les herbes appelées uçîra et
vîraṇa; — 3° des animaux. Ex. Ajeḷakaṁ ou °kâ :

---

[1] Cd °tinapasudhanudha°.
[2] Cd kapitthâno °kapitthânaṁ °kapitthânâ.
[3] Cd bîraṇañ ca° bîra° bî°. S° vî°.
[4] Cd sâli ca° lî° lî°.
[5] Cd kâsî° sî° sî°.
[6] Cd paṇî° nî° nî°. S° ṇî°.

la chèvre et le bélier; — 4° des métaux précieux. Ex. Hiraññasuvaṇṇaṁ ou °ṇṇâ : l'or et l'argent; — 5° des céréales. Ex. Sâliyavaṁ ou °vâ · le riz et l'orge; — 6° des noms de pays. Ex. Kâsikosalaṁ ou °lâ : Kâçi et Koçala.

## द्विपदे तुल्याधिकरणे कम्मधारयो ॥ ८ ॥

Dve [1] padâni tulyâdhikaraṇâni yadâ samassante tadâ so samâso kammadhârayasañño hoti. Mahanto ca so puriso câti. mahâpuriso; khattiyâ ca sâ kaññâ câti khattiyakaññâ.

Kammadhâraya iccanena kvattho? Kammadhârayasañño ca [2]. (IV, 17.)

On appelle kammadhâraya la composition de deux mots de même relation grammaticale (dont l'un se rapporte à l'autre et qui seraient par conséquent du même genre ou du même nombre, etc.). Ex. Mahâpuriso : un grand homme.

## सङ्ख्यापुब्बो दिगु [3] ॥ १० ॥

Saṅkhyâpubbo kammadhârayasamâso digusañño hoti. Tayo lokâ, tilokaṁ; tiṇi [4] malâni, timalaṁ; tîṇi [5] phalâni, tiphalaṁ; tayo daṇḍâ, tidaṇḍaṁ; catasso disâ, catuddisaṁ; pañca indriyâni, pañcindriyaṁ [6]; satta godhâvarâni, sattagodhâvaraṁ.

Digu iccetena kvattho? Digussekattaṁ [7]. (IV, 6.)

[1] Cd dvi pa°.

[2] S° ajoute ici : Ityâdisu padesesu kammadhârayasaddena yaṁ saṅgahaṇaṁ tad eva imâya kammadhârayasaññâya payojanaṁ atthi.

[3] « Digu » manque dans Cd.

[4], [5] Cd tîni.

[6] L'analyse de ces deux exemples manque dans Cd.

[7] Même addition dans S° qu'au sûtra 9 en changeant « kammadhâraya » en « digu ».

On appelle digu le composé kammadhâraya dont
la première partie est un nom de nombre. Ex. Tilokaṁ : les trois mondes.

## उभे तप्पुरिसा ॥ ११ ॥

Ubhe digukammadhârayasamâsâ tappurisasaññâ honti. Na
brâhmaṇo, abrâhmaṇo; avasalo; apañcagavaṁ; asattago-
dhâvaraṁ; adasagavaṁ; apañcapûli [1]; apañcagâvì.

Tappurisa iccanena kvattho? Attaṁ nassa tappurise [2].
(IV, 18.)

L'un et l'autre (le digu et le kammadhâraya)
sont des tappurisa. Ex. Abrâhmaṇo : un homme
qui n'est pas brâhmane; apañcagavaṁ : moins de
cinq vaches.

## श्रमाद्यो परपदेहि ॥ १२ ॥

Tâ amâdayo vibhattiyo [3] nâmehi parapadehi yadâ samassante [4] tadâ so samâso tappurisasañño hoti. Bhûmiṁ gato,
bhûmigato; sabbarattiṁsobhano, sabbarattisobhano; apâyaṁ
gato, apâyagato; issarena kataṁ, issarakataṁ; sallena vid-
dhaṁ, sallaviddhaṁ; kaṭhinassa dussaṁ, kaṭhinadussaṁ;
âgantukassa bhattaṁ, âgantukabhattaṁ; methunasmâ apeto,
methunâpeto; râjato bhayaṁ, râjabhayaṁ; corâ bhayaṁ, corabhayaṁ; rañño putto, râjaputto; dhaññânaṁ râsi, dhaññarâsi; rûpe saññâ, rûpasaññâ; saṁsâre dukkhaṁ, saṁsâradukkhaṁ.

[Sont aussi tappurisa] les composés dont le pre-

[1] Cd et S° apañcapuli.
[2] S° a la même addition qu'au sûtra précédent, en changeant
« digu » en « tappurisa ».
[3] Cd n'a pas : vibhattiyo.
[4] Cd samasyante.

— 168 —

mier membre serait régi par le second à l'accusatif, etc. (à un cas autre que le nominatif et le vocatif). Ex. Bhûmigato : venu sur la terre (=bhûmiñ
gato); issarakataṁ : fait par le prince (=issarena
kataṁ).

अञ्ञपदत्थेसु बहुब्बीहि ॥ १३ ॥

Aññesaṁ nâmânaṁ atthesu nâmâni yadâ samassante[1] tadâ
so samâso bahubbîhisañño hoti. Âgatâ samaṇâ imaṁ saṅ-
ghârâmaṁ, so yaṁ âgatasamaṇo saṅghârâmo ; jitâni indriyâni
anena samaṇena, so yaṁ jitindriyo samaṇo ; dinno suṅko yassa rañño, so yaṁ dinnasuṅko râjâ ; niggatâ janâ yasmâ[2]
gâmâ, so yaṁ niggatajano gâmo ; chinnâ hatthâ yassa, so yaṁ
chinnahattho puriso ; sampannâni sassâni yasmiṁ janapade,
so yam sampannasasso janapado ; nigrodhassa[3] parimaṇḍalo
nigrodhaparimaṇḍalo, nigrodhaparimaṇḍalo iva parimaṇḍalo
yassa râjakumârassa[4], so yaṁ nigrodhaparimaṇḍalo râjakumâro ; — cakkhussa bhûto cakkhûbhûto, cakkhûbhûto[5] iva
bhûto yassa bhagavato, so yaṁ cakkhûbhûto[6] bhagavâ ; — su-
vaṇṇassa vaṇṇo, suvaṇṇavaṇṇo, suvaṇṇavaṇṇo iva vaṇṇo yassa
bhagavato, so yaṁ suvaṇṇavaṇṇo bhagavâ ; — brahmassa saro,
brahmassaro, brahmassaro iva saro yassa bhagavato, so yaṁ
brahmassaro bhagavâ ; — sayaṁpatitapaṇṇapupphaphalavâyu-
doyâ'hârâti : paṇṇañ ca pupphañ ca phalañ ca, paṇṇapupphaphalâni, sayaṁ eva patitâni sayaṁpatitâni, sayaṁpatitâni ca
paṇṇapupphaphalâni ceti sayaṁpatitapaṇṇapupphaphalâni,
vâyuñ ca doyañ ca vâyudoyâni, sayaṁpatitapaṇṇapupphapha-

<hr>

[1] Cd samâsyante.
[2] Cd Sᵉ asmâ.
[3] Cd °dhassa pariddhassa parima°.
[4] Cd yo râjakumâro.
[5] Cd cakkhû iva°.
[6] Cd cakkhubhûto °cakkhubhûto.
[7] Sᵉ °toyâ° et partout de même avec t.

lâni ca vâyudoyâni ca sayaṁpatitapaṇṇapupphaphalavâyudoyâni, sayaṁpatitapaṇṇapupphaphalavâyudoyâni [1] eva âhâ-
râni [2] yesaṁ te sayaṁpatitapaṇṇapupphaphalavâyudoyâhârâ;
ayaṁ pana dvandakammadhârayagabbho tulyâdhikaraṇabahubbîhi, atha vâ : sayaṁpatitapaṇṇapupphaphalavâyudoyehi
âhârâṇi yesaṁ te sayaṁpatitapaṇṇapupphaphalavâyudoyâhârâ : ayaṁ pana bhinnâdhikaraṇabahubbîhi [3]; — nânâdu-
mapatitapupphavâsitasânûti; nânâpakârâ dumâ, nânâdumâ;
nânâdumehi patitâni, nânâdumapatitâni, nânâdumapatitâni
ca tâni pupphâni ceti nânâdumapatitapupphâni, nânâdumapatitapupphehi vâsitâ, nânâdumapatitapupphavâsitâ, nânâdumapatitapupphavâsitâ sânû yassa pabbatarâjassa, so yaṁ
nânâdumapatitapupphavâsitasânu pabbatarâjâ : ayaṁ pana
kammadhâraya [4] tappurisagabbho tulyâdhikaraṇabahubbîhi,
atha vâ : vâsitâ sânû vâsitasânû [5] sâpekkhatte satipi gamakattâ samâso nânâdumapatitapupphehi vâsitasânû [6] yassa,
so yaṁ nânâdumapatitapupphavâsitasânu : ayaṁ pana bhinnâdhikaraṇabahubbîhi [7]; — byâlambambu [8] dharabinducum-
bitakûṭoti : ambu dhâretîti ambudharo, [ko so? pajjunno] vi-
vidho âlambo yassa so byâlambo [9]; byâlambo ca so ambudharo,
byâlambambudharo [10]; byâlambambudharassa bindu byâlam-
bambudharabindu, byâlambambudharabindûhi cumbito
byâlambambudharabinducumbito, byâlambambudharabinducumbito kûṭo yassa so byâlambambudharabinducumbitakûṭo;
ayaṁ pana kammadhâraya [11] tappurisagabbho tulyâdhikara-

---

[1] Cd °doyâ e".
[2] Cd âhârâṇi.
[3] Sᵉ °pana kammadhârayatapurisagabbho bhi°.
[4] Cd °dhâriya°.
[5] Cd vâsitasânu vâsitasânu.
[6] Cd vâsitâ sâ°
[7] Sᵉ °pana kammadhârayatapurisagabbo bhi°.
[8] Cd ici et dans tous les autres cas °bâmbu°.
[9] Cd °dho âlambo byâlambo. Sᵉ pajjuṇho viâlambo.
[10] Cd byâlambo ambudharo byâ°.
[11] Cd °kammadhâriya°.

ṇabahubbihi, atha vâ : cumbito kûṭo cumbitakûṭo sâpekkhatte sati pi gamakattâ samâso byâlambambudharabindûhi cumbitakûṭo[1] yassa so byâlambambudharabinducumbitakûṭo : ayaṁ pana bhinnâdhikaraṇabahubbihi[2]; — amitabalaparakkamajjutìti : na mitâ amitâ, balañ ca parakkamo ca juti ca balaparakkamajjutiyo, amitâ balaparakkamajjutiyo yassa so yaṁ amitabalaparakkamajjuti : ayaṁ pana tappurisadvandagabbho[3] tulyâdhikaraṇabahubbihi; — pìnorakkhaṁsabâhû ti : urañ ca akkhañ ca aṁsañ ca bâhû ca[4] urakkhaṁsabâhuvo, pìnâ urakkhaṁsabâhuvo yassa so yaṁ pìnorakkhaṁsabâhu : ayaṁ pana tappurisadvandagabbho[5] tulyâdhikaraṇabahubbihi; — pìnagaṇḍavadanatthanûrujaghanâti : gaṇḍañ ca vadanañ ca thanañ ca ûruñ ca jaghanâ ca gaṇḍavadanatthanûrujaghanâ, pìnâ gaṇḍavadanatthanûrujaghanâ yassâ nâriyâ sâyaṁ pìnagaṇḍavadanatthanûrujaghanâ : ayaṁ pana tappurisadvandagabbho tulyâdhikaraṇabahubbihi ;—pavarasurâsuragaruḍamanujabhujaṅgagandhabbamakuṭakûṭacumbitaselasaṅghaṭṭitacaraṇâti : surâ ca asurâ ca garuḍâ ca manujâ ca bhujaṅgâ ca gandhabbâ ca surâsuragaruḍamanujabhujaṅgagandhabbâ, pavarâ ca te surâsuragaruḍamanujabhujaṅgagandhabbâ ceti pavarasurâsuragaruḍamanujabhujaṅgagandhabbâ[6]; pavarasurâsuragaruḍamanujabhujaṅgagandhabbânaṁ makuṭâni[7] pavarasurâsuragaruḍamanujabhujaṅgagandhabbamakuṭâni, pavarasurâsuragaruḍamanujabhujaṅgagandhabbamakuṭânaṁ kûṭâni pavarasurâsuragaruḍamanujabhujaṅgagandhabbamakuṭakûṭâni, pavarasurâsuragaruḍamanujabhujaṅgagandhabbamakuṭakûṭesu cumbitâ[8] pavarasurâsuragaruḍamanujabhujaṅgagandhabbamakuṭakûṭacumbitâ, pa-

[1] Cd et S° °mbito kûṭo.
[2] S° °na kammadhârayatapurisagabbho bhinnâ°.
[3] Cd pana dvandaga°, S° °natappurissadvandvaga°.
[4] Cd bâhuñ ca.
[5] Cd °na dvandaga°. S° °na dvandvaga°.
[6] Cette première partie de l'exemple est omise dans Cd.
[7] S° ici et en plusieurs autres endroits : maṁku°.
[8] Cd S° cumbitâni.

varasurâsuragaruḍamanujabhujaṅgagandhabbamakuṭakûṭa — cumbitâ selâ pavarasurâsuragaruḍamanujábhujaṅgagandhab- bamakuṭakûṭacumbitaselâ, pavarasurâsuragaruḍamanujabhu- jaṅgagandhabbamakuṭakûṭacumbitaselesu saṅghaṭṭitâ[1] pavara- surâsuragaruḍamanujabhujaṅgagandhabbamakuṭakûṭacum — bitaselasaṅghaṭṭitâ, pavarasurâsuragaruḍamanujabhujaṅga- gandhabbamakuṭakûṭacumbitaselasaṅghaṭṭitâ caraṇâ yassa tathâgatassa so yaṁ pavarasurâsuragaruḍamanujabhujaṅga- gandhabbamakuṭakûṭacumbitaselasaṅghaṭṭitacaraṇo tathâga- to : ayaṁ pana dvandakammadhârayatappurisagabbho tu- lyâdhikaraṇabahubbîhi, athavâ : saṅghaṭṭitâ caraṇâ saṅ- ghaṭṭitacaraṇâ sâpekkhatte satipi gamakattâ samâso[2], pa- varasurâsuragaruḍamanujabhujaṅgagandhabbamakuṭakûṭa — cumbitaselehi saṅghaṭṭitacaraṇâ[3] yassa tathâgatassa so yaṁ pavarasurâsuragaruḍamanujabhujaṅgagandhabbamakuṭakû — ṭacumbitaselasaṅghaṭṭitacaraṇo bhagavâ : ayaṁ pana bhinnâ- dhikaraṇabahubbîhi[4]; — catasso disâ yassa, so yaṁ catud- diso; — pañca cakkhûni yassa, so yaṁ pañcacakkhu; — da- sa balâni yassa, so yaṁ dasabalo bhagavâ; — anautañânoti : tassa na anto, anantaṁ, anantaṁ ñânaṁ[5] yassa so yaṁ anan- tañâuo tathâgato; — amitaghaṇa[6]sarîroti : na mitaṁ ami- taṁ, ghaṇaṁ[7] evaṁ sarîraṁ ghaṇasarîraṁ, amitaghaṇa[8]sa- rîraṁ yassa so yaṁ amitaghaṇa[9]sariro bhagavâ; — ami- tabalaparakkamappattoti : na mitâ amitâ balañ ca parak- kamo ca balaparakkamâ amitabalaparakkamâ pattâ yassa so yaṁ amitabalaparakkamappatto; — mattabhamaraga- ṇacumbitavikasitapupphavalinâgarukkhopasobhitakandaroti : mattâ eva bhamarâ mattabbhamarâ, mattabhamarânaṁ

---

[1] S° saṅghaṭi° et ainsi dans la suite.

[2] Cd n'a pas sâpekkhatte satipi gamakattâ samâso°. S° °samâso hoti pa°.

[3] Cd °ṭṭitâ ca°.

[4] S° pana dvandvakammadhârayatapurisagabbho bhi°.

[5] Cd tassa anto anantaṁ anantañâ°.

[6,7,8,9] Cd ghaṇa°.

gaṇo mattabhamaragaṇo, mattabhamaragaṇehi cumbitâni
mattabhamaragaṇacumbitâni, vikasitâni eva pupphâni vika-
sitapupphâni, mattabhamaragaṇacumbitâni ca vikasitapup-
phâni ca mattabhamaragaṇacumbitavikasitapupphâni, vallî [1]
ca nâgarukkho ca vallinâgarukkhâ [2], mattabhamaragaṇacum-
bitavikasitapupphâ te vallinâgarukkhâ [3] ceti mattabhamara-
gaṇacumbitavikasitapupphavallinâgarukkhâ ; mattabhamara-
gaṇacumbitavikasitapupphavallinâgarukkhehi upasobhitâni
mattabhamaragaṇacumbitavikasitapupphavallinâgarukkhopa-
sobhitâni, mattabhamaragaṇacumbitavikasitapupphavallinâ-
garukkhopasobhitâni kandarâni yassa pabbatarâjassa so yaṁ
mattabhamaragaṇacumbitavikasitapupphavallinâgarukkhopa-
sobhitakandaro pabbatarâjâ : ayaṁ pana kammadhâraya [4]-
dvandatappurisagabbho tulyâdhikaraṇabahubbîhi, atha vâ :
upasobhitâni kandarâni upasobhitakandarâni sâpekkhatte sati
pi gamakattâ samâso, mattabhamaragaṇacumbitavikasitapup-
phavallinâgarukkhehi upasobhitakandarâni yassa pabbatarâjassa so yaṁ mattabhamaragaṇacumbitavikasitapupphavallinâ-
garukkhopasobhitakandaro pabbatarâjâ, ayaṁ bhinnâdhikaraṇabahubbîhi [5] ; — nânârukkhatiṇapatitapupphopa [6] sobhitakandaro selarâjâti : rukkho ca tiṇañ ca rukkatiṇâni, nânâpa-
kârâni eva rukkhatiṇâni nânârukkhatiṇâni ; nânârukkhatiṇe-
hi patitâni, nânârukkhatiṇapatitâni, nânârukkhatiṇapatitâni
ca tâni pupphâni ceti nânârukkhatiṇapatitapupphâni, nânâ-
rukkhatiṇapatitapupphehi upasobhitâni nânârukkhatiṇapatitapupphopa'sobhitâni, nânârukkhatiṇapatitapupphopa [8] sobhitâni kandarâni [9] yassa selarâjassa, so yaṁ nânârukkhatiṇapatitapupphopa [10] sobhitakandaro selarâjâ, ayaṁ pana dvandakammadhâraya [11] tappurisagabbho tulyâdhikaraṇabahubbîhi,

---

[1] Cd ici et dans la suite : valalî, S° vali.
[2] Cd S' °rukkho.
[3] Cd S° °kkho°.
[4], [11] Cd °dhâriya°.
[5] S° yaṁ pana kammadhârayatapurisadvandvagabbho bhi°.
[6], [7], [8], [10] Cd °ppha upa°.
[9] S° ici et dans la plupart des autres cas : kaṇḍa°.

atha và : upasobhitâni kandaràni upasobhitakandaràni[1] sâpekkhatte sati pi gamakattâ samâso, nânârukkhatinapatita-
pupphehi upasobhitakandaràni[2] yassa selaràjassa, so yaṃ nâ-
nârukkhatinapatitapupphopa[3]sobhitakandaro selarâjâ : ayaṃ
pana bhinnâdhikaraṇabahubbîhi; — nânâmusalahalapabba-
tataru[4]kaliṅgarasaradhanugadâsitomarahatthâti : musalo ca
halo ca pabbato ca taru ca kaliṅgaro ca saro ca[5] dhanu ca
gadâ ca asi ca tomaro ca musalahalapabbatatarukaliṅgarasara-
dhanugadâsitomarâ, nânâpakàrâ eva musalahalapabbatataru-
kaliṅgarasaradhanugadâsitomarâ nânâmusalahalapabbatata-
rukaliṅgarasaradhanugadâsitomarâ, nânâmusalahalapabbata-
tarukaliṅgarasaradhanugadâsitomarâ[6] hatthesu yesaṃ te nâ-
nâmusalahalapabbatatarukaliṅgarasaradhanugadâsitomarahat-
thâ : ayaṃ pana dvandakammadhâraya[7]gabbho bhinnâdhikaraṇabahubbîhi.

Bahubbîhi iccanena kvattho ? Bahubbîhimhi ca. (II, 3, 7.)

On appelle bahubbîhi le composé qui sert à déterminer le sens d'un autre mot [avec lequel il s'accorde
en genre, en nombre, etc.]. Ex. Niggatajano gâmo :
le village est abandonné par les habitants; pavarasu-
râsuragaruḍamanujabhujaṅgagandhabbamakuṭakû-
ṭacumbitaselasaṅghaṭṭitacaraṇo : (le Buddha) dont les
pieds reposent sur des rochers que vient effleurer
le sommet des diadèmes des êtres excellents, les
dieux, les asuras, les garuḍas, les hommes, les ser-

---

[1] Cd °bhitâ kanda°.
[2] Cd S⁴ °pupphaupasobhitâni ka°.
[3] S⁴ °pupphaupa°.
[4] Cd °taruṇaka°.
[5] Cd omet : saro ca.
[6] Cd tomara ha".
[7] Cd °dhâriya".

pents et les gandharvas (qui se prosternent pour lui rendre hommage).

## नामानं समुच्चयो द्वन्दो ॥ १४ ॥

Nâmânaṁ ekavibhattikânaṁ yo samuccayo sa dvandasañ-
ño hoti. Candimasuriyâ; samaṇabrâhmaṇâ; sâriputtamoggal-
lânâ; brâhmaṇagahapatikâ; yamavaruṇâ; kuveravâsavâ[1]
Dvanda iccanena kvattho? Dvandaṭṭhâ vâ. (II, 3, 5.)

On appelle dvanda le composé qui réunit plusieurs noms [simplement coordonnés]. Ex. Candimasuriyâ : la lune et le soleil.

## महतं[2] महा तुल्याधिकरणे पदे ॥ १५ ॥

Tesaṁ mahantasaddânaṁ mahâ hoti tulyâdhikaraṇe pade.
Mahâpuriso; mahâdevî; mahâbalaṁ; mahâphalaṁ; mahâ-
nâgo; mahâyaso; mahâpadumavanaṁ; mahânadî; mahâma-
ṇi; mahâgahapati; mahâdhanaṁ; mahâpuñño.
Bahuvacanaggahaṇena kvaci mahantasaddassa maha âdeso[3]
hoti. Mahapphalaṁ; mahabbalaṁ; mahaddhano; mahab-
bhayaṁ.

*Mahant* fait *mahâ* [en composition] devant un

---

[1] A partir de ce sûtra notamment, S° diffère très-fréquemment
de Cd dans le détail des exemples que le plus souvent il décompose
et analyse. Je ne pouvais songer à reproduire toutes ces variantes,
d'ailleurs sans importance, et je rappelle ici, une fois pour toutes,
que, tant dans cette section que dans les sections suivantes, je n'ai
noté ces divergences que lorsqu'elles me paraissaient avoir quelque
intérêt, soit en elles-mêmes, soit pour la correction du texte.

[2] S° mahantaṁ°.

[3] Cd mahâ à°.

mot de même relation syntactique (avec lequel il s'accorderait, hors de composition). Ex. Mahâpuriso : un grand homme; mahâdevî : la grande déesse; mahâbalaṁ : une grande force.

Le pluriel *mahataṁ* est assez étrange (cf. *yuvânaṁ*, II, 5, 21); et, comme nous ne saurions nous contenter de l'explication du scholiaste, il en faut chercher une plus nette. L'intention de ce pluriel est, si je ne me trompe, de marquer que la forme *mahâ* est également valable pour les trois genres. Et peut-être nous rapprochons-nous ainsi, par un détour, de l'interprétation du commentateur : en effet, si la forme *mahâ* est la seule qui s'applique également aux trois genres (car la forme *mahad,* ou, avec le scholiaste, *maha,* ne s'emploie pas, que je sache, devant des féminins), l'auteur, en spécifiant cette particularité, a dû avoir en vue de rappeler qu'il y a bien une autre forme encore que *mahâ,* usitée en composition, mais que celle-là ne s'emploie pas indifféremment pour *tous les mahant.* Toujours est-il que ce pluriel ne se retrouve point dans le s. Kâtantra correspondant : « Âkâro mahataḥ kâryyas tulyâdhikaraṇe pade. »

इल्थियं भासितपुमिल्थी<sup>1</sup> पुमा व चे ॥ १६ ॥

Itthiyaṁ tulyâdhikaraṇe pade bhâsitapumitthi[2] ce[3] pumâ va daṭṭhabbâ. Dîghâ jaṅghâ[4] yassa sa dîghajaṅgho; kalyâṇâ[5] bhariyâ yassa so yaṁ kalyâṇabhariyo; pahûtâ paññâ yassa so yaṁ pahûtapañño.

Bhâsitapumeti kimatthaṁ? Brahmabandhu ca sâ bhariyâ câti brahmabandhubhariyâ.

---

[1], [2] Cd S° °itthi.

[3] S° °pado sace pubbe bhâsitapumâ itthivâcako pu°.

[4] Cd dîgho jañgho ya°.

[5] Cd kalyâṇabhariyâ ya°.

[En composition] devant un [mot de même relation syntactique, au] féminin, un [premier membre
de composition] féminin prend la forme du masculin, s'il en a un qui lui corresponde exactement par
le sens. Ex. Dîghajaṅgho : qui a de longues jambes
(composé de : dìghâ jaṅghâ); kalyâṇabhariyo : dont
la femme est belle (composé de : kalyâṇâ bhariyâ).

Il est clair que les contre-exemples donnés par le scholiaste dans le but de montrer en quoi la restriction « bhâsitapumâ » était nécessaire dans le sûtra, portent tout à fait à
faux. Voici les exemples que contient le manuscrit siamois,
assez fautif ici : « Brâhmanassa bandhu brahmabandhu, brah-
manabandha ca sâ dârikâ ceti brahmabandhudârikâ; brâh-
manabandha ca sâ kiriyâ ceti brâhmaṇabanbhakiriyâ; it-
tiyâya bandha ittiyabandha, ittiyabandha ca sâ kiriyâ ceti,
ittiyabandhakiriyâ; saddhâ ca sâ chanañ ceti saddhâchanañ;
paññâ ca sâ dhanañ ceti paññâdhanañ. » On voit que si les
premiers de ces exemples ne sont pas plus heureux, les
deux derniers ont en effet pour premier membre un féminin
sans masculin correspondant; mais encore ne tombent-ils pas
sous notre règle, le second membre n'étant pas un féminin.
Nous attendrions quelques exemples comme celui que citent
les paṇḍits, commentateurs de Pâṇini, au sûtra correspondant, VI, 3, 34, de ce grammairien : Gaṅgâbhâryaḥ. qui a la
Gaṅgâ pour femme. Il y a eu quelque erreur peut-être dans
la pensée, mais sans doute aussi quelque confusion dans le
texte du scholiaste. On remarquera que les exemples dont il
s'agit sont essentiellement les mêmes que ceux par lesquels
il répond dans le sûtra suivant à la même question, et
même que les exemples du manuscrit singhalais au sûtra
suivant correspondent plus exactement que ceux du présent
sûtra avec les exemples cités plus haut que fournit le manuscrit siamois; mais à admettre quelque vieille confusion d'un

copiste sautant par inadvertance d'une règle à une autre,
nous ne gagnerions pas grand'chose, les exemples en question n'étant pas beaucoup mieux appropriés au second sûtra
qu'au premier; si, en effet, en tant que karmadhârayas, ils
sont mieux à leur place dans la seconde règle, l'exemple
*paññâratanaṁ* a toujours contre lui le motif indiqué plus
haut, et quant aux deux premiers, ils n'offrent qu'une application même de la règle dont le scholiaste veut indiquer
qu'ils ne subissent pas les prescriptions. J'ajouterai que la
Rûpasiddhi ne partage point ces erreurs et que, au contraire, au sûtra suivant, elle cite fort bien comme contre-
exemple : *gaṅgânadî*, etc. (fol. 43).

कम्मधारयसञ्ञे च ॥ १७ ॥

Kammadhârayasaññe samâse itthiyaṁ tulyâdhikaraṇe pade
bhâsitapumitthî[1] ce pumâ[2] va daṭṭhabbâ. Brâhmaṇadârikâ;
khattiyakaññâ; khattiyakumârikâ.

Bhâsitapumeti kimatthaṁ? Khattiyabandhudârikâ; brâh-
maṇabandhudârikâ; paññâratanaṁ[3].

[Cette règle s'applique] aussi dans les composés
kammadhâraya. Ex. Brâhmaṇadârikâ (au lieu de :
brâhmaṇî dârikâ); une jeune fille de caste brâh-
manique.

अत्त नस्स तप्पुरिसे ॥ १८ ॥

Nassa padassa tappurise uttarapade attaṁ hoti. Abrâhmaṇo; avasalo; abhikkhu; apañcavasso.

Dans un composé tappurisa, le mot *na* se change

---

[1] Cd °itthî°.

[2] S° °pade sace pubbe bhâsitapumâ itthi idâni itthivâcako so pu°.

[3] S° donne les mêmes exemples, mais en les analysant.

en *a*. Ex. Abrâhmaṇo : qui n'est pas brâhmane;
apañcavasso : qui n'a point cinq ans.

सरे ऋन् ॥ १९ ॥

Nassa padassa tappurise uttarapade[1] sabbasseva anâdeso[2]
hoti sare pare. Anasso; anariyo; aniṭṭho.

Et en *an* devant une voyelle. Ex. Anasso : qui n'a
pas de cheval.

कदं कुस्स ॥ २० ॥

Ku iccetassa tappurise[3] kadaṁ hoti sare pare. Jigucchaṁ
annaṁ, kadannaṁ; jigucchaṁ asanaṁ, kadasanaṁ.
Sareti kimatthaṁ? Kudârâ yesaṁ apuññakânaṁ te honti[4]
kudârâ; kuputtâ; kugehâ; kuvatthâ; kudâsâ.

[Dans un composé tappurisa,] *ku* se change en
*kada* [devant une voyelle]. Ex. Kadannaṁ : une
mauvaise nourriture.

काप्पत्थेसु च ॥ २१ ॥

Ku iccetassa kâ hoti appatthesu ca. Kâlavaṇaṁ[5]; kâpup-
phaṁ.
Bahuvacanodhâraṇaṁ kimatthaṁ? Ku[6] iccetassa anappat-
thesupi kvaci kâ hoti. Kucchito puriso : kâpuriso, kupuriso.

---

[1] Cd n'a pas : uttarapade.
[2] Cd an hoti.
[3] Cd n'a pas : tappurise.
[4] Cd °yesaṁ te a. h.
[5] Cd kâlavaṇaṁ.
[6] S' bahuvacanaggahaṇena ku".

Et en *kâ* quand il a l'un des sens d'*appa* (petit, méprisable). Ex. Kâlavaṇaṁ : un petit grain de sel; kâpuriso : un lâche.

L'auteur paraît avoir voulu réunir en un sûtra ce qui dans Pâṇini en occupe trois (VI, 3, 104-106), et c'est dans ce but qu'il a d'abord substitué *appa* à *îshad* de Pâṇini, et puis employé le pluriel, qui reste comme un signe matériel de la fusion. Il est de plus vraisemblable, si insuffisant que puisse être un pareil procédé, que *ca*, dans son intention, réservait la faculté de la forme « kupuriso ». L'auteur des sûtras Kâtantra est entré, lui aussi, dans cette voie de simplification; il a *deux* règles (fol. 43) : « Kâ tvîshadarthe 'kshe ». — « Purushe tu vibhâshayâ ».

क्वाचि समासन्ता॰गतानं अकारन्तो ॥ २२ ॥

Samâsantagatânaṁ nâmânaṁ anto kvaci akâro hoti. Devânaṁ râjâ[2], devarâjo; devânaṁ sakhâ, devasakho[3]; pañca ahâni, pañcâhaṁ; pañca gâvo, pañcagavaṁ; chattañ ca upâhanâ ca, chattupâhanaṁ; saradassa[4] samîpe vattatîti, upasaradaṁ; visâlâni[5] akkhîni yassa so visâlakkho; vikalaṁ mukhaṁ yassa[6] so vikalamukho.

Kâraggahaṇaṁ kimatthaṁ? Âkârikâranto[7] ca hoti. Paccakkho dhammo yassa so paccakkhadhammâ[8]; surabhi gan-

---

[1] Cd °sannata°.

[2] Cd °naṁ râjo de°.

[3] Cd °naṁ sakho devasakho devasakhâ.

[4] Cd saradussa.

[5] Cd visâlini.

[6] Cd vimukho mukho yassa so vimukho.

[7] Cd akârikâ°. — S° akâraya âkârikârâdesâ honti.

[8] Cd °dhammo.

dho yassa so sugandhi[1]; asundaro gandho yassa so duggan-
dhi[2]; pûtiyo gandho yassa so pùtigandhi[3].

(Nadîantâ ca kattuantâ kappaccayo hoti samâsante. Bahû[4]
nadiyo yassa so bahunadiko; bahuvo kattâro yassa so bahu-
kattuko.)

Quelquefois des noms employés comme derniers
membres de composition forment un thème nouveau en *a*. Ex. Devarâjo : le roi des dieux (pour :
devânaṁ râjâ).

Le paragraphe final du commentaire a été renfermé entre
parenthèses; car évidemment, et de quelque façon qu'on
s'en explique l'origine, il ne saurait appartenir à l'explication
du sûtra 22. Je remarque tout d'abord que S° l'a essentiellement semblable : « Teneva kâragahaṇena nâdya° »; de même
aussi la Rûpasiddhi (fol. 45ᵃ) : « Kârassa gahaṇena bahubbî-
hâdimhi samâsante kvaci kappaccayo ca », mais sans donner
d'exemple; le Bâlâvatâra (p. 32) : « Kâraggahaṇena â ica —
itthiyam ivaṇṇantâ tvantehi ca kappaccayo pi... bahukantiko, bahunadiko samuddo; ettha yadâdinâ rasso — bahukat-
tuko... » Cette unanimité prouve seulement qu'il y a là une
faute déjà ancienne. L'addition de *ka* aux féminins en *î* en
composition étant traitée dans la règle suivante, à quel titre
le scholiaste l'aurait-il fait rentrer dans celle-ci? On pourrait
croire que nous avons affaire ici à une transposition de copiste, et qu'il suffirait de lire, en transportant ce paragraphe
à la fin du sûtra suivant: *Caggahaṇaṁ kimutthaṁ? Kattuantâ,*
etc. Sans être rigoureusement juste, en tant qu'explication
du « ca » cette observation rappellerait un fait exact et réta-

---

[1] Cd surabhi yo gandho sugandhi.

[2], [3] Cd °gandhî. — S° s'éloigne un peu de Cd dans ces exx. et
dans la façon de les présenter.

[4] Cd bahû. — S° bahavo.

blirait l'ensemble du sûtra de Pâṇini correspondant à notre
sûtra 23 (Pâṇ. V, 4, 153) : « Nadyṛitaçca », dont le sûtra 23
ne reproduit qu'une moitié. Mais la difficulté porte aussi sur
ce sûtra lui-même; en effet, nulle part jusqu'ici il n'a été
question du suffixe *ka;* comment donc l'auteur peut-il s'exprimer de cette façon elliptique : Nadimhâ ca? Dans Pâṇini,
au contraire, le sûtra 153 est précédé de deux autres traitant d'autres cas d'addition du suffixe *ka : Uraḥprabhṛiti-
bhyaḥ kap,* etc. Il a dû en être de même dans cette grammaire; et l'on pourrait admettre entre nos sûtras 22 et 23
une lacune d'un ou deux sûtras correspondant aux sûtras 151
et 152 de Pâṇini; la remarque du scholiaste modifiée par
la suppression de « nadiantà ca » serait un reste du commentaire de cette ou de ces règles. A moins pourtant qu'on ne
préfère admettre que le sûtra 23 ne faisant point primitivement partie de cet ouvrage, le scholiaste aurait voulu suppléer
tant bien que mal à son absence par le paragraphe : « Na-
dyantâ... » (cf. II, 3, 7 n.), et que, plus tard seulement,
cette règle *Nadimhâ ca,* introduite d'abord à la marge du
commentaire, aurait passé dans le texte (cf. III, 13 n.).

नदिम्हा च ॥ २३ ॥

Nadimhâ [1] ca kappaccayo hoti samâsante. Bahavo kantiyo
yassa so bahukantiko; bahavo nadiyo yassa so bahunadiko;
bahavo nâriyo yassa so bahunâriko.

Et [quelquefois] les féminins en *i,* [employés
comme derniers membres de composition, prennent
le suffixe *ka*]. Ex. Bahunadiko : qui a beaucoup de
fleuves.

Cf. la note précédente.

[1] Sᶜ Nadiantà ca.

ज्ञायाय तुदं जानि पतिम्हि ॥ २४ ॥

Jâyâya iccelâyaṁ tudaṁ jâni iccete âdesâ honti patimhi
pare. Jâyâya pati : tudaṁpati; jâyâya pati : jânipati.

A *jâyâ* en composition devant *pati* on substitue
*tudaṁ* et *jâni*. Ex. Tudaṁpati ou jânipati : le mari.

धनुम्हा च ॥ २५ ॥

Dhanumhâ ca âpaccayo[1] hoti samâsante. Gaṇḍîvo dhanu
yassa so gaṇḍivadhanvâ[2].

*Dhanu* [comme second membre de composition]
prend aussi *â* [ou garde sa forme primitive]. Ex.
Gaṇḍivadhanvâ : qui porte l'arc gâṇḍîva.

अं विभत्तीनं अकारन्ता अब्ययीभावा[3] ॥ २६ ॥

Tasmâ akârantâ abyayibhâvasamâsâ parásaṁ vibhattinaṁ
kvaci aṁ hoti. Adhicittaṁ; yathâvuḍḍhaṁ; upakumbhaṁ;
yâvajivaṁ; tiropabbataṁ; tiropâkâraṁ; tirokuḍḍaṁ; antopâsâdaṁ.
Kvacîti kimatthaṁ? Adhicittassa bhikkhuno.

Dans un composé abyayîbhâva [le dernier mot,
s'il est] en *a*, remplace toute désinence par *aṁ*. Ex.
Adhicittaṁ : relativement à l'esprit.

Cette règle correspond à Pâṇ. II, 4, 83. 84, où sa présence se justifie par les restrictions dont elle y est accompagnée; mais ici, où ces restrictions ont disparu, on peut se de-

---

[1] Cd appaccayo. — S° àppa°.
[2] Cd gâṇḍivo° gaṇḍi° S°. — gaṇḍi°.
[3] Cd °rantabyayibhâvâ.

mander quelle est l'utilité d'une observation qui, au fond, est
déjà contenue tout entière dans le sûtra IV, 5. Le seul but possible de cette règle et des deux règles suivantes est de combler
une lacune laissée par l'auteur, qui, nulle part, ne donne d'une
façon générale la manière de former les neutres (comme fait
p. ex. Pâṇ. VII, 1, 23, 24) et qui, par conséquent, est forcé
d'enseigner à former le neutre de ses avyayîbhâvas tout mé-
caniquement. Les règles Kàtantra correspondantes se rapprochent davantage de Pâṇini; ce sont (fol. 28) : « Avyayîbhâvâd akârântâd vibhaktinâm am apañcamyâḥ. — Vâ triti-
yâsaptamyoh ». Notre règle 28 s'y retrouve aussi sous la
forme : « Anyasmâl luk », tandis qu'elle est, dans Pâṇini, rendue inutile par VII, 1, 23. La règle 27, enfin : « Svaro hrasvo
napuṁsake » se trouve rejetée (fol. 36) à la fin du Kâraka-
pâda avec quelques autres traitant de la formation des féminins. — Quant à la remarque *kvacîti*, etc. du scholiaste,
même en admettant, ce qui n'est guère régulier, que *kvaci*
puisse être sous-entendu dans le sûtra, il faut avouer que son
contre-exemple est mal choisi; dans une expression comme
« adhicittassa bhikkhuno », ce n'est plus à un avyayîbhâva,
mais à un bahuvrîhi que nous avons affaire; c'est quelque
contre-exemple comme les contre-exemples que citent les
commentateurs de Pâṇini : « Upakumbhâd ânaya », etc. que
le scholiaste eût dû produire.

सरो रस्सो नपुंसके ॥ २७ ॥

Napuṁsakaliṅge vattamâne abyayîbhâvasamâsassa saro
rasso hoti. Itthiṁ [1] adhikicca kathâ pavattatîti adhitthi [2]; ku-
mâriṁ [3] adhikicca kathâ pavattatîti adhikumâri [4]; upavadhu [5];
upagaṅgaṁ; upamaṇikaṁ.

Au neutre, la voyelle finale [de l'abyayîbhâva]

1, 2 Cd °tthî.
3, 4, 5 Cd kumàrì — dhuṁ.

est brève. Ex. Adhitthi : relativement à la femme;
upavadhu : près de la femme.

Les exemples *upagaṅgaṁ*, *upamaṇikaṁ* pourraient sembler
superflus après la règle précédente ; mais pour s'en expliquer
la présence, il suffit de penser que le scholiaste a regardé
« aṁ » du sûtra précédent comme signifiant non pas *aṁ*,
mais *ṁ*, en se rappelant que, nulle part, notre grammairien
n'enseigne positivement que la voyelle qui précède un niggahîta final soit brève, que, par conséquent, faute d'appliquer le présent sûtra aux thèmes en *â*, nous devrions strictement former : « upagaṅgâṁ ».

अञ्ञस्मा लोपो च ॥ २८ ॥

Aññasmâ abyayîbhâvasamâsâ anakârantâ parâsaṁ vibhattînaṁ lopo hoti. Adhitthi; adhikumâri[1]; upavadhu.

Et [le dernier membre], s'il se termine autrement
[qu'en *a*], supprime [purement et simplement] toute
désinence. Ex. Adhitthi; upavadhu.

ITI SÂMÂSAKAPPE SATTAMO KAṆḌO.

—————

वा णपच्चे[2] ॥ १ ॥

Ṇappaccayo[3] hoti vâ tassapaccaṁ iccetasmiṁ atthe. Vasiṭṭhassa apaccaṁ, putto : vâsiṭṭho vasiṭṭhassapaccaṁ putto vâ,
vâsiṭṭhî, vâsiṭṭhaṁ; evaṁ bharadvâjassa[4] apaccaṁ, putto :
bhâradvâjo bharadvâjassa apaccaṁ putto vâ, bhâradvâjî,

<hr>

[1] Cd Sᵒ ᵒtthî—rî.
[2] Cd vânapaᵒ.
[3] Cd ṇapaᵒ.
[4] Cd bhâradvâ'.

bhâradvâjañ; gotamassa apaccañ, putto : gotamo gotamassa
apaccañ putto vâ, gotamî, gotamañ; vasudevassa apaccañ,
putto : vâsudevo vasudevassa apaccañ putto vâ, vâsudevî,
vâsudevañ; evañ bâladevo; vesamitto; svâlapako; cettako;
paṇḍavo; vâsavo [1].

Dans certains cas [on emploie le suffixe] ṇa pour
[exprimer la filiation], la descendance. Ex. Vâsiṭṭho : le fils ou le descendant de Vasiṭṭha; bhâradvâjo : le fils ou le descendant de Bharadvâja.

## णायन णान वच्छादितो [2] ॥ २ ॥

Tasmâ vacchâdito gottagaṇato ṇâyana ṇâya [3] paccayâ honti
vâ [4] tassâpaccañ iccetasmiñ atthe. Vacchassa apaccañ, putto :
vacchâyano; vacchassa apaccañ, putto : vacchâno; evañ :
sâkaṭâyano [5]; sâkaṭâno [6]; kaṇhâyano, kaṇhâno; aggivessâyano,
agivessâno; kaccâyano, kaccâno; moggallâyano, moggallâno;
muñjâyano, muñjâno.

Après les thèmes vaccha, etc. [on emploie les suf-
fixes] ṇâyana, ṇâna. Ex. Vacchâyano ou vacchâno :
le fils ou le descendant de Vaccha (vatsa); sâkaṭâyano
ou sâkaṭâno : le fils ou le descendant de Sakaṭa.

---

[1] Cd pâṇḍuvâsavâ. Pour ces deux derniers exemples, cf. la note
du sûtra 5.

[2] Cd nâyannava°.

[3] Cd °na ṇaya pa°.

[4] Ni Cd ni S[f] n'ont : vâ; mais les deux manuscrits l'ayant au sûtra
suivant, et le scholiaste paraissant le comprendre comme autorisant
la forme analytique par le génitif aussi bien que la forme par le
suffixe (cf. Pâṇ. iv, 1, 82 sch.), il n'y a aucune raison pour qu'il
manque ici.

[5], [6] Cd sakaṭâ°.

## णेय्यो कत्तिकादीहि ॥ ३ ॥

Tehi kattikâdihi ṇeyyappaccayo hoti vâ tassâpaccaṁ iccetasmiñ atthe : kattikâya apaccaṁ, putto : kattikeyyo kattikâya apaccaṁ putto vâ; evaṁ : venateyyo; rohiṇeyyo; gaṅgeyyo; kaddameyyo; nàdeyyo; atteyyo; âheyyo; kâpeyyo; seveyyo; gâveyyo[1]; bâleyyo; moleyyo; koleyyo.

Après les thèmes *kattikâ*, etc. le suffixe *ṇeyya*. Ex. Kattikeyya : le fils ou le descendant de Kattikâ; rohiṇeyyo : le fils ou le descendant de Rohiṇî.

## अतो णि वा ॥ ४ ॥

Tasmà akârantato ṇippaccayo hoti vâ tassâpaccaṁ iccetasmiñ atthe. Dakkhassa apaccaṁ, putto : dakkhi dakkhassa apaccaṁ putto vâ; evaṁ : doṇi; vâsavi; sâkyaputti[2]; nàthaputti; dâsaputti[3]; vâruṇi[4]; kaṇhi[5]; bâladevi[6]; pâvaki[7]; jenadatti[8]; buddhi; dhammi; saṅghi; kappi; ânuruddhi[9].

Vâti vikappanatthena tassâpaccaṁ iccetasmiñ atthe ṇikappaccayo hoti. Sakyaputtassa apaccaṁ, putto : sàkyaputtiko[10]; sakyaputtassa apaccaṁ putto vâ; evaṁ : nâthaputtiko; jenadattiko[11].

Après [les thèmes en] *a*, [on peut] à volonté [employer le suffixe] *ṇi*. Ex. Dakkhi : un fils ou

---

[1] Cd goveyyo.
[2] Cd sakyaputtî.
[3] Cd dâsaputtî.
[4] Cd vâruṇânî.
[5], [6], [7] Ces trois mots avec *i* final long dans Cd.
[8] Cd chedanadattî.
[9] Cd anuruddhî.
[10] Cd sakyaputtiko.
[11] Cd chedanaputtiko.

descendant de Dakkha; bâladevi : un fils ou descendant de Baladeva.

## पावोपगुद्दीहि ' ॥ ५ ॥

Upagu iccevamâdîhi ṇavappaccayo hoti vâ tassâpaccaṁ
iccetasmiṁ atthe. Upagussa apaccaṁ putto vâ : opagavo,
upagussa apaccaṁ putto vâ; evaṁ : mânavo; gaggavo; paṇḍavo; bhaggavo; opakaccâyavo [2]; opavindavo [3].

Après les thèmes *upagu*, etc. on emploie le suffixe *ṇava*. Ex. Opagavo : un fils ou descendant
d'Upagu; mânavo : un fils ou descendant de Manu.

On remarquera que, parmi les exemples cités par le scholiaste au sûtra 1, les deux derniers devaient strictement être
rapportés à cette règle; en réalité, ce ne sont, tout naturellement, pas ces deux exemples seuls, mais tous les cas relevant
de la présente règle qui devraient être rattachés à la première. Je n'avais pas à effacer cette marque de perspicacité et
de connaissances du commentateur. Quant à l'auteur du sûtra lui-même, on a eu et l'on aura encore plus d'une occasion de constater que, malgré sa connaissance de l'organisme
véritable du sanskrit et par conséquent du pâli, il ne dé-
daigne pas certaines formules d'un caractère en quelque sorte
tout extérieur et mécanique.

## षोर विधवादितो ॥ ६ ॥

Tasmâ vidhavâdito ṇerappaccayo hoti vâ tassâpaccaṁ iccetasmiṁ atthe. Vidhavâya apaccaṁ, putto : vedhavero [4] vi-

---

[1] Cd Sᶜ ṇavopakvâ".

[2] Sᶜ opakaccayavo.

[3] Cd opavinâgo, que n'a pas Sᶜ, qui, en revanche, a : opavindavo,
avant : mânavo.

[4] Cd vedharo.

dhaváya apaccaṁ putto và; evaṁ bandhakero; sâmaṇero [1],
nàlikero.

Après *vidhavâ*, etc. [on emploie le suffixe] *ṇera*.
Ex. Vedhavero : un fils de veuve; sàmaṇero : un
novice.

## येन वा संसइ तरति चरति वहति णिक्को ॥ ७ ॥

Yena và saṁsaṭṭhaṁ yena và tarati yena và carati yena và
vahati iccetesvatthesu ṇikappaccayo hoti và. Tilena saṁsaṭṭhaṁ
bhojanaṁ, telikaṁ tilena saṁsaṭṭhaṁ và; goḷikaṁ [2]; ghàṭi-
kaṁ [3]; nàvàya taratîti, nàviko nàvàya taratîti và; evaṁ : oḷumpiko [4]; — sakaṭena caratîti sâkaṭiko sakaṭena caratîti và; evaṁ :
pàdiko; daṇḍiko; dhammiko; — sìsena vahatîti sisiko sîsena
vahatîti và; evaṁ : aṁsiko; khandhiko; hatthiko; aṅguliko.

Vàti vikappanatthena aññatthesupi ṇikappaccayo hoti. Ràjagahe vasatîti ràjagahiko; ràjagahe jàto ràjagahiko; evaṁ
màgadhiko; sàvatthiko; kàpilavatthiko; pàṭaliputtiko.


[On emploie le suffixe] *ṇika* après le mot qui exprime : 1° la matière qui entre dans une composition. Ex. Telikaṁ bhojanaṁ : un plat à l'huile; —
2° l'embarcation sur laquelle on navigue. Ex. Nàviko : un matelot (l'homme qui navigue sur un vais-
seau); — 3° le moyen de locomotion à l'aide duquel
on s'avance [sur la terre ferme]. Ex. Sàkaṭiko : qui
est monté sur un chariot; — 4° le membre au moyen

---

[1] Cd soma".
[2] Cd goḷikaṁ.
[3] Cd ghàtikaṁ. — S<sup>f</sup> ghaṭikaṁ.
[4] S<sup>f</sup> oluppiko.

duquel on porte un objet. Ex. Sìsiko : qui porte sur
la tête.

तं अधीते तेन कताठिसन्निधाननियोगसिप्यभाउज्ञीवि-
कत्येसु ॥ ८ ॥

Taṁ adhîte tena katâdisvatthesu tamhi sannidhâno tattha
niyutto taṁ assa sippaṁ taṁ assa bhaṇḍaṁ taṁ assa jîvikaṁ
iccetesvatthesu ṇikappaccayo hoti và. Vinayaṁ adhîteti venayiko vinayaṁ adhîte và; evaṁ : sottantiko[1]; âbhidhammiko[2]; veyyàkaraṇiko; — kâyena kataṁ kammaṁ, kâyikaṁ
kâyena kataṁ kammaṁ và; evaṁ : vâcasikaṁ; mânasikaṁ; —
sarîre sannidhânâ vedanâ, sarîrikâ sarîre sannidhânâ vedanâ
và; evaṁ : mânasikâ; — dvâre niyutto, dovâriko dvâre niyutto
và; evaṁ : bhaṇḍâgâriko; nàgariko; nàvakammiko[3]; — vîṇâ
assa sippanti veṇiko vîṇâ assa sippam và; evaṁ : pàṇaviko;
modaṅgiko; vaṁsiko; — gandho assa bhaṇḍaṁ, gandhiko
gandho assa bhaṇḍaṁ và; evaṁ 'eliko; goḷiko; — urabbhaṁ
hantvà jivatîti, orabbhiko urabbhaṁ hantvâ jivatîti và; evaṁ :
mâgaviko; sokariko[4]; sâkuṇiko.

Âdiggahaṇena aññatthesupi yojetabbo. Jâlena hato, jâliko
jâlena hato và; suttena baddho, suttiko suttena baddho và;
— câpo assa âvudhoti, câpiko câpo assa âvudho và; evaṁ :
tomariko; moggariko[5]; mosaliko; — vâto tassa âbâdhoti,
vâtiko; evaṁ : sandhiko; pittiko; — buddhe pasanto, bud-
dhiko buddhe pasanto và; evaṁ : dhammiko; saṅghiko; —
buddhassa santikaṁ, buddhikaṁ; evaṁ : dhammikaṁ; saṅ-
ghikaṁ; — vatthena kîtaṁ bhaṇḍaṁ; vatthikaṁ; evaṁ :
kumbhikaṁ; phâlikaṁ; kiṅkiṇikaṁ[6]; sovaṇṇikaṁ; — kum-

---

[1] Cd sutta°.
[2] Cd abhidha°.
[3] Cd navaka°.
[4] Cd sûkariko.
[5] Cd muggariko.
[6] Cd kiṅkiṇikaṁ.

bho assa parimânaṁ, kumbhiko; — akkhena dibbatiti, ak-
khiko; evaṁ : sâliko; tindukiko [1]; ambaphaliko; kapitthapha-
liko [2]; nâlikeriko iccevamâdi.

[On emploie le suffixe *ṇika*] pour exprimer :
1° qu'on étudie telle ou telle science. Ex. Venayiko :
qui étudie le Vinaya; — 2° que l'on s'est servi de
tel ou tel instrument, etc. Ex. Kâyikaṁ : corporel,
exécuté par le corps; — 3° qu'une chose a son siége
en tel lieu. Ex. Sarîrikâ vedanâ : la sensation a son
siége dans le corps; — 4° qu'un homme est préposé
à telle fonction. Ex. Dovâriko : portier; — 5° qu'un
homme est habile dans tel art. Ex. Veṇiko : un
joueur de vîṇâ; — 6° qu'un homme vend telle marchandise. Ex. Gandhiko : qui vend des parfums;
— 7° qu'un homme exerce tel métier. Ex. Orabbhiko : qui gagne sa vie à tuer les moutons.

ण राेगा तेन रत्तं तस्सेदं अञ्ञत्थेसु च ॥ ६ ॥

Ṇappaccayo hoti vâ râgamhâ tena rattaṁ iccetasmiṁ atthe
tassedaṁ aññatthesu ca. Kasâvena rattaṁ vatthaṁ, kâsâvaṁ
kasâvena rattaṁ vatthaṁ vâ; evaṁ : kosumbhaṁ [3]; hâliddaṁ;
pattaṅgaṁ; mañjetthaṁ; kuṅkumaṁ; — sûkarassa idaṁ
maṁsaṁ sokaraṁ sûkarassa idaṁ maṁsaṁ vâ; mahisassa idaṁ
maṁsaṁ, mâhisaṁ mahisassa idaṁ maṁsaṁ vâ. — Udum-
barassa avidûre vimânaṁ, odumbaraṁ; vidisâya avidûre
bhavo, vediso; madhurâya jâto, mâdhuro; kattikâdîhi niyutto
mâso, kattiko; evaṁ mâgasiro; phusso; mâgho; phagguno;

---

[1] Cd tindutiko. — S[c] tiṇḍakiko.
[2] Cd kavitṭha°. — S[c] kapitṭha°.
[3] Cd kusimbhaṁ.

citto; na vuḍḍhi nilapitâdo paccaye saṇakârake [1]; [pakâro phussa saddassa; siroti sirasaṁ vade [2]]; sikkhânaṁ samûho, sikkho [3]; bhikkhûnaṁ samûho, bhikkho; evaṁ : kâpoto; mâyûro; kokilo; buddho assa devatâ, buddho; evaṁ : bhaddo; mâro [4]; mâhindo [5]; vessavaṇo; yâmo; somo; nârâyaṇo; saṁvaccharaṁ avecca adhîte, saṁvaccharo; evaṁ : mohutto; nimittaṁ avecca adhîte, nemitto [6]; evaṁ aṅgavijjo; veyyàkaraṇo; chandaso; cando; bhâso; vasàtînaṁ visayo, deso vâsâto; evaṁ kunto; âtisâro [7]; udumbarâ asmiṁ padese santi, odumbaro; sagarehi nibbatto, sâgaro; sakalaṁ assa nivâso, sâkalo; madhurâ assa nivâso, mâdhuro; madhurâya issaro, mâdhuro; iccevamâdayo yojetabbâ.

On emploie le suffixe *ṇa* : 1° après des noms de couleur pour marquer qu'un objet est teint de telle ou telle couleur. Ex. Kâsâvaṁ vatthaṁ : un vêtement de couleur jaune (de : kasâva, jaune); — 2° pour

[1] Cette remarque, qui s'applique à des noms de couleur, qui font précisément l'objet spécial de la règle, est singulièrement placée ici, au milieu des additions du scholiaste; c'est après kuṅkumaṁ qu'elle aurait sa place naturelle.

[2] Si je ne me trompe, les mots «pakâro °vade» devraient être éliminés du texte; je n'y puis trouver qu'une double glose marginale, l'une remarquant que *phusso* devrait (en comparant le skrt.) s'écrire avec un *p* initial, — l'autre se référant à la forme *mârgaçîrsha* à côté de *mârgaçirah* (pour « sirasaṁ = çîrshaṁ » ; cf. makasa= maksha, etc. Fausböll, *Five Jât.* p. 29). — La remarque précédente elle-même *na vuḍḍhi,* etc. qui du reste se retrouve, sous une forme différente, dans le commentaire de Durgasiṁha (d'après Vârt. 3 in Pâṇ. IV, 2, 2), trahit peut-être aussi, par la place qu'elle occupe, son origine postérieure.

[3] Cd sirakkho.

[4] Cd vâsaro.

[5] Cd Sᶠ mahi°.

[6] Cd Sᶠ nemittako.

[7] Cd atisâro.

exprimer le sens de : appartenant à..... Ex. Mâhisañ mañsañ : de la viande de buffle ; — 3° et dans d'autres sens encore. Ex. Mâdhuro : né à Madhurâ ; kattiko mâso : le mois du nakshatra Kattikâ, etc.

## ज्ञाताद्दीनं ' इमिया च ॥ १० ॥

Jâta iccevamâdinañ atthe ima iya paccayâ honti. Pacchâ jâto : pacchimo ; evañ : antimo ; majjhimo ; purimo ; uparimo ; heṭṭhimo ; gopimo[2] ; bodhisattassa jâtiyâ jâto : bodhisattajâtiyo[3] ; evañ : assajâtiyo ; hatthijâtiyo ; manussajâtiyo.

Âdiggahaṇena niyuttatthâditopi tadassatthâditopi ima iya ika paccayâ honti. Ante niyutto : antimo ; evañ : antiyo ; antiko ; putto yassa atthi tasmiñ vâ vijjatîti puttimo ; evañ : puttiyo ; puttiko ; kappimo ; kappiyo ; kappiko[4].

Casaddaggahaṇena kiyappaccayo hoti. Jâtippabhutiyâ niyutto : jâtikiyo ; andhe niyutto : andhakiyo ; jâtiyâ andho jaccandho ; jaccandhe niyutto ; jaccandhakiyo.

[On emploie] aussi [les suffixes] *ima, iya* pour exprimer le sens de *né*, etc. Ex. Pacchimo : puîné ; manussajâtiyo : qui appartient à la race humaine.

## समूहत्थे कण्ण ॥ ११ ॥

Samûhatthe kaṇ ṇa iccete paccayâ honti. Râjaputtânañ samûho : râjaputtako râjaputto vâ ; manussânañ samûho : mânussako mânusso vâ ; mayûrânañ samûho : mâyûrako mâyûro vâ ; mahisânañ samûho : mâhisako mâhiso vâ.

[On emploie les suffixes] *kaṇ, ṇa* pour exprimer

---

1 Sᶠ jâtyâ°.
2 Cd Sᶠ goppimo.
3 Cd °sattajâtiko.
4 Cd n'a pas : kappimo ; kappiyo.

la foule, la réunion. Ex. Râjaputtako ou 'putto : une troupe de Râjaputtas; mânussako ou °sso : une foule d'hommes.

गामजनबन्धुसहायादीहि ता ॥ १२ ॥

Gâma jana bandhu sahâya iccevamâdîhi tâ paccayo hoti samûhatthe. Gâmânaṁ samûho : gâmatâ; janânaṁ samûho : janatâ; bandhûnaṁ samûho : bandhutâ; sahâyânaṁ samûho : sahâyatâ; nâgarânaṁ[1] samûho : nâgaratâ[2].

Après les thèmes *gâma*, *jana*, *bandhu*, *sahâya*, etc. [on emploie dans le même sens le suffixe] *tâ*. Ex. Bandhutâ : la parenté; nâgaratâ : la population de la ville.

तदस्सट्ठानं ईयो च³ ॥ १३ ॥

Tadassaṭṭhânaṁ iccetasmiṁ atthe îyappaccayo hoti. Madanassa ṭhânaṁ : madanîyaṁ[4]; bandhanassa ṭhânaṁ : bandhanîyaṁ; mocanassa[5] ṭhânaṁ : mocanîyaṁ[6]; evaṁ : rajanîyaṁ; kamanîyaṁ; dassanassa ṭhânaṁ : dassanîyaṁ; upâdânassa ṭhânaṁ : upâdânîyaṁ.

Casaddaggahaṇena iyailappaccayâ honti. Rañño idaṁ ṭhânaṁ; râjiyaṁ; evaṁ; râjilaṁ.

[On emploie le suffixe] *îya* pour marquer que l'idée exprimée par le thème est à sa place (c'est-à-dire convenable ou nécessaire). Ex. Madanîyaṁ :

[1,2] S' naga°.
[3] Cd S' °iyo ca.
[4] S' madaniyaṁ, et de même °iyaṁ dans les exemples suivants.
[5,6] Cd S' mucca°.

enivrant (où l'on ne peut résister à l'enivrement);
dassanîyañ : qui mérite d'être vu.

## उपमत्थायितत्तं ॥ १४ ॥

Upamatthe âyitattappaccayo hoti. Dhùmo[1] viya dissati, tad
idañ dhùmâyitattañ[2]; timirañ viya dissati aduñ ṭhànañ tad
idañ timiràyitattañ.

[On emploie le suffixe] *âyitatta* pour exprimer
la comparaison. Ex. Idañ dhùmâyitattañ : cela
ressemble à de la fumée.

## तंनिस्सितत्थे लो ॥ १५ ॥

Taññissitatthe tadassaṭṭhànañ[3] iccetasmiñ atthe ca lappaccayo hoti. Duṭṭhuñ nissitañ : duṭṭhullañ; vedañ nissitañ :
vedallañ.

[On emploie le suffixe] *la* pour signifier : appliqué
à... Ex. Duṭṭhullañ : appliqué à nuire; vedallañ :
appliqué à l'étude des védas.

Relativement à « nissita » cf. *Dhammap.* vv. 93, 339, 341.

## श्रालु तम्बहुले ॥ १६ ॥

Âluppaccayo[5] hoti tabbahulatthe. Abhijjhâ assa pakati :
abhijjhâlu abhijjhâbahulo vâ[6]; evañ : sîtâlu; dhajàlu; dayâlu.

[On emploie le suffixe] *âlu* pour exprimer la

[1], [2] Cd Sᶜ dhu°.
[3] Cd tadassatthañ°.
[4], [5] Cd âlu°.
[6] Cd °lû abhijjhâ assa bahulo vâ abhijjhàlu; — c°. Sᶜ °lu; sitâlu;
sitañ assa bahulo vâ sitâlu; abhijjho assa bahulo vâ abhijjhàlu;
dhajâ assa pakati dhajàlu, etc.

[possession en] grande abondance [de ce qu'indique le thème]. Ex. Abhijjhâlu : plein de convoitise.

एयत्तता भावे तृ ॥ १७ ॥

Ñya tta tâ iccete paccayâ honti bhâvatthe. Alasassa bhâvo :
âlasyaṃ; arogassa [1] bhâvo : ârogyaṃ; paṃsukûlikassa bhâvo :
paṃsukûlikattaṃ; anodarikassa bhâvo : anodarikattaṃ; saṅ-
ghanikârâmassa [2] bhâvo : saṅghanikârâmatâ [3]; niddârâmassa
bhâvo : niddârâmatâ.

Tusaddaggahaṇena ttanappaccayo hoti. Puthajjanassa bhâvo : puthujjanattanaṃ; vedanassa bhâvo : vedanattanaṃ.

Et [les suffixes] ñya, tta, tâ pour exprimer l'état
(former des noms abstraits). Ex. Âlasyaṃ : pa-
resse; paṃsukûlikattaṃ : état de celui qui porte
des vêtements faits de lambeaux.

गा विसमादीहि [4] ॥ १८ ॥

Ṇappaccayo hoti visamâdîhi tassa bhâvo iccetasmiṃ atthe.
Visamassa bhâvo : vesamaṃ; sucissa bhâvo : socaṃ.

[On emploie le suffixe] ṇa [dans le même sens]
après les thèmes visama, etc. Ex. Vesamaṃ : inéga-
lité.

रमनीयादितो कण् ॥ १९ ॥

Ramaṇiya iccevamâdito kaṇpaccayo hoti tassa bhâvo icce-

<hr>

[1] Cd ârogassa.
[2], [3] Cd saṃga°.
[4] Cd ṇanavisa°.

tasmiñ atthe. Ramaṇiyassa bhàvo : ràmaṇiyakaṁ; manuñ-
ñassa bhàvo : mânuññakaṁ; aggisomassa bhàvo : aggisoma-
kaṁ.

[On emploie le suffixe] *kaṇ* [dans le même sens]
après les thèmes *ramaṇiya*, etc. Ex. Ràmaṇiyakaṁ :
charme.

## बिसेसे तरतमिस्सिकियिट्ठा ॥ २० ॥

Visesatthe tara tama issika iya iṭṭha iccete paccayà honti.
Sabbe ime pàpà, ayaṁ imesaṁ visesena pàpoti pàpataro :
evaṁ : pâpatamo; pàpissiko; pàpiṭṭho.

[On emploie les suffixes] *tara, tama, issika, iya,
iṭṭha* pour [marquer] la différence [entre des objets
comparés]. Ex. Pàpataro : plus méchant; pâpatamo : le plus méchant, etc.

Le grammairien n'établit pas la distinction, qui nous est
familière, entre le comparatif et le superlatif. Mais je crois
que Clough va trop loin lorsqu'il en conclut que : « It does
not appear that they (all these affixes) can be distinguished
into the two classes of comparative and superlative » (p. 93.
94). (Cf. aussi Mason, *P. Gr.* p. 71 sv.). Je crois en effet qu'il
ne faut pas supposer ici des intentions trop profondes. Si nous
comparons les règles correspondantes de Pâṇini (V, 3, 55.
56. 57), nous trouvons qu'en s'exprimant ainsi qu'il fait :
Atiçâyane tamabishṭhanau (55); dvivacanavibbajyopapade ta-
rabiyasunau (57), il a, sinon épuisé sans doute les différences
qui existent à nos yeux entre le comparatif et le superlatif,
distingué du moins nettement les deux degrés de comparaison; mais le trait que Pâṇini donne comme caractérisant le
comparatif, cette présence d'un duel qui en dépend, est perdu

pour le pâli, au moins comme individualité grammaticale; et il semble que le grammairien pâli ait supprimé purement et simplement une façon de parler qui ne pouvait convenir au système grammatical de la langue dont il expose les règles; dès lors les deux sûtras de Pâṇini se confondaient dans une identité parfaite, et il s'est contenté de les condenser en un seul, sans s'inquiéter autrement de l'inexactitude théorique résultant de cette confusion; une inexactitude de ce genre n'est certes pas incompatible avec le caractère général de l'ouvrage; et cela d'autant moins que, en sanskrit même, la distinction entre le comparatif et le superlatif n'est pas très-rigoureuse, si bien que, dans plus d'un cas, nous trouvons le premier, alors que nous attendrions le second (cf. par ex. l'emploi fréquent de *drutataraṅ* — au plus vite, etc.).

## तदस्सत्थीति वी च ॥ २१ ॥

Tadassatthîti iccetasmiñ atthe vî paccayo hoti. Medhâ yasmiñ atthi tasmiñ vâ vijjatîti medhâvî; evañ : mâyâvî.

Casaddaggahaṇena sopaccayo hoti : sumedhâ yassa hoti tasmiñ vâ vijjatîti sumedhaso.

Et [le suffixe] *vî* pour marquer la possession. Ex. Medhâvî : doué de sagesse.

## तपादितो सी ॥ २२ ॥

Tapâdito sî paccayo hoti tadassatthi[1] iccetasmiñ atthe. Tapo yassa atthi tasmiñ vâ vijjatîti tapassî; evañ : tejassî; yasassî; manassî.

Après les thèmes *tapa*, etc. [on emploie dans le même sens le suffixe] *sî*. Ex. Tapassî : qui a fait pénitence (qui possède des trésors de pénitence); tejassî : doué d'éclat.

[1] Cd ici et dans les ss. suivants : ˚ssatthi.

## दण्डादितो इक ई ॥ २३ ॥

Daṇḍâdito ika i iccete paccayâ honti tadassatthi iccetasmiñ atthe. Daṇḍo yassa atthi tasmiñ vâ vijjatîti daṇḍiko; daṇḍî[1]; evaṁ : mâliko; mâlî.

Après les thèmes *daṇḍa*, etc. [on emploie dans le même sens les suffixes] *ika*, *i* Ex. Daṇḍiko ou daṇḍî : muni d'un bâton.

## मधादितो रो ॥ २४ ॥

Madhu iccevamâdito rappaccayo hoti tadassatthi iccetasmiñ atthe. Madhu yassatthi tasmiñ vâ vijjatîti madhuro; evaṁ : kuñjaro; mukharo; susiro; subharo; suciro.

Après [les thèmes] *madhu*, etc. [le suffixe] *ra*. Ex. Madhuro : doux; mukharo : bavard.

## गुणादितो वन्तु ॥ २५ ॥

Guṇa iccevamâdito vantuppaccayo hoti tadassatthi iccetasmiñ atthe. Guṇo yassa atthi tasmiñ vâ vijjatîti guṇavâ; evaṁ : yasavâ; dhanavâ; balavâ; paññavâ.

Après [les thèmes] *guṇa*, etc. [le suffixe] *vanta*. Ex. Guṇavâ : vertueux; yasavâ : glorieux.

## सत्यादीहि मन्तु ॥ २६ ॥

Sati iccevamâdihi mantuppaccayo hoti tadassatthi iccetasmiñ atthe. Sati yassa atthi tasmiñ vâ vijjatîti satimâ; evaṁ : jutimâ; sucimâ; thutimâ; matimâ; kittimâ; mutimâ[2] bhânumâ.

[1] Cd °tîti daṇḍîko; e°.
[2] S° diffère un peu dans les exemples.

Après [les thèmes] *sati*, etc. [le suffixe] *mantu*
Ex. Satimâ : qui a bonne mémoire; jutimâ : brillant.

## सद्धादितो ण ॥ २७ ॥

Saddhâ iccevamâdito ṇappaccayo[2] hoti tadassatthi iccetasmiṃ atthe. Saddhâ yassa atthi tasmiṃ vâ vijjatîti saddho;
evaṃ : pañño; maccharo[3].

Après [les thèmes] *saddhâ*, etc. [le suffixe] *ṇa*.
Ex. Saddho : qui est croyant; pañño : qui possède la sagesse.

## आयुस्सुकारस्समन्तुम्हि ॥ २८ ॥

Âyusaddassa ukârassa asâdeso hoti mantuppaccaye pare.
Âyu yassa atthi tasmiṃ vâ vijjatîti âyasmâ.

[Le thème] *âyu* change devant [le suffixe] *mantu*
son *u* [final] en *as*. Ex. Âyasmâ : qui a une longue
vie.

## तप्पकतिवचने मयो ॥ २९ ॥

Tappakativacanatthe mayappaccayo hoti. Suvaṇṇena paka-
taṃ : suvaṇṇamayaṃ, evaṃ : rûpiyamayaṃ; jatumayaṃ; ra-
jatamayaṃ; ayomayaṃ; mattikâmayaṃ; iṭṭhakamayaṃ[5];
kaṭṭhamayaṃ; gomayaṃ.

---

[1, 2] Cd ṇa.

[3] Cd amaccharo. — Exemple fort singulier ici; cf. VIII, 7, 8.

[4] Cd S[r] et la Rûpasiddhi (fol. 58[a]) "ssukârassa ma". Le Bâlâvatâra (p. 38), comme nous.

[5] Cd itthaka[c].

[On emploie le suffixe] *maya* pour exprimer qu'un objet est fait de telle ou telle matière. Ex. Suvaṇṇamayaṃ : fait d'or; iṭṭhakamayaṃ : fait de briques.

## सङ्ख्यापूरणे मो ॥ ३० ॥

Saṅkhyâpûraṇatthe mappaccayo hoti. Pañcannaṃ pûraṇo; pañcamo; evaṃ chaṭṭhamo; sattamo; aṭṭhamo; navamo; dasamo.

Pour [former] les nombres ordinaux [on emploie le suffixe] *ma*. Ex. Pañcamo : le cinquième; dasamo : le dixième.

## स छस्स वा ॥ ३१ ॥

Saṅkhyâpûraṇe vattamânassa chassa so hoti vâ. Channaṃ pûraṇo : saṭṭho chaṭṭho vâ.

[Le nom de nombre] *cha*, [pour former son ordinal, peut] à volonté [se changer en] *sa*. Ex. Chaṭṭho ou saṭṭho : le sixième.

## एकादितो दसस्सी ॥ ३२ ॥

Ekâdito dasassa anto ipaccayo hoti itthiyaṃ[1] saṅkhyâpûraṇatthe. Ekâdasannaṃ pûraṇî : ekâdasî; pañcadasannaṃ pûraṇî : pañcadasî; cuddasannaṃ pûraṇî : cuddasî.
Pûraṇeti kimatthaṃ? Ekâdasa; pañcadasa.

Après *dasa* précédé de *eka*, etc. [on emploie, pour former le féminin du nombre ordinal, le suffixe] *i*. Ex. Ekâdasî : la onzième; pañcadasî : la quinzième.

[1] Cd Sᶜ n'ont pas : itthiyaṃ.

Il est surprenant que mes deux manuscrits soient d'accord pour omettre « itthiyaṁ », que je n'ai pas hésité à rétablir d'après le Bâlâvatâra (p. 39, l. 28); mais il demeure toujours inexplicable qu'un mot si important manque absolument dans le texte sans qu'il puisse d'ailleurs être emprunté à aucune règle environnante. D'autre part, la position qu'occupe ici ce sûtra est elle-même singulière, étant donnée l'union étroite qui existe entre les ss. 31 et 33 dont elle rompt l'enchaînement sans aucun motif appréciable.

दसे सो निच्चञ्च ॥ ३३ ॥

Dase niccaṁ chassa so hoti. Soḷasa.

Et devant *dasa* [*cha* se change] toujours [en] *so*. Ex. Soḷasa : seize.

अन्ते निग्गहीतञ्च ॥ ३४ ॥

Tâsaṁ saṅkhyânaṁ ante niggahîtâgâmo hoti. Ekâdasiṁ [1]; pañcadasiṁ; caluddasiṁ.

A la fin [de certains noms de nombre, on ajoute un] niggahîta. Ex. Tiñsaṁ : trente.

Le commentateur paraît mettre, et, en prenant la leçon de S^f, met clairement ce sûtra en corrélation avec le sûtra 32; dans cette hypothèse, je ne vois pas qu'il soit possible d'en tirer un sens satisfaisant. De plus la disposition même des règles s'y oppose. C'est au contraire avec le sûtra 35 qu'il convient de relier la présente règle où en conséquence ni *ekâdito dasassa*, ni *t*, ni *itthiyaṁ*, ni *pâraṇe* ne conservent de rôle, et le sens de 34 et 35 me paraît être que certains

---

[1] S^f ekâdasannaṁ puraṇi ekadasiṁ, pañcadasannaṁ, etc.

noms de nombre se terminent en *aṁ*, d'autres en *ti*; par exemple : viṁsaṁ, viṁsati; tiṁsaṁ, tiṁsati. Je ne trouve pas dans mon ms. de la Rûpasiddhi d'explication régulière et *ex professo* de ce sûtra, mais seulement l'application suivante (fol. 59ᵃ) : « ante niggahitañcâti saṅkhyâṭhâne sambhûtassa ti-saddassa ante niggahitâgamo ca..... tiṁsati tiṁsaṁ tiṁsa vassâni. » C'est donc sur l'anusvâra de *tiṁ* et non sur celui de *saṁ* que le commentateur paraît faire porter notre règle ; l'union qu'on ne peut méconnaître entre cette règle et la suivante est en faveur de l'explication que j'ai proposée. Il est vrai pourtant que l'*aṁ* final est prévu d'ailleurs par le s. 46. Quoi qu'il en puisse être, il est certain que cette règle et la suivante ne sont pas ici à leur rang naturel ; elles interrompent une série de règles sur les nombres entre dix et vingt, tandis qu'elles ne pouvaient utilement venir qu'après le s. 46 ; en revanche le s. 47 serait bien mieux à sa place ici même.

ति च ॥ ३५ ॥

Tâsaṁ saṅkhyânaṁ ante tikârâgamo hoti. Vîsati; tiṁsati.

Et aussi *ti*. Ex. Vîsati : vingt; tiṁsati : trente.

ल्ल दराणं ¹ ॥ ३६ ॥

Dakârarakârânaṁ saṅkhyânaṁ lakârâdeso hoti. Soḷasaṁ; cattalisaṁ.

[Dans certains noms de nombre,] *d* et *r* se changent en *l*. Ex. Soḷasaṁ : seize; cattalîsaṁ : quarante.

बीसतिद्धसेसु बा द्विस्स तु ॥ ३७ ॥

Vîsati dasa iccetesu dvissa bâ hoti. Bâvîsatindriyâni; bârasa manussâ.

____
¹ Sᶜ ᵒdakârânaṁ.

Tusaddaggahaṇena dvissa du di do âdesâ honti. Durat-
taṁ [1]; dirattaṁ; diguṇaṁ; dohaḷinî [2].

Devant *vîsati* et *dasa*, *dvi* se change en *bâ*. Ex. Bâvîsatindriyâni : vingt-deux sens; bârasa manussâ :
douze hommes.

## एकादितो दस र सङ्ख्याने ॥ ३८ ॥

Ekâdito dasassa dakârassa rakâro hoti vâ saṅkhyâne. Ekârasa; bârasa; ekâdasa; bâdasa; dvâdasa.
Saṅkhyâneti kimatthaṁ ? Dvâdasâyatanaṁ.

En numération, *dasa*, précédé de *eka*, etc.
change [à volonté] *d* en *r*. Ex. Ekârasa : onze; bârasa : douze.

## अट्ठादितो च ॥ ३९ ॥

Aṭṭhâdito dasasaddassa dakârassa rakârâdeso hoti vâ saṅ-
khyâne. Aṭṭhârasa; aṭṭhâdasa.
Aṭṭhâditoti kimatthaṁ ? Pañcadasa.
Saṅkhyâneti kimatthaṁ ? Aṭṭhâdasiko.
Caggahaṇaṁ kimatthaṁ ? Dasaraggahaṇânukaḍḍhanat-
thaṁ [3].

Et aussi, précédé de *aṭṭha*, etc. Ex. Aṭṭhârasa :
dix-huit.

---

[1] Cd dûrattaṁ.
[2] S[f] °ttaṁ tisso sâ rattiyo tirattaṁ, dve guṇani dviguṇaṁ, sâ doha°.
[3] S[f] n'a pas cette glose.

## द्वेकट्ठानं आकारो वा ' ॥ ४० ॥

Dvi eka aṭṭha etesaṁ anto âkârâdeso[2] hoti vâ[3] saṅkhyâne.
Dvâdasa; ekâdasa; aṭṭhâdasa.

Saṅkhyâneti kimatthaṁ ? Dvidanto: ekadanto; ekachatto;
aṭṭhatthambho.

*Dvi, eka, aṭṭha* prennent à volonté *â* [final devant *dasa*]. Ex. Dvâdasa : douze; aṭṭhâdasa : dix-huit.

Ce sûtra est ici singulièrement intercalé : sa place naturelle serait après la règle 33, par exemple, où *dasa* conserverait tout naturellement sa valeur, tandis qu'il ne peut être suppléé ici que par une liberté très-irrégulière, mais aussi indispensable, malgré le silence du scholiaste.

## चतुछेहि[4] थठा ॥ ४१ ॥

Catu cha[5] iccetehi tha ṭha iccete paccayâ honti[6] saṅkhyâpûraṇatthe. Catunnaṁ pûraṇo : catuttho ; channaṁ pûraṇo : chaṭṭho.

A *catu, cha* on ajoute [pour former le nombre ordinal] *tha, ṭha*. Ex. Catuttho : le quatrième; chaṭṭho : le sixième.

## द्वितीहि तियो ॥ ४२ ॥

Dvi ti iccetehi tiyappaccayo hoti saṅkhyâpûraṇatthe. Dvinnaṁ pûraṇo : dutiyo; tiṇṇaṁ pûraṇo : tatiyo.

---

[1], [2] Cd akâ°.

[3] Cd S[f] n'ont pas : vâ.

[4] Cd ° cchehi.

[5] Cd ° châ i°.

[6] S[f] honti vâ sa°.

A *dvi*, *ti*, on ajoute *tiya*. Ex. Dutiyo : le deuxième ;
tatiyo : le troisième.

तिये दुतापि च ॥ ४३ ॥

Dvi ti iccetesaṃ du ta iccete âdesâ honti tiyappaccaye pare.
Dutiyo, tatiyo.

Apiggahaṇena aññesvapi du ti âdesâ honti. Durattaṃ [1] ;
tirattaṃ.

Casaddaggahaṇena dvi iccetassa dikâro hoti. Diguṇaṃ saṅ-
ghâṭikaṃ parûpitvâ.

Et [en même temps on change *dvi*, *ti* en] *du*, *ta*
devant [le suffixe] *tiya*. Ex. Dutiyo ; tatiyo.

तेसं अड्डुपपेदनडुउद्विवउद्वियउउतिया [2] ॥ ४४ ॥

Tesaṃ catutthadutiyatatiyânaṃ aḍḍhûpapadânaṃ aḍḍhuḍḍha divaḍḍha diyaḍḍha aḍḍhatiyâdesâ [3] aḍḍhûpapadena saha
nipaccante. Aḍḍhena catuttho : aḍḍhuḍḍho ; aḍḍhena dutiyo :
divaḍḍho ; aḍḍhena dutiyo : diyaḍḍho ; aḍḍhena tatiyo : aḍḍhatiyo.

Ces noms de nombre [*catuttha*, *dutiya*, *tatiya*],
accompagnés de *aḍḍha* (demi), forment avec lui les
mots : *aḍḍhuḍḍha* ; *divaḍḍha* ; *diyaḍḍha* ; *aḍḍhatiya*.
Ex. Aḍḍhuḍḍho : le troisième et demi ; divaḍḍho,
diyaḍḍho : le premier et demi ; aḍḍhatiyo : le
deuxième et demi.

---

[1] Cd S¹ dûrattaṃ.
[2] Cd °diyatthatiyâ.
[3] Cd °sâ honti a°.

सरूपानं एकसेसुासकिं ¹ ॥ ४५ ॥

Sarûpânaṁ padabyañjanânaṁ ekaseso hoti asakiṁ. Puriso
ca puriso ca : purisâ.

Sarûpânaṁ iti kimatthaṁ ? Hatthi ca asso ca ratho ca pattiko ca : hatthiassarathapattikâ.

Asakinti kimatthaṁ ? Puriso.

Au lieu de [répéter] plusieurs fois une forme
identique, on ne laisse qu'un mot, variable [sui-
vant les nombres à exprimer].

« Padabyañjanâmaṁ » du scholiaste n'est peut-être point
parfaitement clair; son intention est, je pense, de réserver
les changements, principalement *vocaliques*, que subit le
thème en passant de la forme primitive à la forme du pluriel,
comme quand *purisa* deux fois répété devient *purisâ*. Le but
primitif de cette règle est, en effet, d'enseigner l'emploi et
la nature du pluriel (et du duel) comme représentant le singulier répété plusieurs fois. Pour s'expliquer de quelle façon
cette observation se trouve rejetée ici, il faut considérer
comment le sûtra suivant s'y rattache, et tenir compte de
l'habitude des grammairiens indiens d'englober dans une
définition, dans une observation théorique extrêmement
vague et compréhensive, des faits très-divers qu'ils précisent
ensuite. Notre grammairien entend ici rattacher comme
étant de même ordre des choses assurément fort dissem-
blables : d'une part le rôle du pluriel, d'autre part, ce prin-
cipe de numération qui consiste à réunir dix unités en une
unité nouvelle de dizaines, etc., puis à exprimer en un mot
unique le nombre, quel qu'il soit, de ces unités, en sorte
qu'au lieu de dire : un et un et un , etc., on dit : dix, et au
lieu de : dix et dix, etc., on dit : vingt, etc. — Il semble.

¹ Cd Sᶜ °scsvasakiṁ.

que le changement apporté à la règle de Pâṇini sur laquelle
celle-ci est modelée ; « Sarûpâṇâm ekaçesha ekavibhaktau »
(I, 2, 64), ait eu pour intention de l'approprier mieux à ce
rôle nouveau. *Asakiṁ* qui a remplacé *ekavibhaktau* marque,
si je le comprends bien, que chacun de ces pluriels d'un genre
particulier a sa forme spéciale, non identique avec le thème
des singuliers (ou unités) qu'il exprime, et variable suivant
les nombres qu'il représente. Mais c'est, en revanche, à cause
de la destination première du sûtra que l'auteur a dû placer
*gaṇane* en tête du sûtra suivant, addition inutile si « sarûpânaṁ » ne s'appliquait qu'à des nombres; c'est pour cela
aussi qu'il a artificiellement assimilé à des désinences casuelles (*yonaṁ, yosu*) les formations en *îsaṁ*, etc.

गणाने ठसस्स द्विति‍चतुप‍ञ्च‍छसत्त‍अट्ठनवकानं वीतिच‍-
तारप‍ञ्आछसत्तसनवा यॊसु यॊन‍ञ्चीसंत्रासंठीरितीतूति

॥ ४६ ॥

Gaṇane dasassa dvikatikacatukkapañcakachakkasattakaṭṭha-
kanavakânaṁ sarûpânaṁ katekasesânaṁ yathâsaṅkhyaṁ vî ti
cattâra paññâ sa[1] satt'asa nava iccete âdesâ honti asakiṁ yosu
yonañ ca îsaṁ âsaṁ ṭhi ri ti îti uti iccete âdesâ pacchâ puna
nipaccante. Vîsaṁ; tiṁsaṁ; cattâlisaṁ; paññâsaṁ; saṭṭhi[2];
sattari; sattati; asîti; navuti.

Asakinti kimatthaṁ ? Dasa.

Gaṇaneti kimatthaṁ ? Dasadasako puriso.

En numération, pour exprimer que la dizaine est
répétée deux, trois, quatre, cinq, six, sept, huit,
neuf fois, on se sert de *vî, ti, cattâra, paññâ, cha,*

---

[1], [2] Cd S[r] sâ, saṭṭhî, la seule forme qu'ait aussi M. Mason (*Pal. Gr.*
p. 73-74 ); et pourtant l'un et l'autre ont *cha* dans le sûtra, et la
forme « chaṭṭhî » est d'ailleurs bien connue.

*satta, asa, nava* auxquels on affixe les désinences *îsaṁ, âsaṁ, ṭhî, ri, ti, îti, uti.* Ex. Vîsaṁ : vingt ; paññâsaṁ : cinquante ; chaṭṭhî : soixante ; sattari, sattati : soixante et dix ; asîti : quatre-vingts ; navuti : quatre-vingt-dix.

## चतूपपदस्स तुलोपो ¹ चुत्तरपदादिचस्स चु चो पि न वा ॥ ४७ ॥

Catûpapadassa gaṇanapariyâpannassa tulopo hoti uttarapa-
dâdicassa cakârassa cu co pi honti na vâ. Catûhi adhikâ dasa :
cuddasa, coddasa, catuddasa.

Apiggahaṇena anupapadassâpi uttarapadâdissa cassa lopo
hoti na vâ cassa cu copi honti ca ². Tâlisaṁ ; cattâlisaṁ ; cuttâ-
lisaṁ ; coṭṭâlisaṁ ³.

*Catu* en composition [devant un autre nombre] peut à volonté perdre la syllabe *tu*, et *ca*, qui demeure devant le second membre, se change alors en *cu* ou *co.* Ex. Catuddasa ou cuddasa ou coddasa : quatorze.

## चठनुपपन्ना निपातना सिज्झन्ति ॥ ४८ ॥

Ye saddâ aniddiṭṭhalakkhaṇâ akkharapadabyañjanato itthi-
pumanapuṁsakaliṅgato nâmûpasagganipâtato abyayibhâva-
samâsataddhitâkhyato ⁴ gaṇanasaṅkhyâkâlakârakappayogasañ-

---

¹ Cd Sᶠ °dassa lopo°, de même dans la Rûpasiddhi (fol. 27ᵇ) et le Bâlâvatâra, p. 39.
² Cd °honti. Tâ°.
³ Sᶠ partout : °lisaṁ.
⁴ Cd °taddhitato ga°.

ñâto sandhipakativuḍḍhi'lopaṅgamavikâraviparîtâdesato [2] ca vibhattivibhajanato [3] ca te nipâtanâ sijjhanti.

Quand des mots ne sont pas formés [conformément aux règles énoncées], leurs formes sont constatées [par la grammaire] en les enregistrant toutes faites.

Cette règle sert en quelque sorte d'introduction aux sûtras 5o, 5ᴀ et de contre-partie au sûtra 45.

द्वादितो को नेकत्थे च [4] ॥ ४८ ॥

Dvi iccevamâdito kappaccayo hoti anekatthe ca..... [5]

Après *dvi*, etc. on emploie le suffixe *ka* dans un sens de pluralité. Ex. Dvikaṁ : le double; tikaṁ : le triple.

दसदसकं सतं दसकानं सतं सहस्सञ्च योम्हि ॥ ५० ॥

Gaṇanapariyâpannassa dasadasakassa sataṁ hoti, satadasakassa ca sahassaṁ hoti yomhi. Sataṁ; sahassaṁ.

---

[1] Cd °vuddhi°.

[2] Cd °viparîtato ca.

[3] Cd °vijanato°.

[4] Cd °ko ṇe°.

[5] Cd et Sᶠ °tthe ca nipâtanâ sijjhanti. Satassa dvikaṁ : dvisataṁ; satassa tikaṁ : tisataṁ; satassa catukkaṁ : catusataṁ; satassa pañcakaṁ : pañcasataṁ; satassa chakkaṁ : chasataṁ; satassa sattakaṁ : sattasataṁ; satassa aṭṭhakaṁ : aṭṭhasataṁ; satassa navakaṁ : navasataṁ, satassa dasakaṁ, dasasataṁ : sahassaṁ hoti. — Malgré l'accord des deux manuscrits, ces lignes me paraissent avoir été transportées ici du sûtra suivant par quelque vieille erreur de copiste.

Dvikâdînaṁ taduttarapadânañ ca nipaccante yathâsambhavaṁ[1]. Satassa dvikaṁ tad idaṁ hoti dvisataṁ; satassa tikaṁ
tad idaṁ hoti tisataṁ; evaṁ : catusataṁ; pañcasataṁ; chasataṁ; sattasataṁ; aṭṭhasataṁ; navasataṁ; dasasataṁ sahassaṁ
hoti.

Le nombre de dix fois dix s'exprime par *sataṁ* et
cent fois dix par *sahassaṁ*, pour le nominatif. Ex.
Sataṁ : cent; sahassaṁ : mille.

« Yomhi », en restreignant les formes « sataṁ » et « sahassaṁ » au nominatif (et à l'accusatif qui lui est semblable),
marque que ces noms de nombre ne sont pas indéclinables,
à la différence des autres nombres depuis vîsati.

यावतदुत्तरिं दसगुणितञ्च ॥ ५१ ॥

Yâva tâsaṁ saṅkhyânaṁ uttariṁ dasaguṇitañ ca kâtabbaṁ.
Yathâ : dasassa[2] dasaguṇitaṁ katvâ sataṁ hoti; satassa dasaguṇitaṁ katvâ sahassaṁ hoti; sahassassa dasaguṇitaṁ katvâ
dasasahassaṁ hoti; dasasahassassa dasaguṇitaṁ katvâ satasahassaṁ hoti; satasahassassa dasaguṇitaṁ katvâ dasasatasahassaṁ hoti; dasasatasahassassa dasaguṇitaṁ katvâ koṭi hoti;
koṭisatahassânaṁ sataṁ pakoṭi hoti; evaṁ sesâni kâtabbâni[3].

De même, au-dessus de ces nombres [cent et
mille] jusqu'au multiple par dix [de ces nombres
multipliés l'un par l'autre] (jusqu'à dix fois cent

[1] S<sup>f</sup> °yathâsaṅkbyaṁ.
[2] Cd °sassa gaṇassa da°.
[3] Malgré l'accord de Cd et S<sup>f</sup> le texte du commentateur ne saurait
ici encore être correct; et il est évident que la première partie des
exemples, de « dasassa » à « sahassaṁ hoti », ne porte pas plus sur la règle
résente que la dernière, de « dasasatasahassassa » à « kâtabbâni ».

mille). Ex. Dasasahassaṁ : dix mille; satasahassaṁ :
cent mille ; dasasatasahassaṁ : dix fois cent mille.

## सकनामेहि ॥ ५२ ॥

Yâsaṁ pana saṅkhyânaṁ aniddiṭṭhanâmadheyyânaṁ sakehi
sakehi nâmehi nipaccante. Satasahassânaṁ sataṁ : koṭi; koṭi-
satasahassânaṁ sataṁ : pakoṭi; pakoṭisatasahassânaṁ sataṁ :
koṭippakoṭi; koṭippakoṭisatasahassânaṁ sataṁ : nahutaṁ; na-
hutasatasahassânaṁ sataṁ : ninnahutaṁ; ninnahutasatasa-
hassânaṁ sataṁ : akkhobhini ; tathâ : bindu; abbudaṁ;
nirabbudaṁ; ahahaṁ; ababaṁ; aṭaṭaṁ; sogandhikaṁ; uppalaṁ; kumudaṁ; puṇḍarîkaṁ; padumaṁ; kathânaṁ; mahâ-
kathânaṁ; asaṅkheyyaṁ [1].

[De même] après les nombres supérieurs qui ont
chacun leur nom particulier. Ex. Koṭi : cent fois
cent mille; pakoṭi : cent fois cent mille koṭis, etc.

On voit par la traduction comment je crois que doit
s'expliquer l'ablatif « sakanâmehi ». Comme d'ordinaire
dans la langue des sûtras grammaticaux, il faut le traduire
par : après....., expression qui se justifie ici en ce que
l'auteur a en vue la position des divers nombres en composition. Quant au sens général de ce sûtra et du précédent, il
est assez clair : l'auteur enseigne d'abord que, jusqu'à dix fois
cent mille inclusivement, on s'exprime rien qu'au moyen des
nombres *dasa*, *sata* et *sahassa*; mais à partir de là et de cent
fois cent mille en cent fois cent mille, chaque nombre a un
nom particulier et les multiples intermédiaires s'expriment
au moyen de *dasa*, *sata* et *sahassa* précédés de cette dénomi-
nation spéciale.

[1] Cd asaṁkhyaṁ.

## तेसं णो लोपं ॥ ५३ ॥

Tesaṁ paccayânaṁ ṇo lopaṁ âpajjate. Gotamassa apaccaṁ,
putto : gotamo ; evaṁ : vâsiṭṭho ; venateyyo ; âlasyaṁ ; arogyaṁ.

Les suffixes qui ont un [anubandha] *ṇ* l'éliminent. Ex. Vâsiṭṭho : fils de Vasiṭṭha (= vasiṭṭha + le
suffixe ṇa).

## विभागे धा च ॥ ५४ ॥

Vibhâgatthe dhâpaccayo hoti. Ekena vibhâgena : ekadhâ ;
evaṁ : dvidhâ ; tidhâ ; catudhâ ; pañcadhâ.
Ceti kimatthaṁ ? So ca hoti. Suttaso ; byañjanaso ; padaso[1].

Dans un sens distributif [on emploie] aussi le
suffixe *dhâ*. Ex. Ekadhâ : en un ; dvidhâ : en deux.

J'ai traduit *ca* littéralement ; mais je n'en saurais dire le
sens véritable, l'explication qu'en donne le scholiaste n'é-
tant pas, dans l'état présent du texte, plus acceptable que
tant d'autres du même genre. Cf. du reste les nn. des ss.
56 et 57.

## सब्बनामेहि पकारवचने तु धा ॥ ५५ ॥

Sabbanâmehi pakâravacanatthe tu thâpaccayo hoti. So pakâro : tathâ ; taṁ pakâraṁ : tathâ ; tena pakârena : tathâ ;
tassa pakârassa : tathâ ; tasmiñ pakâre : tathâ ; evaṁ : sabbathâ ;
aññathâ, itarathâ[2].

[1] S᾽casaddaggahaṇena moso paccayo hoti vibhâgatthe. Suteṇa vibhâgena : sutaso ; evaṁ bya°.
[2] Cd itarâ.

'Tusaddaggahaṇaṁ kimatthaṁ? Thattâpaccayo hoti. So
viya pakâro : tathattâ[1] ; yathattâ ; aññathattâ ; itarathattâ ; asab-
bathattâ.

Et pour exprimer la manière [on emploie] après
les pronoms [le suffixe] *thâ*. Ex. Tathâ : de cette
manière ; sabbathâ : de toute manière.

## किमिमेत्ति थं ॥ ५६ ॥

Kiṁ ima iccetehi thaṁpaccayo hoti pakâravacanatthe. Ko
pakâro : kathaṁ ; kaṁ pakâraṁ : kathaṁ ; kena pakârena :
kathaṁ ; kassa pakârassa : kathaṁ ; kasmâ pakârâ : kathaṁ ;
kasmiṁ pakâre : kathaṁ ; ayaṁ pakâro : itthaṁ ; imaṁ pakâraṁ : itthaṁ ; iminâ pakârena : itthaṁ ; anena pakârena :
itthaṁ ; assa pakârassa : itthaṁ ; asmâ pakârâ : itthaṁ ; asmiṁ
pakâre : itthaṁ.

Après *kiṁ* et *ima* [on emploie, dans le même
sens, le suffixe] *thaṁ*. Ex. Kathaṁ : de quelle manière? itthaṁ : de cette manière.

L'observation jointe à la règle suivante m'oblige à noter
ici un point qui, d'ailleurs, n'est peut-être pas sans importance pour l'histoire de cette grammaire. On remarquera, en
effet, qu'il y a une forte raison, tirée de ces règles elles-
mêmes, de considérer comme interpolés ou déplacés, au
moins ce sûtra et le précédent : les suffixes *thâ* (thâl) et *thaṁ*
(thamu) sont de ceux qui devaient venir au ch. 5 du Nâmakappa ; ils sont, eux aussi, *vibhattisaññâyo* (Pâṇ. V, 3, 23. 24.
25). Mais, d'autre part, cette façon de considérer ces suffixes et plusieurs autres, empruntée par notre grammairien
(II, 5, 1) à Pâṇini (V, 3, 1 svv.), ne se retrouve pas dans la

____
[1] Cd °ro : thattâ°.

grammaire Kâtantra, qui rejette au contraire tous ces suffixes, y compris les deux qui nous occupent, vers la fin du chapitre des taddhitas; et c'est évidemment sous son influence qu'a eu lieu l'addition ou le déplacement qu'il nous suffit, pour le moment, de constater.

बुड्ढादिसरस्स वासंयोगन्तस्स ¹ सण च ॥ ५७ ॥

Âdisarassa và asaṁyogantassàdibyañjanassa ² và sarassa vuddhi ³ hoti saṇakàrappaccayo pare. Abhidhammaṁ ⁴ adhite: âbhidhammiko; vinatâya apaccaṁ: venateyyo; evaṁ: vâsiṭṭho; âlasyaṁ.

Asaṁyogantasseti ⁵ kimatthaṁ? Bhaggavo.

Et devant les suffixes qui ont un [anubandha] *ṇ* la première voyelle [du thème], qu'elle soit initiale ou [précédée d'une consonne], reçoit la vuddhi, pourvu qu'elle ne soit pas suivie de plusieurs consonnes. Ex. Âbhidhammiko : qui étudie l'Abhidhamma (= abhidhamma + ṇiko); vâsiṭṭho : descendant de Vasiṭṭha (= vasiṭṭha + ṇo).

Ici encore le « ca » du sûtra ne paraît d'abord présenter aucun sens satisfaisant; mais il est facile de lui restituer avec une grande vraisemblance sa signification primitive. En effet, en rapprochant cette règle de la règle 53, et en observant comme les règles qui l'en séparent sont ici hors de place, personne ne doutera guère que le présent sûtra n'ait dû primitivement faire immédiatement suite au sûtra 55; et dès lors la

---

¹ Cd vuddhâdi° gànta°.
² Cd °yogâ°.
³ Cd vuddhi.
⁴ Cd °dhammâ a°.
⁵ Cd °yogànta°.

particule qui les devait relier s'explique de la façon la plus
naturelle. (Cf. VII, 5, 15, une répétition de ce sûtra sous
une autre forme.)

## मा यूनं ग्रागमो ठाने ॥ ५८ ॥

I u iccetesañ âdibhûtânañ avuḍḍhi [1] hoti tesu ca vuḍḍhi [2]
âgamo hoti ṭhâne. Byâkaraṇañ adhîte : veyyâkaraṇo ; nyâye [3]
niyutto : neyyâyiko [4] ; byâvaccassa [5] apaccañ, putto : veyyâvacco [6] ; dvâre niyutto : dovâriko [7].

Dans certains cas, *i, u* [transformés en *y, v* devant la voyelle initiale d'un mot auquel ils sont pré-
fixés] ne subissent pas la vuḍḍhi; mais on ajoute
[devant eux, et aussi devant *y, v* de certains mots,
la vuḍḍhi de *i, u*]. Ex. Veyyâkaraṇo : un grammairien (de : byâkaraṇa); dovâriko : un portier (de :
dvâra).

Si imparfaite que soit la forme de ce sûtra, il ne peut y
avoir de doute sur le sens; ce qui a fait l'embarras de l'auteur, c'est qu'il a voulu condenser en une seule deux règles
de Pâṇini (VII, 3, 3. 4) où la même idée est représentée d'une
façon beaucoup plus nette par : « Yvâbhyâm padântâbhyâm.
. . . . . — Dvârâdînâm ca ». Le s. Kâtantra correspondan
(fol. 54) : « Na (*vṛiddhir asti*) yvoḥ padâdyor (C. °dyo) vṛiddhir
âgamaḥ », n'est pas du reste beaucoup plus heureux.

[1], [2] Cd °vuddhi.

[3] Cd ṇyâ°.

[4] Cd ṇeyyâ°.

[5] Cd byâvassa. S[f] °vacchassa.

[6] Cd veyyâvacco. S[f] °vaccho.

[7] Cd dvâriko. — S[f] ajoute ici : Yinam iti kimatthañ ? Totamo ve-
dalassatthâna vedallañ. Thâneti kimatthañ ? Visaye nayutto : vesayiko; sumanassa bhâvo : somanassañ.

## आत्तञ्च रि' ॥ ५४ ॥

I u iccetesañ âttañ ca hoti rikârâgamo ca ṭhâne. Ârissañ;
âṇyañ; âsabhañ; âjavañ [2]; iccevamâdi.

Yûnañ iti kimatthañ ? Âpâyikotyâdi.

Ṭhâneti kimatthañ ? Vemâniko [3]; opanayiko; opamâyiko;
opâyiko [4].

Et [dans certains cas, *i*, *u* se changent en] *â* suivi
[quelquefois] de [la syllabe] *ri*. Ex. Ârissañ : la condition d'un isi (ṛishi); âṇyañ : l'état de ce qui
est dû (iṇa : la dette).

## द्वाचादिमज्जुत्तरानं दीघरस्सा पच्चयेसु च ॥ ६० ॥

Kvaci âdimajjhauttara iccetesañ dìgharassâ honti paccayesu
ca appaccayesu ca. Âdidìgho tâva : pâkâro; nivâro; pâsâdo;
pâkato; pâtimokkho; pâtikaṅkho iccevamâdi; — majjhadì-
gho tâva : aṅgamâgadhiko; orabbhamâgaviko; iccevamâdi;
— uttaradìgho tâva : khanti paramañ tapo titikkhâ; añjanâ-
giri; koṭarâvanañ [5]; iccevamâdi. — Âdirasso tâva : pageva;
iccevamâdi; — majjharasso tâva : sumedhaso; suvaṇṇadha-
rehi; iccevamâdi; — uttararasso tâva : yathâbhâviguṇena
so; bhovâdinâma so hoti, iccevamâdi. Evañ yathâjinavaca-
nânuparodhena yojetabbâ [6].

Quelquefois aussi, devant des suffixes, une voyelle
devient longue ou devient brève au commencement,
au milieu ou à la fin des mots. Ex. Pàkâro : mur

---

[1] Cd n'a pas : ri.
[2] Cd âvajjavañ.
[3] Cd vemaniko.
[4] Cd Sⁱ opayiko.
[5] Cd ajoute : aṅguliyà iᵒ.
[6] Cd yathânupaᵒ.

d'enceinte (de : pa + kar); suvaṇṇadharo : qui doit un suvarṇa (de : suvaṇṇa + dhârayati); khantî (au lieu de : khanti) paramaṁ tapo titikkhâ : la patience, la résignation, est la première des austérités.

L'addition «appaccayesu ca» du scholiaste ne rend pas bien, je pense, l'intention de l'auteur. Après avoir énuméré les suffixes, il enseigne les modifications qu'ils exigent dans les thèmes après lesquels on les emploie; il a parlé d'abord de la vṛddhi; il passe maintenant à d'autres modifications, et s'il répète ici « paccayesu », c'est que, tant qu'il n'a été question que de la vṛddhi, « saṇe » du sûtra 57 demeurait en vigueur, tandis que c'est à présent de tous les suffixes en général qu'il est question.

तेसु वुड्डि॰लोपागमविकारविपरीतादिसा च ॥ ६१ ॥

Tesu âdimajjhuttaresu[2] jinavacanânuparodhena kvaci vuḍḍhi[1] hoti, kvaci lopo hoti, kvaci âgamo hoti, kvaci vikâro hoti, kvaci viparito hoti, kvaci âdeso hoti. Âdivuḍḍhi tâva : âbhidhammiko; venateyyo, iccevamâdi; majjhavuḍḍhi[4] tâva : sukhasseyaṁ; sukhakâri dânaṁ, iccevamâdi; uttaravuḍḍhi tâva : kâliṅgo; mâgadho; paccakkhadhammo, iccevamâdi. — Âdilopo tâva : tâlisaṁ, iccevamâdi; majjhalopo tâva : kattukâmo; gantukâmo; dhaniyo; kumbhakâraputto; vedallaṁ, iccevamâdi; uttaralopo tâva : bhikkhû[5]; bhikkhunî; iccevamâdi. — Âdiâgamo tâva : vutto bhagavatâ, iccevamâdi; majjhâgamo tâva : sa sîlavâ sa paññavâ, iccevamâdi; uttarâgamo tâva : vedallaṁ, iccevamâdi. — Âdivikâro tâva :

---

[1], [3] Cd ici et partout dans la suite : vuddhi°. S[f] vuḍhi.

[2] Peut-être faut-il lire : âdimajjhuttarânaṁ. — Évidemment *tesu* du sûtra signifie : tesu paccayesu.

[4] Cd et S[f] ici et dans la suite : majjhe, puis le terme technique : vuḍḍhi, etc.

[5] Cd S[f] bhikkhu.

àrissaṁ[1]; àsabhaṁ; àṇyaṁ, iccevamâdi; majjhavikâro tâva :
varârissaṁ[2]; parârissaṁ[3]; iccevamâdi; uttaravikâro tâva :
tâni; sukhâni, iccevamâdi. — Âdiviparìto tâva : uggate suriyo; uggacchati, iccevamâdi; majjhaviparìto tâva : samug-
gacchati; samuggate suriye, iccevamâdi; uttaraviparìto tâva :
digu; digunnaṁ, iccevamâdi. — Âdiàdeso tâva : yûnaṁ
iccevamâdi[4]; majjhâdeso tâva : nyàyogo, iccevamâdi; utta-
râdeso tâva : sabbaseyyo; sabbaseṭṭho, iccevamâdi. — Evaṁ
yathânuparodhena yojetabbâ.

Quelquefois aussi, devant des suffixes [quelcon-
ques], les thèmes sont sujets au commencement, au
milieu ou à la fin : 1° à la vuḍḍhi. Ex. Sukhakâri
dânaṁ : l'aumône assure la félicité (kâri de la racine kar); — 2° à des apocopes. Ex. Tâlîsaṁ : quarante (pour : cattâlîsaṁ); — 3° à des additions de
lettres. Ex. Vutto : dit (= skrt. uktaḥ); — 4° à des
modifications phoniques. Ex. Ârissaṁ : la condition
d'un Ṛishi (de : isi); — 5° à des atténuations [vo-
caliques]. Ex. Uggacchati : il descend (pour : o —
gacchati, cf. II, 1, 28); — 6° à des substitutions. Ex.
Sabbaseṭṭho : le meilleur de tous (seṭṭho, superlatif de pasaṭṭha, pour la formation duquel le radical *se* remplace le radical *passaṭṭh*. (Cf. ii, 5, 17.)

Parmi les exemples donnés par le scholiaste, plusieurs,
comme on le verra, sont assez mal choisis. C'est ainsi que les
cas d'àdivuḍḍhi ne sont pas du ressort de la présente règle,
puisqu'une règle spéciale leur est consacrée ci-dessus; quant
aux exemples d'uttaravuḍḍhi, j'avoue ne pas voir comment

[1], [2], [4] Cd °risyaṁ.
[3] Sf i ca u ca yû yûnaṁ i°.

ils rentrent dans les cas dont il est question (l'*o* final est un *Âdesa*—II, 1, 53); je ne vois même pas de correction au moyen de laquelle on les y pourrait faire rentrer. — Il n'est peut-être pas très-facile de déterminer exactement la nuance qui distingue deux des termes dont se sert le sûtra : *vikâra* et *viparîta*. A en juger par les exemples du commentaire, il semblerait que le premier désigne particulièrement les changements par et avec addition, *i* devant *âri*, *a* devenant *âni*, les changements augmentatifs, si je puis ainsi parler; le second au contraire marquerait les changements opposés, lorsque, par exemple, une voyelle longue telle que *o* s'atténue et devient *u*, comme dans : digu. Mais il est bien difficile de fonder une distinction solide sur de si faibles données, et cela d'autant plus que la valeur étymologique des termes « vikâra » et « viparîta » est trop vague pour nous guider sûrement.

अयुवणानञ्ञायो वुड्ढि ॥ ६२ ॥

A iti[1] akâro i î iti ivaṇṇo u û iti uvaṇṇo; tesaṁ akâraivaṇṇuvaṇṇânaṁ â e o vuḍḍhiyo honti yathâsaṅkhyaṁ a i u avuḍḍhi ca hoti[2]. Âbhidhammiko; venateyyo; oḷumpiko[3]; abhidhammiko; vinateyyo; uḷumpiko[4].

Punavuḍḍhiggahaṇaṁ kimatthaṁ? Uttarapadavuḍḍhibhâvatthaṁ[5]. Aṅgamagadhehi[6] âgato : aṅgamâgadhiko; nigamo ca janapado ca : nigamajanapadâ, nigamajanapadesu jâtâ : negamajânapadâ[7]; puri ca janapado ca; purijanapadâ, purijanapadesu jâtâ : porajânapadâ[8]; satta ahâni : sattahaṁ[9]; sattahe[10] niyutto : sattâhiko; catasso vijjâ : catuvijjaṁ, catuvijje niyutto : câtuvejjiko[11]; iccevamâdi.

---

[1] S<sup>f</sup> a â iti°. — [2] Cd a i u vuddhiṁ. Â°. — [3], [4] Cd °ḷampi°.

[5] S<sup>f</sup> n'a pas : uttara° vatthaṁ.

[6] Cd °mâga°. S<sup>f</sup> °magga°.

[7] Cd nigamajana°, S<sup>f</sup> negamajana°.

[8] Cd purijana°, S<sup>f</sup> porijana°.

[9], [10] Cd S<sup>f</sup> °sattâ°.

[11] Cd S<sup>f</sup> catuvijjiko.

Vuḍḍhi iccanena kvattho ? Vuḍḍhâdisarassa vâsaṁyogan-
tassa saṇe ca. (**V, 57.**)

. La vuḍḍhi de *a, i, î, u, û* est *â, e, o*. Ex. Âbhidhammiko : qui étudie l'abhidhamma ; venateyyo :
descendant de Vinatâ ; oḷupiko : qui traverse sur un
radeau.

Les cas que le scholiaste rattache à ce sûtra par son arbitraire interprétation du mot vuḍḍhi sont ceux où le second
terme d'un composé prend la vṛiddhi devant tel ou tel suffixe,
ou seul ou concurremment avec le premier membre, cas
traités par Pâṇini, VII, 3, 10 svv. Il faut remarquer du
reste qu'aucun des exemples du scholiaste ne rentre dans les
règles du grammairien sanskrit ; pour le dernier « câtuvejjiko »
on peut comparer la Siddhântakaumudî in Pâṇ. VII, 3, 31
(éd. Calc. 1870, I, p. 655). Il en est du reste deux autres
encore : negamajânapadâ et porajânapadâ, qui, si j'ai eu raison de les lire ainsi, tomberaient à faux, puisque ces deux
mots ne sont que des composés dvandva formés chacun de
deux membres qui ont reçu la vṛiddhi *antérieurement* à la composition ; mais ce n'est pas la première ni l'unique méprise
du commentateur, et est-il possible d'admettre, pour l'en
absoudre, des formes : *nigamajânapadâ, purijânapadâ?*

ITI NÂMAKAPPE TADDHITAKAPPO AṬṬHAMO KAṆḌO.

---

Âkhyâta[1]sâgaraṁ athajjalanîtaraṅgaṁ
Dhâtujjalaṁ vikaraṇâgamakâlamîṇaṁ

[1] Ici comme dans la suite, A. lit avec Cd et toutes mes autres autorités singhalaises (Bâlâvatâra, éd. Colombo, Rûpasiddhi, etc.) :
«âkkhyâta»; malgré l'autorité de tant de témoignages j'ai cru devoir
rétablir l'orthographe étymologique, nécessaire d'ailleurs en raison
de l'*â* long.

Lopânubandharayaṁ atthavibhâgatiraṁ
Dhirâ taranti kavino puthubuddhinâvâ;
Vicittasaṅkhâraparikkhitaṁ imaṁ
Âkhyâtasaddaṁ vipulaṁ asesato
Panamya[1] sambuddhaṁ anantagocaraṁ
Sugocaraṁ yaṁ vadato suṇâtha me[2].

## अथ[3] पुब्बानि विभत्तीनं छ परस्सपदानि ॥ १ ॥

Atha sabbâsaṁ vibhattinaṁ yâniyâni pubbâni cha padâni tânitâni parassapadasaññâni honti. Taṁ yathâ : ti[4] anti si[5] tha mi[6] ma.

Parassapadaṁ iccanena[7] kvattho ? Kattari parassapadaṁ. (VI, 2, 25.)

Dans les [énumérations des] désinences [verbales], les six premières formes sont [toujours celles du] parassapada. Ex. Les désinences *ti, anti, si, tha, mi, ma* dans l'énumération du sûtra 18.

## परायवस्तनोपदानि ॥ २ ॥

Sabbâsaṁ vibhattinaṁ yâniyâni[8] parâṇi cha tânitâni attanopadâni honti. Taṁ yathâ; te ante se vhe e mhe.

Attanopadaṁ iccanena kvattho ? Attanopadâni bhâve ca kammaṇi. (VI, 4, 37.)

Les [six] autres sont [celles de l'] attanopada,

[1] A. paṇamya.

[2] A. suṇâtha.

[3] Avant atha, Cd a un distique que A. a avec raison rejeté au bas de la page, comme interpolé :
 Adhikâre maṅgale ceva nipphanne avadhâraṇe
 Anantare câpadâno athasaddo pavattati.

[4], [5], [6] Dans Cd avec î long.

[7] Ici et dans les sûtras suivants A. iccaṇena.

[8] Cd yâṇi yâṇi.

Ex. Les désinences *te, ante,* etc. de l'énumération
du sûtra 18.

### द्वेद्वे पठममज्झिमुत्तमपुरिसा ॥ ३ ॥

Tàsañ sabbâsañ vibhattînañ parassapadânañ attanopadâ-
nañ ca dvedve padâni paṭhamamajjhimauttamapurisasaññâni
honti. Tañ yathâ : ti anti iti paṭhamapurisâ; si tha iti majjhimapurisâ; mi ma iti uttamapurisâ; attanopadânipi te ante
iti paṭhamapurisâ; se vho iti majjhimapurisâ; e mhe iti uttamapurisâ; evañ sabbattha.

Paṭhamamajjhimuttarapurisa iccanena kvattho ? Nâmamhi
payujjamânepi tulyâdhikaraṇe paṭhamo; tumhe majjhimo;
amhe uttamo. (VI, 1, 5, 6, 7.)

[Ces désinences appartiennent successivement
et] par groupes de deux [à] la troisième, [à] la seconde et [à] la première personne. Ex. ti, anti sont
les désinences de la troisième personne; si, tha, de
la seconde, etc.

J'ai, dans la traduction, substitué les dénominations des
personnes qui nous sont familières à celles, précisément op-
posées, dont se servent les sûtras.

### सब्बेसं एकाभिधाने परो पुरिसो ॥ ४ ॥

Sabbesañ tiṇṇañ paṭhamamajjhimuttarapurisânañ ekâbhi-
dhâne paro puriso gahetabbo. So ca paṭhati te ca paṭhanti tvañ
ca paṭhasi tumhe ca paṭhatha ahañ ca paṭhâmi : mayañ paṭhâma; so pacati te ca pacanti tvañ ca pacâsi tumhe ca pacatha ahañ ca pacâmi : mayañ pacâma; evañ sesâsu vibhattîsu paro puriso yojetabbo.

Pour [les embrasser] toutes [trois] dans une expression unique, [on se sert de] la dernière [dans l'énumération ci-dessus] (c'est-à-dire de la première personne). Ex. So ca paṭhati, te ca paṭhanti, tvañ ca paṭhasi, tumhe ca paṭhatha, ahañ ca paṭhâmi (il lit, ils lisent, tu lis, vous lisez, je lis) donnent ensemble : mayañ paṭhâma : nous lisons.

## नामम्हि पयुज्जमानेपि तुल्याधिकरणे पठमो ॥ ५ ॥

Nâmamhi payujjamânepi appayujjamânepi tulyâdhikaraṇe paṭhamo puriso hoti. So gacchati; te gacchanti. Appayujjamânepi : gacchati; gacchanti.

Tulyâdhikaraṇeti kimatthaṁ? Tena haññase tvaṁ devadattena.

Avec un nom exprimé [ou sous-entendu], de même relation syntactique (qui lui sert de sujet), [le verbe se met à] la troisième personne. Ex. So gacchati : il marche; gacchanti : ils marchent.

## तुम्हे मज्झिमो ॥ ६ ॥

Tumhe payujjamânepi apayujjamânepi tulyâdhikaraṇe majjhimo puriso hoti. Tvaṁ yâsi; tumhe yâtha. Appayujjamânepi : yâsi; yâtha.

Tulyâdhikaraṇeti kimatthaṁ? Tayâ paccate odano.

Avec [le pronom] *tumha* [exprimé ou sous-entendu au nominatif, le verbe se met à] la deuxième personne. Ex. Tvaṁ yâsi : tu vas; yâtha : vous allez.

## अम्हे उत्तमो ॥ ७ ॥

Amhe payujjamânepi appayujjamânepi tulyâdhikaraṇe uttamo puriso hoti. Ahaṁ yajâmi; mayaṁ yajâma. Appayujjamânepi : yajâmi; yajâma.

Tulyâdhikaraṇeti kimatthaṁ? Mayâ ijjate buddho.

Avec [le pronom] *amha* [exprimé ou sous-entendu,
au nominatif, le verbe se met à] la première personne. Ex. Ayaṁ yajâmi : j'offre un sacrifice; yajâma : nous offrons un sacrifice.

## काले ॥ ८ ॥

Kâle iccetaṁ adhikâratthaṁ veditabbaṁ.

[Les sûtras suivants traitent de l'emploi] des
temps.

## वत्तमाना पच्चुप्पन्ने ॥ ९ ॥

Paccuppanne kâle vattamânâvibhatti[1] hoti. Pâṭaliputtaṁ
gacchati; sâvatthiṁ pavisati; viharati jetavane.

Le [temps dit] vattamânâ marque le présent.
Ex. Pâṭaliputtaṁ gacchati : il va à Pâṭaliputta.

## आनत्त्यासिट्ठेऽनुत्तकाले पञ्चमी ॥ १० ॥

Ânattyatthe ca âsiṭṭhatthe ca anuttakâle pañcamîvibhatti
hoti. Karotu kusalaṁ; subhaṁ te hotu.

---

[1] Cd vattamânavibhattiyo honti.
[2] Cd ânatyâ°.

La [forme dite] pañcamî marque l'ordre, le souhait, sans détermination de temps. Ex. Karotu kusalaṁ : qu'il fasse le bien! subhaṁ te hotu : puisses-
tu être heureux !

## अनुमतिपरिकप्पत्थेसु सत्तमी ॥ ११ ॥

Anumatyatthe ca parikappatthe ca anuttakâle sattamîvi-
bhatti hoti. Tvaṁ gaccheyyâsi; kiṁ ahaṁ kareyyâmi ?

La [forme dite] sattamî marque l'adhésion, l'hési-
tation, [sans indication de temps.] Ex. Tvaṁ gaccheyyâsi : tu peux aller; kiṁ ahaṁ kareyyâmi : que
pourrais-je faire ?

## अपच्चक्खे परोक्खातीते ॥ १२ ॥

Apaccakkhe atite kâle parokkhâvibhatti hoti. Supine kila
evaṁ[1] âha; evaṁ kila porâṇâ âhu.

Le [temps dit] parokkhâ marque un passé indé-
terminé. Ex. Supine kila evaṁ âha : il parla ainsi
en songe; evaṁ kila porâṇâ âhu : ainsi parlèrent les
anciens.

## ह्योप्पभुतिपच्चक्खे ह्यत्तनी ॥ १३ ॥

Hîyoppabhuti atite kâle paccakkhe vâ apaccakkhe vâ hîyat-
tanivibhatti hoti. So maggaṁ agamâ; te agamu[2] maggaṁ.

Le [temps dit] hîyattanî marque un passé déter-

---

[1] Cd °kilaṁ âha.
[2] A. agamû ma°.

miné, ne remontant pas au delà de la veille. Ex. So maggaṁ agamâ : il est allé sur la route.

## समीपेऽज्जतनी ॥ १४ ॥

Ajjappabhuti atîte kâle paccakkhe vâ apaccakkhe vâ samipe ajjatanivibhatti hoti. So maggaṁ agamî ; te maggaṁ agamuṁ.

Le [temps dit] ajjatanî marque un passé tout voisin. Ex. So maggaṁ agamî : il est allé (aujour- d'hui) sur la route.

Le commentaire du scholiaste paraît s'inspirer du s. Kâ- tantra correspondant : « Adyatane 'tîte kâle 'dyatanî » (fol. 57).

## मायोगे सब्बकाले च ॥ १५ ॥

Hiyattanî ajjatanî iccetâ vibhattiyo yadâ mâyoge¹ tadâ sabbakâle ca honti. Mâ gamâ ; mâ vacâ ; mâ gamî ; mâ vacî.
Casaddaggahaṇena pañcamivibhatti hoti. Mâ gacchâhi.

Et en construction avec *mâ* il s'emploie sans ac- ception de temps. Ex. Mâ gamî : qu'il n'aille pas.

Je ne sais si, en réintroduisant ici la *hîyattanî*, le scho- liaste répond bien à l'intention de l'auteur ; mais cela serait d'autant moins surprenant que des formes d'aoristes, telles que *agamâ*, sont ici considérées comme des imparfaits. (cf. s. 13) ; toutefois il est douteux qu'il faille faire remonter jus- qu'à l'auteur des sûtras la responsabilité d'une pareille con- fusion. On sait d'ailleurs que, en sanskrit, *mâ* ne s'emploie avec l'imparfait dans le sens en question qu'accompagné de *sma* (Pâṇ. III. 3. 175 ; Kâtantravṛ. fol. 59).

## अनागते भविस्सन्ती ॥ १६ ॥

Anâgate kâle bhavissantivibhatti hoti. So gacchissati ; so karissati ; te gacchissanti ; te karissanti.

¹ A. °mâyoge tadâ".

Le [temps dit] bhavissantî marque le futur. Ex. So gacchissati : il ira.

## क्रियातिपन्नेऽतीते कालातिपत्ति ॥ १७ ॥

Kiriyâtipannamatte atîte kâle kâlâtipattivibhatti hoti. So ce taṁ yânaṁ alabhissâ agacchissâ; te ce taṁ yânaṁ alabhissaṁsu agacchissaṁsu.

Le [temps dit] kâlâtipatti marque le passé, où l'action [aurait pu être, mais] n'a pas été exécutée. Ex. So ce taṁ yânaṁ alabhissâ agacchissâ : s'il avait pris cette voiture, il serait venu.

## वत्तमाना ति अन्ति सि थ मि म ते अन्ते से व्हे ए म्हे ॥ १८ ॥

Vattamânâ[2] iccesâ saññâ hoti ti anti si tha mi ma te ante se vhe e mhe iccetesaṁ dvâdasannaṁ padânaṁ.

Vattamânâ[3] iccanena kvattho? Vattamânâ paccuppanne. (VI, 1, 9.)

Les désinences du présent (vattamânâ) sont : ti, anti; si, tha; mi, ma; te, ante; se, vhe; e, mhe.

## पञ्चमी तु अन्तु हि थ मि म तं अन्तं स्सु व्हो ए आमसे ॥ १९ ॥

Pañcamî iccesâ saññâ hoti tu antu hi tha mi ma taṁ antaṁ ssu vho e âmase iccetesaṁ dvâdasannaṁ padânaṁ.

---

[1] A. °tipaṇṇe°.
[2] Cd °mâna icce°.
[3] Cd A. °mâna i°.

Pañcamî iccanena kvattho ? Ânattyâsiṭṭhenuttakâle pañcamî. (VI, 1, 10.)

Les désinences de l'impératif (pañcamî) sont : tu, antu; hi, tha; mi, mha; — taṁ, antaṁ; ssu, vho; e, âmase.

सत्तमी एय्य एय्युं एय्यासि एय्याथ एय्यामि एय्याम<br>एथ एरं एथो एय्यव्हो एय्यं एय्याम्हे ॥ २० ॥

Sattamî iccesâ saññâ hoti eyya eyyuṁ eyyâsi eyyâtha eyyâmi eyyâma etha eraṁ etho eyyavho eyyaṁ eyyâmhe iccetesaṁ dvâdasannaṁ padânaṁ.

Sattamî iccanena kvattho. Anumatiparikappatthesu sattamî. (VI, 1, 11.)

Les désinences du potentiel (sattamî) sont : eyya, eyyuṁ; eyyâsi, eyyâtha; eyyâmi, eyyâma; etha, eraṁ; etho, evho; eyyaṁ, eyyâmhe.

परोक्खा अ उ ए त्थ अ म्ह त्थ रे त्थो व्हो इ म्हे ॥ २१ ॥

Parokkhâ iccesâ saññâ hoti a u e ttha a mha ttha re ttho vho i mhe iccetesaṁ dvâdasannaṁ padânaṁ.

Parokkhâ iccanena kvattho? Apaccakkhe parokkhâtîte. (VI, 1, 12.)

Les désinences du parfait (parokkhâ) sont : a, u; e, ttha; a, mha; ttha, re; ttho, vho; i, mhe.

हीयत्तनी आ ऊ ओ त्य अ म्हा॰ त्य त्युं से व्हं इं
म्हसे ॥ २२ ॥

Hiyattani iccesâ saññâ hoti â û o ttha a mhâ[2] ttha tthuñ
se vhañ iñ mhase iccetesañ dvâdasannañ padânañ.

Hiyattani iccanena kvattho? Hiyoppabhuti paccakkhe
hiyattani. (VI, 1, 13.)

Les désinences de l'imparfait (hîyattanî) sont : â,
û; o, ttha; a, mhâ; ttha, tthuñ; se, vhañ; iñ,
mhase.

अज्जतनी ई उं ओ त्य इं म्हा॰ आ ऊ से व्हं अ
म्हे ॥ २३ ॥

Ajjatani iccesâ saññâ hoti î uñ o ttha iñ mhâ â û se vhañ
a mhe iccetesañ dvâdasannañ padânañ.

Ajjatani iccanena kvattho? Samîpejjatani. (VI, 1, 14.)

Les désinences de l'aoriste (ajjatanî) sont : î, uñ;
o, ttha; iñ, mhâ; â, û; se, vhañ; a, mhe.

भविस्सन्ती स्सति स्सन्ति स्ससि स्सथ स्सामि स्साम
स्सते स्सन्ते स्ससे स्सव्हे सं स्साम्हे ॥ २४ ॥

Bhavissanti iccesâ saññâ hoti ssati ssanti ssasi ssatha ssâmi
ssâma ssate ssante ssase ssavhe ssañ ssâmhe iccetesañ dvâdasannañ padânañ.

Bhavissanti iccanena kvattho? Anâgate bhavissanti. (VI,
1, 16.)

[1, 2, 3] Cd mha.

Les désinences du futur (bhavissantî) sont : ssati, ssanti; ssasi, ssatha; ssâmi, ssâma; ssate, ssante; ssase, ssavhe; ssaṁ, ssâmhe.

कालातिपत्ति स्सा स्संसु स्से स्सथ स्सं स्सम्हा स्सथ स्सिंसु स्ससे स्सव्हे सं स्साम्हसे ॥ २५ ॥

Kâlâtipatti iccesâ saññâ hoti ssâ ssaṁsu sse ssatha ssaṁ ssamhâ ssatha ssiṁsu ssase ssavhe ssaṁ ssâmhase iccetesaṁ dvâdasannaṁ padânaṁ.

Kâlâtipatti iccanena kvattho? Kiriyâtipannetite kâlâtipatti. (VI, 1, 17.)

Les désinences du conditionnel (kâlâtipatti) sont : ssâ, ssaṁsu; sse, ssatha; ssaṁ, ssamhâ; ssatha, ssiṁsu; ssase, ssavhe; ssaṁ, ssâmhase.

ह्रीयत्तनीसत्तमीपञ्चमीवत्तमाना सब्बधातुकं ॥ २६ ॥

Hiyattanâdayo catasso sabbadhâtukasaññâ honti[1]. Agamâ; gaccheyya; gacchatu; gacchati.

Sabbadhâtuka iccanena kvattho? Ikâràgamo asabbadhâtukamhi. (VI, 4, 35.)

Les désinences de l'imparfait, du potentiel, de l'impératif et du présent, sont ce qu'on appelle *sabbadhâtuka*. Ex. Agamâ : il allait; gacchatu : qu'il aille; — tous deux sans *i* de liaison d'après le sûtra VI, 4, 35.

ITI ÀKHYÀTAKAPPE PAṬHAMO KAṆḌO.

_______

[1] A. Cd °kasañño hoti.

## धातुलिङ्गेहि परा पच्चया ॥ १ ॥

Dhâtu liṅga iccetehi parà paccayà honti. Karoti; gacchati,
yo koci karoti taṁ kubbantaṁ añño karohi iccevaṁ braviti[1]:
kâreti; athavâ karontaṁ payojayati : kâreti; saṅgho pabbataṁ
iva attânaṁ âcarati : pabbatâyati; samuddaṁ iva attânaṁ
âcarati : samuddâyati[2]; evaṁ samuddo ciccitaṁ iva attânaṁ
âcarati : ciccitâyati; vasiṭṭhassa apaccaṁ : vâsiṭṭho; evaṁ
aññepi yojetabbâ.

Les suffixes [s'attachent] à la fin des racines et
des thèmes nominaux. Ex. Karoti : il fait (kar +
o + ti); pabbatâyati : il ressemble à (il est inébran-
lable comme) une montagne (pabbata + âya + ti).

## तिजगुपकितमानेहि खछसा वा ॥ २ ॥

Tija gupa kita mâna iccetehi dhâtûhi kha cha sa iccete
paccayâ honti vâ. Titikkhati; jigucchati; tikicchati; vîmaṁsati.

Vâti kimatthaṁ? Tejati; gopati; mâneti.

Les racines *tij*, *gup*, *kit*, *mân*, prennent dans
certains cas [les suffixes] *kha, cha, sa.* Ex. Titikkhati : il endure; jigucchati : il a en horreur; tikicchati : il guérit; vîmaṁsati : il considère.

Nous avons ici un nouvel exemple d'une inexactitude de
langage déjà relevée précédemment et dont nous trouverons
plus d'un cas dans cette section; l'auteur du sûtra n'a sans

---

[1] A. bruvîti.
[2] A. Cd samuddayati.

doute pas méconnu les différences de signification au point
de présenter tejati et titikkhati comme s'employant indifféremment l'un pour l'autre, mais seulement comme des formes
diverses et de significations différentes, issues d'une racine
commune. La Rûpasiddhi le constate explicitement pour le
cas présent, comme on le peut voir par la remarque § de
M. d'Alwis, p. 13. Il est curieux pourtant que Durgasiṁha
(fol. 61) donne le suffixe *san* comme employé *svârthe* dans
ces cas. — On voit que notre auteur comprend *vîmaṁs* comme
= skr. *mîmâṁs* (*v* pour *m* par dissimilation) (cf. VI, 3, 6);
M. Fausböll (*Five Jât.* p. 37) avait pensé à *vi-mṛiç*; mais l'*î*
long paraît décisif contre cette explication. — Pour un changement phonique tout analogue cf. le prâkrit *vammaho* =
manmathaḥ (*Vararuci*, éd. Cowell, II, 9).

भुजघसहरसुपाद्दिहि तुमिच्छत्थेसु च ॥ ३ ॥

Bhuja ghasa hara su pâ[1] iccetehi dhatûhi tumicchatthesu
kha cha sa iccete paccayâ honti. Bhottuṁ icchati : bubhukkhati;
ghasituṁ icchati : jighacchati; harituṁ icchati : jigiṁsati,
sotuṁ icchati[2] : sussûsati[3]; pâtuṁ icchati : pivâsati.

Vâti kimatthaṁ? Bhottuṁ icchati.

Tumicchatthesvîti kimatthaṁ? Bhuñjati.

Et les racines *bhuj, ghas, har, su, pâ*, etc. dans le
sens désidératif [prennent les suffixes *kha, cha, sa*].
Ex. Bubhukkhati : il désire manger; jighacchati :
il désire avaler; jigiṁsati : il désire prendre; sussûsati : il désire entendre; pivâsati : il désire boire.

ब्राय नामतो कत्तुपमानाद्दाचारे ॥ ४ ॥

Nâmato kattupâmânâ iccetasmâ âcâratthe âyappaccayo
hoti. Pabbatâyati; ciccilâyati; evaṁ aññepi yojetabbâ.

[1] A. Cd "supa".
[2] A. supituṁ icchati.
[3] Cd sussûyati.

[On emploie le suffixe] *âya* après un thème nominal pour [en former un verbe destiné à] exprimer la manière d'être du sujet en le comparant [à
l'objet exprimé par le thème]. Ex. Pabbatâyati : il
est comme une montagne.

ईयुपमाना च ॥ ५ ॥

Nâmato upamânâ âcâratthe ca iyappaccayo hoti. Achattaṁ
chattaṁ iva âcarati : chattiyati; aputtaṁ puttaṁ iva âcarati :
puttiyati.

Upamânâti kimatthaṁ? Dhammaṁ âcarati.

Âcârattheti kimatthaṁ? Chattaṁ iva rakkhati. Evaṁ aññe
pi yojetabbâ.

Le suffixe *îya* s'emploie de même, la comparaison
ne portant pas sur le sujet. Ex. Puttîyati : il traite
comme un fils.

Naturellement, si l'auteur répète *upamânâ* dans le sûtra,
c'est pour éliminer la partie du composé « kattupamânâd » qu'il
ne répète pas. De là la traduction.

नामम्हात्तिच्छत्थे ॥ ६ ॥

Nâmamhâ attano icchatthe[1] iyappaccayo hoti. Attano
pattaṁ icchatîti : pattiyati; evaṁ : vatthiyati; parikkhâriyati;
civariyati; dhaniyati; patiyati.

Atticchatthe ti kimatthaṁ? Aññassa pattaṁ icchati. Evaṁ
aññepi yojetabbâ.

[Il s'emploie aussi] après un nom pour marquer

___
[1] Cd °tthe ca i°.

que le sujet désire pour soi [l'objet que le nom désigne]. Ex. Pattîyati : il désire (pour lui) une écuelle.

Pourquoi cette répétition de « nâmamhâ » après « nâmato » du sûtra 4 ? Il en faut sans doute chercher simplement l'origine dans le texte correspondant de Pânini (III, 1, 8) : « Supa âtmanaḥ kyac », ou plutôt du sûtra Kâtantra (f. 61) : « Nâmna atmecchâyâm yi », où supaḥ ou nâmnaḥ s'explique naturellement, le sûtra précédent traitant également dans les deux ouvrages de la formation des désidératifs et commençant par le mot *dhâtoḥ*; le grammairien pâli a purement et simplement transporté la règle dans son ouvrage, sans tenir compte du changement rendu nécessaire par la différence de l'ordre adopté.

धातूहि णेणयणापेणापया कारितानि हेत्वत्थे ॥ ७ ॥

Sabbehi dhâtûhi ṇe ṇaya ṇâpe ṇâpaya iccete paccayâ honti kâritasaññâ ca hetvatthe. Yo koci karoti taṁ kubbantaṁ añño karohi iccevaṁ braviti[1] athavâ karontaṁ payojayati : kâreti, kârayati, kârâpeti, kârâpayati; ye keci karonti te kubbante aññe karotha karotha iccevaṁ bruvanti[2] : kârenti, kârayanti, kârâpenti, kârâpayanti; yo koci pacati taṁ añño pacâhi pacâhi iccevaṁ braviti[3] athavâ pacantaṁ payojeti : pâceti, pâcayati, pâcâpeti, pâcâpayati; ye keci pacanti te pacante aññe pacatha pacatha iccevaṁ bruvanti[4] : pâcenti, pâcayanti, pâcâpenti, pâcâpayanti; evaṁ : haneti, hanayati, hanâpeti, hanâpayati; bhaṇeti, bhaṇayati, bhaṇâpeti, bhaṇâpayati. Tathariva aññepi yojetabbâ.

Hetvatthe ti kimatthaṁ? Karoti; pacati.

Atthaggahaṇena lappaccayo hoti. Jotalati.

Pour exprimer la cause on ajoute aux racines

---

[1,3] A. bruvîti.
[2,4] Cd bravante.

verbales [les suffixes] *ṇe*, *ṇaya*, *ṇâpe*, *ṇâpaya* [qu'on appelle suffixes] causatifs. Ex. Pâceti, pâcayati, pâcâpeti, pâcâpayati : il fait cuire (par un autre).

धातुरूपे नामस्मा एयो च ॥ ८ ॥

Tasmâ nâmasmâ ṇayappaccayo hoti kâritasaññâ ca dhâturûpe. Hatthinâ atikkamati maggaṁ : atihatthayati; viṇâya upagâyati : upaviṇayati[1]; daḷhaṁ karoti vinayaṁ : daḷhayati; visuddhâ hoti ratti : visuddhayati.

Casaddaggahaṇena âra âla iccete paccayâ honti. Antarârati[2]; upakkamâlati.

[Le suffixe] *ṇaya* [s'emploie] aussi après un thème nominal pour en former un thème verbal. Ex. Atihatthayati : il traverse sur un éléphant; upaviṇayati : il accompagne sur la vîṇâ.

Il n'y a pas lieu de transporter ici « kâritasaññâ », avec le scholiaste; il interprète mal le *ca* destiné seulement à marquer que le suffixe *ṇaya* qui sert à former des causatifs a encore un autre emploi, à savoir, etc. En effet, les dénominatifs formés de la sorte ne subissent pas l'application de la règle VI, 4, 2. Il est vrai qu'ils ne font pas moins exception à V, 57.

भावकम्मेसु यो ॥ ८ ॥

Sabbehi dhâtûhi bhâvakammesu yappaccayo hoti. Ṭhîyate; bujjhiyate; paccate; labbhate; kariyate; ijjate; uccate.

Bhâvakammesu kimatthaṁ? Karoti; pacati; paṭhati[3].

---

[1] Cd upaviṇâyati.

[2] Cd Santarâ°.

[3] A. ajoute : Yoggahaṇena abhâvakammesupi yappaccayo hoti : daddallati.

Dans le sens neutre-impersonnel et dans le sens
passif on emploie le suffixe *ya*. Ex. Ṭhîyate : on est
debout; labbhate : il est pris.

तस्स चबगयकारवकारत्तं सधात्वन्तस्स ॥ १० ॥

Tassa yappaccayassa cavaggayakâravakârattaṃ hoti dhâtvantena saha yathâsambhavaṃ. Vuccate; vuccante; uccate;
uccante; majjate; majjante; paccate; paccante; bujjhate;
bujjhante; yujjhate; yujjhante; kujjhate; kujjhante; ujjhate;
ujjhante; haññate; haññante; kayyate; kayyante; dibbate;
dibbante.


[La consonne initiale de] ce suffixe et la finale
de la racine deviennent l'une et l'autre palatales ou
[se changent en] *y* ou *v* (*b*). Ex. Vuccate : il est dit
(pour : *vucyate); majjate : il est enivré (pour : ma-
dyate); kayyate : il est fait (pour : karyate); dibbate :
il joue (pour : dîvyate).


इवण्णागमो वा ॥ ११ ॥

Sabbehi dhâtûhi yamhi paccaye pare ivaṇṇâgamo hoti vâ.
Kariyyate; kariyyanti[1]; gacchiyyate[2]; gacchiyyanti.
Vâti kimatthaṃ? Kayyate.


Ou bien [le suffixe *ya* peut recevoir un] *i* additionnel. Ex. Kariyate : il est fait (au lieu de :
kayyate).

[1] Cd kariyyanti. A. kariyanti.
[2] Cd gacchiyyate. A. gacchîyate.

## पुब्बरूपञ्च ॥ १२ ॥

Sabbehi dhâtûhi yappaccayo pubbarûpam âpajjate vâ.
Vuḍḍhate; phallate; dammate; labbhate; sakkate; dissate.
Vâti kimatthaṁ? Damyate[1].

[Le *y* du suffixe peut] aussi s'assimiler à la consonne précédente [, finale de la racine]. Ex. Dammate : il est dompté; dissate : il est vu.

## यथा कत्तरि च ॥ १३ ॥

Yathâ bhâvakammesu yappaccayassâdeso hoti tathâ kattari
yappaccayassâdeso kattabbo. Bujjhati; vijjhati; maññati; sibbati.

[Employé] au sens actif, [le suffixe *ya* subit] les
mêmes modifications. Ex. Bujjhati : il sait; maññati : il pense.

## भुवादितो अ ॥ १४ ॥

Bhû iccevamâdito dhâtugaṇato appaccayo hoti kattari.
Bhavati; pacati; paṭhati; yajati.

Les verbes de la classe bhû prennent [à l'actif le
suffixe] *a*. Ex. Bhav-a-ti : il est; pac-a-ti : il cuit.

## रुधादितो निग्गहीतपुब्बञ्च ॥ १५ ॥

Rudha iccevamâdito dhâtugaṇato appaccayo hoti kattari
pubbe niggahîtâgamo hoti. Rundhati; bhindati; chindati.

---

[1] Cd dammyate.

Casaddaggahaṇena i ì e o iccete paccayâ honti niggahîtâ-gamapubbañ ca. Rundhiti; rundhîti; rundheti; sumbhoti.

Les racines de la classe rudh prennent en outre une nasale avant [leur consonne finale]. Ex. Rundhati : il arrête; chindati : il coupe.

दिवादितो यो ॥ १६ ॥

Divâdito dhâtugaṇato yappaccayo hoti kattari. Dibbati; sibbati; yujjhati; vijjhati; bujjhati.

Les racines de la classe div prennent le suffixe *ya*. Ex. Ḋibbati : il joue; vijjhati : il perce.

स्वादितो णु[1] णा उणा च ॥ १७ ॥

Su iccevamâdito dhâtugaṇato ṇu[2] ṇâ uṇâ iccete paccayâ honti kattari. Abhisuṇoti; abhisuṇâti; samvuṇoti; samvuṇâti; âvuṇoti; âvuṇâti; pâpuṇoti; pâpuṇâti.

Les racines de la classe su prennent les suffixes *ṇu*, *ṇâ*, *uṇâ*. Ex. Abhisuṇoti : il écoute; samvuṇâti : il entoure; pâpuṇâti : il obtient.

कियादितो ना[3] ॥ १८ ॥

Ki iccevamâdito dhâtugaṇato nâpaccayo[4] hoti kattari. Kiṇâti[5]; jinâti[6]; dhunâti; lunâti[7]; punâti[8].

---

[1,2] Cd °ṇû°.
[3,5] A. ṇâ.
[5] Cd kinâti.
[6] Cd jiṇâti.
[7] A. luṇâti.
[8] Cd et A. puṇâti.

Les racines de la classe kî prennent le suffixe *ná*.
Ex. Kiṇâti : il achète; dhunâti : il secoue.

गण्हादितो प्पएण्हा च ॥ १९ ॥

Gaha iccevamâdito dhâtugaṇato ppa ṇhâ iccete paccayâ
honti kattari. Gheppati; gaṇhâti.

Et les racines *gah*, etc. prennent *ppa*, *ṇhâ*.
Ex. Gheppati ou gaṇhâti : il prend.

*Ca* marque le passage du général au particulier; le sens
est: en général les racines de la classe kî prennent *ná*, et
*gah* prend, etc. — en effet *gah* est tout naturellement consi-
déré comme faisant partie de la classe kyâdi (cf. *Dhâtumañ-
jusa,* p. 19, ap. Clough, *Pal. Verbs,* où il y a des confusions
dans les en-tête), et non, malgré *âdito,* comme tête d'une
classe spéciale, qui, comme le remarque M. d'Alwis (p. 20),
n'existe pas. «Âdito» du sûtra n'est peut-être qu'une vieille
erreur de texte pour «gahato», déterminée par la présence
de ce mot dans les règles voisines.

तनादितो ओयिरा ॥ २० ॥

Tanu iccevamâdito dhâtugaṇato o yira[1] iccete paccayâ
honti kattari. Tanoti, tanohi; karoti; karohi; kayirati; kayi-
râhi.

Les racines de la classe tan prennent les suffixes
*o, yira.* Ex. Tanoti : il étend; kayirati : il fait.

चुरादितो णेणया ॥ २१ ॥

Cura iccevamâdito dhâtugaṇato ṇe ṇaya iccete paccayâ

[1] Cd A. °yirâ i°.

honti kattari. Coreti; corayati; cinteti; cintayati; manteti; mantayati.

Les racines de la classe cur prennent les suffixes *ṇe, ṇaya*. Ex. Coreti : il vole; mantayati : il conseille.

## अत्तनोपद्दानि भावे च कम्मनि ¹ ॥ २२ ॥

Bhâve ca kammani ca attanopadâni honti. Uccate, uccante; labbhate; labbhante; majjate; majjante; sujjhate; sujjhante; kayyate; kayyante.

Au neutre-impersonnel et au passif [on se sert des désinences de] l'attanopada. Ex. Uccate : on dit; labbhante : ils sont pris.

## कत्तरि च ॥ २३ ॥

Kattari ca attanopadâni honti. Maññate, rocate; socate; sobhate; bujjhate; jâyate.

Et aussi à l'actif. Ex. Maññate : il pense; rocate : il plaît.

## धातुप्पच्चयेहि विभत्तियो ॥ २४ ॥

Dhâtuniddiṭṭhehi paccayehi khâdikâritantehi vibhattiyo honti. Titikkhati; jigucchati; vîmaṁsati; taḷâkaṁ samuddaṁ iva attânaṁ âcarati : samuddâyati; puttîyati; pâcayati.

Les désinences s'ajoutent après les suffixes [prescrits ci-dessus] pour les racines. Ex. Titikkhati :

---

¹ Cd °mmani ca.

il supporte (=titik-kha-ti); samuddâyati : il ressemble à l'océan (samudda-âya-ti).

## कत्तरि परस्सपदं ॥ २५ ॥

Kattari parassapadaṁ hoti. Karoti; pacati; paṭhati; gacchati.

A l'actif on se sert [des désinences] du parassapada. Ex. Karoti : il fait; paṭhati : il récite.

## भुवाद्यो धातवो ॥ २६ ॥

Bhû iccevamâdayo ye saddagaṇâ te dhâtusaññâ honti. Bhavati; bhavanti; pacati; pacanti; carati; cintayati; gacchati.

On appelle racines (thèmes verbaux) la série de mots dont la liste commence par bhû.

ITI ÀKHYÀTAKAPPE DUTIYO KAṆḌO.

## आचट्ठिवण्णानं एकस्सराणं द्भावो ॥ १ ॥

Âdibhûtânaṁ vaṇṇânaṁ ekassarâṇaṁ kvaci dvebhâvo hoti. Titikkhati; jigucchati; tikicchati; vîmaṁsati; bubhukkhati; pivâsati; daddallati; jahâti; caṅkamati.
Kvacîti kimatthaṁ? Kamati; calati.

Les racines sont, dans certains cas, soumises [à la réduplication, c'est-à-dire] au redoublement des premières lettres jusques et y compris la première voyelle. Ex. Titikkhati (de ti-j + kha); jigucchati (de gu-p + cha).

M. d'Alwis traduit : sometimes the primary letter of a monosyllabic radical is duplicated. — prenant à tort *ekassardaṃ* comme dépendant d'âdivaṇṇànaṃ, au lieu d'y voir un composé bahuvrihi déterminant ce substantif.

## पुब्बोब्भासो ॥ २ ॥

Dvebhûtassa dhâtussa yo pubbo so abbhâsasañño hoti. Dadhâti; dadâti; babhûva.

On appelle abbhâsa (syllabe de réduplication) la première [des deux syllabes semblables ainsi obtenues]. Ex. Dadhâti : il place (*da* est l'abbhâsa).

## रस्सो ॥ ३ ॥

Abbhâse vattamànassa sarassa rasso hoti. Dadâti; dadhâti; jahâti.

[La voyelle de la syllabe de réduplication doit être] brève. Ex. Dadàti : il donne (au lieu de : dâdâti).

## दुतियचतुत्थानं पठमततिया ॥ ४ ॥

Abbhâsagatânaṃ dutiyacatutthànaṃ paṭhamatatiyà honti. Ciccheda; bubhokkhati; babhûva; dadhâti.

[Si la consonne initiale de la racine est] la seconde ou la quatrième d'une classe, [elle] est remplacée par la première ou la troisième [de sa classe]. Ex. Ciccheda : il a coupé; babhûva : il a été.

## कवगस्स चवग्गो ॥ ५ ॥

Abbhâse vattamânassa kavaggassa cavaggo hoti. Cikicchati;
jigucchati; jighacchati; caṅkamati; jigiṁsati; jaṅgamati.

[Si c'est] une gutturale, [elle] est remplacée
[dans la réduplication] par la palatale [correspon-
dante]. Ex. Cikicchati : il guérit (de : kit); jigucchati : il a horreur (de : gup).

## मानक्रितानं धतत्तं वा ॥ ६ ॥

Mâna kita iccetesaṁ dhâtûnaṁ abbhâsagatânaṁ vakâra-
takârattaṁ hoti vâ yathâsaṅkhyaṁ. Vimaṁsati; tikicchati.
Vâti kimatthaṁ ? Cikicchati.

Dans les racines *mân*, *kit*, [l'*m* et le *k* initial peu-
vent] à volonté [être remplacés dans la réduplication
par un] *v* [et un] *t*. Ex. Vimaṁsati : il médite; tikicchati : il guérit.

## ह्रस्स जो ॥ ७ ॥

Hakârassa abbhâse vattamânassa jo hoti. Jahâti; juvhati;
juhoti; jahâra.

*H* [initial de la racine] est représenté par *j* [dans
la réduplication]. Ex. Jahâti : il rejette (de la rac.
hâ).

## अन्त्यस्सिवण्णकारो वा ॥ ८ ॥

Abbhâsassa antassa ivanno hoti akâro ca vâ. Jigucchati; pivâsati; vîmaṁsati; jighacchati; babhûva[1].

Vâti kimatthaṁ? Bubhukkhati.

Dans certains cas la voyelle finale de la réduplication est *i*, *î* ou *a* [bien que la voyelle de la racine ne soit ni *i*, *î* ni *a*, *â*]. Ex. Jigucchati, pour : jugucchati; vîmaṁsati, pour : vamaṁsati.

## निग्गहीतञ्च ॥ ९ ॥

Abbhâsassa ante niggahîtâgamo hoti vâ. Caṅkamati; caṅcalati; jaṅgamati.

Vâti kimatthaṁ? Pivâsati; daddallati.

[Dans certains cas] aussi [la syllabe de réduplication prend] une nasale. Ex. Caṅkamati : il se promène.

## ततो पामानं वामं सेसु ॥ १० ॥

Tato abbhâsato pâmânaṁ dhâtûnaṁ vâ maṁ iccete âdesâ honti vâ yathâsaṅkhyaṁ sappaccaye pare. Pivâsati; vîmaṁsati.

Devant le suffixe *sa* les racines *pâ*, *mân*, précédées de la réduplication, se changent en *vâ*, *maṁ*. Ex. Pivâsati : il désire boire; vîmaṁsati : il médite.

[1] A. et Cd ajoutent : dadhâti. Mais cet exemple porte évidemment à faux, et il ne me semble pas possible d'y voir autre chose qu'une erreur accidentelle.

Il faut, pour comprendre le pluriel *sesu* (de même que *chappaccayesu* au s. 15), se reporter aux ss. VI, 2, 2 et 3; l'auteur y distingue deux affixes *sa* (et aussi deux affixes *cha*), l'un employé « svârthe » en quelque sorte (cf. la n.), comme dans *vîmaṁsati*, l'autre avec la fonction spéciale de former des désidératifs, comme dans *pivâsati*. Il est seulement singulier que la règle 16 ne continue point de même et n'ait pas « khesu ».

## ठा तिट्ठो ॥ ११ ॥

Ṭhâ iccetassa dhâtussa tiṭṭhâdeso hoti vâ. Tiṭṭhati; tiṭṭhatu, tiṭṭheyya; tiṭṭheyuṁ.
Vâti kimatthaṁ? Ṭhâti.

La racine *ṭhâ* fait *tiṭṭha*. Ex. Tiṭṭhati : il est debout.

## पा पिबो ॥ १२ ॥

Pâ iccetassa dhâtussa pibâdeso hoti vâ. Pibati, pibatu; pibeyya.
Vâti kimatthaṁ? Pâti.

*Pâ* fait *piba*. Ex. Pibati : il boit.

## आस आजनना ॥ १३ ॥

Ñâ iccetassa dhâtussa jâjananâdesâ honti vâ. Jânâti; jâneyya; jâniyâ; jaññâ; nâyati.
Vâti kimatthaṁ? Viññâyati.

*Ñâ* fait *jâ, jan, nâ*. Ex. Jânâti : il sait; jaññâ : qu'il sache; nâyati : il sait.

दिसस्स पस्सदिस्सदक्खा वा ॥ १४ ॥

Disa iccetassa dhâtussa passa dissa dakkha iccete âdesâ
honti vâ. Passati; dissati; dakkhati.
Vâti kimatthaṁ? Addasa.

*Dis* peut à volonté faire *pass*, *diss*, *dakkh*. Ex.
Passati, dissati, dakkhati : il voit.

ब्यञ्जनन्तस्स चो छप्पच्चयेसु च ॥ १५ ॥

Byañjanantassa[2] dhâtussa co hoti chappaccaye paro. Jigucchati; tikicchati; jighacchati.

Les racines qui se terminent par une consonne
la changent en *c* devant le suffixe *cha*. Ex. Jigucchati (de : gup + cha).

को खे च ॥ १६ ॥

Byañjanantassa[3] dhâtussa ko hoti khappaccaye paro. Titikkhati; bubhukkhati.

Et en *k* devant le suffixe *kha*. Ex. Titikkhati
(de : tij + kha); bubhukkhati (de : bhuj + kha).

On remarquera que ces deux dernières règles, et sans
doute aussi la suivante, sont ici hors de place, tandis qu'elles
viendraient très-naturellement après le s. 3 du deuxième
kaṇḍa; c'est du reste ce que confirme la présence de la particule *ca*, si inexplicable ici, qu'elle n'a point tenté l'imagi-
nation même du glossateur. — Cf. aussi ci-dessus s. 10 n.

1, 2, 3 A. Cd vyañjanàntassa".

## हरस्स गिं से ॥ १७ ॥

Hara iccetassa dhâtussa sabbasseva giñ âdeso hoti sappaccaye pare. Jighñsati.

La racine *har* fait *giñ* devant le suffixe *sa*. Ex.
Jighñsati : il désire prendre.

## ब्रुभून्ं आहभूवा परोक्खायं ॥ १८ ॥

Brû bhû iccetesañ dhâtûnañ âha bhûva iccete âdesâ honti
parokkhâyañ vibhattiyañ. Âha; âhu; babhûva; babhûvu.
Parokkhâyañ iti kimatthañ? Abruvañ[1].

Les racines *brû*, *bhû* se changent au parfait en
*âha*, *bhâva*. Ex. Âha : il dit; babhûvu : ils furent.

## गमिस्सन्तो [2] च्छो वा सब्बासु ॥ १९ ॥

Gamu iccetassa dhâtussa anto makâro ccho hoti và sabbâsu paccayavibhattisu. Gacchamâno; gacchanto; gacchati;
gameti; gacchatu; gametu; gaccheyya; gameyya; agaccha [3];
agamâ; agacchi; agami; gacchissati; gamissati; agacchissâ;
agamissâ; agacchiyati; agamiyati.
Gamisseti kimatthañ? Icchati.

La racine *gam* peut à volonté changer son *m*

---

[1] Cd °abravûñ.

[2] A. Cd °missânto°.

[3] A. et Cd lisent ainsi; cependant, d'après VI, 1, 22, l'*a* final
devrait être long, tout comme dans «agamâ». Mais on remarquera
que, bien qu'à un autre temps, l'exemple «avoca» du sûtra suivant
est précisément dans le même cas.

final en *ech* à toutes les formes. Ex. Agaccha ou
agamà : il allait; gacchissati ou gamissati : il ira.

« Sabbâsu », les exemples du scholiaste en font foi, ne doit
pas être pris trop à la lettre. C'est ainsi qu'il n'existe pas de
forme « gamanto »; quant au présent, à l'impératif « gametu »
et « gameti », ils sont empruntés au causatif et non au thème
simple. Pour les deux derniers exemples, j'avoue, s'ils sont
corrects, ne pas en reconnaître la forme. M. d'Alwis les traduit par : he is gone, ce qui n'explique rien.

## वचस्सज्जातनिम्सिं अ्रकारो ओ ॥ २० ॥

Vaca iccetassa dhâtussa akâro ottañ âpajjate ajjatanimhi.
Avoca; avocuñ.

Ajjatanimhìti kimatthañ? Avacâ; avacuñ [1].

La racine *vac*, à l'aoriste, change son *a* en *o*.
Ex. Avoca : il dit; avocuñ : ils dirent.

## अ्रकारो दीघं ह्निगिमिसु ॥ २१ ॥

Akâro dighañ âpajjate hi mi ma iccetâsu vibhattisu. Gacchâhi; gacchàmi; gacchàma; gacchàmhe [2].
Mikâraggahaṇena hivibhattimhi [3] akâro kvaci dighañ nâ-
pajjate. Gacchahi.

A devient long devant les désinences *hi, mi, ma*.
Ex. Gacchâmi : je vais; gacchâhi : va.

---

[1] A. avacu.

[2] Ce dernier exemple est, à vrai dire, une correction du sûtra;
le voisinage de *mi* ne permet pas de prendre « mesu » comme signifiant toutes les désinences avec un *m* initial.

[3] Cd n'a pas : hi.

## हि लोपं वा ॥ २२ ॥

Hivibhatti lopaṁ âpajjate vâ. Gaccha, gacchâhi; gama; gamehi; gamaya, gamayâhi.

Hîti kimatthaṁ? Gacchati, gamiyati.

La désinence *hi* peut à volonté être supprimée. Ex. Gaccha ou gacchâhi : marche.

## होतिस्सेहोहे भविस्सन्तिम्हि स्सस्स च ॥ २३ ॥

Hû iccetassa dhâtussa saro ehohaettaṁ âpajjate bhavissantimhi vibhattimhi sassa ca lopo hoti vâ. Hehiti [1]; hehinti; hohiti [2], hohinti; hoti, honti; hehissati, hehissanti; hohissati, hohissanti; hessati, hessanti.

Hû iti kimatthaṁ ? Bhavissati, bhavissanti.

Bhavissantimhîti kimatthaṁ ? Hoti, honti.

On forme le futur de la racine *bhû* en changeant sa voyelle en *eha*, *oha*, *e*, et en supprimant à volonté *ssa* de la désinence. Ex. Hehiti, hohiti, hoti, hehissati, hohissati, hessati : il sera.

Dans cette règle encore, la construction est irrégulière, et le génitif *ssassa* assez étrange après le nominatif *hi* du sûtra précédent. Nous devrions avoir: « ssassa lopo ca ». Malgré cette irrégularité, l'explication du scholiaste me paraît seule admissible, et je ne saurais m'associer aux doutes exprimés par M. Weber (*Ind. Str.* II, 335-336). Étant donnée l'interprétation qu'il suggère, on ne voit pas pourquoi

---

[1] Cd hehîti.
[2] Cd hohîti.

°ssaro et *ssassa* seraient à des cas différents; on comprendrait moins encore pourquoi l'auteur se serait servi d'une construction si embrouillée et si équivoque pour prescrire ce que, dans la règle suivante, il a su exprimer sous une forme parfaitement simple.

करस्स सप्पच्चयस्स काहो ॥ २४ ॥

Kara iccetassa dhâtussa sappaccayassa kâha âdeso hoti vâ bhavissantìvibhattimhi ssassa niccaṁ lopo hoti. Kâhati, kâhiti; kâhasi, kâhisi; kâhâmi; kâhâma.

Vâti kimatthaṁ? Karissati, karissanti.

Sappaccayaggahaṇena aññehipi[1] bhavissantiyà vibhattiyâ khâmi khâma châmi châma iccàdesâ honti. Vakkhâmi, vakkhâma : vacadhâtu; vacchâmi, vacchâma : vasadhâtu.

[La racine] *kar* [peut à volonté faire au futur] *kâha*, y compris le suffixe [*ssa*]. Ex. Kâhati ou kahiti : il fera.

ITI ÂKHYÀTAKAPPE TATIYO KAṆḌO.

दान्तस्सं मिमेसु ॥ १ ॥

Dà iccetassa dhâtussa antassa aṁ hoti mi ma iccetesu. Dammi; damma.

La racine *dâ* change son *â* final en *aṁ* devant les désinences *mi, ma*. Ex. Dammi : je donne; damma : nous donnons.

_______
[1] A. aññesupi°.

## असंयोगन्तस्स ¹ वुड्डि ² कारिते ॥ २ ॥

Asaṁyogantassa dhâtussa kârite vuḍḍhi hoti. Kâreti, kârenti; kârayati, kârayanti; kârâpeti, kârâpenti; kârâpayati,
kârâpayanti.
Asaṁyogantasseti kimatthaṁ? Cintayati; mantayati.

Une racine qui ne se termine pas par plusieurs
consonnes prend la vuḍḍhi devant le suffixe du
causatif. Ex. Kâreti, kârâpeti : il fait faire.

Cf. la note du sûtra 42 et aussi VII, 5, 15.

## घटादीनं वा ॥ ३ ॥

Ghaṭâdinaṁ dhâtûnaṁ asaṁyogantânaṁ vuḍḍhi hoti vâ
kârite. Ghâṭeti, ghaṭeti, ghaṭayati, ghâṭâpeti, ghâṭâpayati; gâ-
meti, gameti, gâmayati, gamayati.
Ghaṭâdinaṁ iti kimatthaṁ? Kâreti.

Pour les racines *ghaṭ*, etc. cette règle est facultative. Ex. Ghaṭayati ou ghâṭayati : il réunit; gamayati ou gâmayati : il fait marcher.

## अञ्ञेसु च ॥ ४ ॥

Aññesu ca paccayesu sabbesaṁ dhâtûnaṁ asaṁyogantânaṁ vuḍḍhi hoti. Jayati; bhavati; hoti.
Casaddaggahaṇena ṇuppaccayassâpi vuḍḍhi hoti. Abhisuṇoti; saṁvuṇoti.

¹ A. et Cd °yogânta°, et de même dans la suite.
² A. et Cd vuddhi, et de même dans la suite.

[Les racines qui ne se terminent pas par plusieurs consonnes prennent la vuḍḍhi] devant d'autres [suffixes] encore. Ex. Jayati : il remporte la victoire (de : ji); bhavati : il est (de : bhû).

## गुहदुसानं दीघं ॥ ५ ॥

Guha dusa iccetesaṁ dhâtûnaṁ saro dighaṁ âpajjate kârite. Gûhayati; dûsayati.

Devant le suffixe du causatif, les racines *guh* et *dus* allongent leur voyelle. Ex. Gûhayati : il fait cacher; dûsayati : il souille.

## वचवसवहादीनं उकारो वस्स ये ॥ ६ ॥

Vaca vasa vaha iccevamâdìnaṁ dhâtûnaṁ vakârassa ukâro hoti ye paccaye pare. Uccate, vuccate; vussati; vuyhati.

Les racines *vac*, *vas*, *vah* changent *va* en *u* devant le suffixe *ya*. Ex. Uccate ou vuccate : il est dit; vussati : il est habité; vuyhati : il est transporté.

## हविपरियये लो वा ॥ ७ ॥

Hakârassa vipariyayo hoti yappaccayo pare yappaccayassa ca lo [1] hoti vâ. Vuyhati; vuḷhati.

[Devant ce même suffixe *ya* un] *h* [final de la racine] se transpose [après *y* du suffixe, qui peut alors]

---

[1] A. ĺo. Cd lopo ho°.

à volonté [se changer en] *l*. Ex. Vuyhati, vulhati :
il est transporté.

## गह्स्स घे प्पे ॥ ८ ॥

Gaha iccetassa dhâtussa sabbasseva ghekâro hoti ppappac-
caye pare. Gheppati.

La racine *gah* fait *ghe* devant le suffixe *ppa*.
Ex. Gheppati : il prend.

## हलोपो एह्ाम्हि ॥ ९ ॥

Gaha iccetassa dhâtussa hakârassa lopo hoti ṇhâmhi paccaye pare. Gaṇhâti.

Devant *ṇhâ* la racine *gah* perd son *h*. Ex. Gaṇhâti :
il prend.

## कस्स कासत्तं अज्जतनिम्हि ॥ १० ॥

Kara iccetassa dhâtussa sabbassa kâsattaṃ hôti vâ ajja-
tanivibhattimhi. Akâsi [1], akâsuṃ [2]; akari [3], akaruṃ.
Attaṃ iti bhâvaniddesena aññatthâpi sâgamo hoti. Ahosi;
adâsi.

La racine *kar* fait *kâsa* devant [les désinences de]
l'aoriste. Ex. Akâsi : il fit; akâsuṃ : ils firent.

## असस्मा मिमानं म्हिम्हृन्तलोपो [4] च ॥ ११ ॥

Asa iccetâya dhâtuyâ mi ma iccetâsaṃ vibhattînaṃ mhi-

---

[1], [3] Rem. que d'après VI, I, 23, l'*i* final devrait être long.
[2] Cd akâsu.
[4] A. °mhântalo°.

mhâdesâ honti vâ dhâtussanto lopo ca. Amhi; amha; asmi; asma.

La racine *as* prend les désinences *mhi*, *mha* au lieu de *mi*, *ma*, et perd son *s* final. Ex. Amhi : je suis; amha : nous sommes.

## थस्स त्थत्तं ॥ १२ ॥

Asa iccetassa dhâtussa thassa vibhattissa tthattaṁ hoti dhâtvantassa lopo ca. Attha.

[Elle prend la désinence] *ttha* au lieu de *tha* [et perd son *s* final]. Ex. Attha : vous êtes.

## तिस्स त्थित्तं ॥ १३ ॥

Asa iccetâya dhâtuyâ tissa vibhattissa tthittaṁ hoti dhâtvantassa lopo ca. Atthi.

[Elle prend la désinence] *tthi* au lieu de *ti* [et perd son *s* final]. Ex. Atthi : il est.

## तुस्स त्थुत्तं ॥ १४ ॥

Asa iccetâya dhâtuyâ tussa vibhattissa tthuttaṁ hoti dhâtvantassa lopo ca. Atthu.

[Elle prend la désinence] *tthu* au lieu de *tu* [et perd son *s* final]. Ex. Atthu : qu'il soit.

## सिम्हि च ॥ १५ ॥

Asasseva dhâtussa simhi vibhattimhi antassa lopo ca hoti. Ko nu tvaṁ asi.

[La racine *as* perd] aussi [son *s* final] devant [la désinence] *si*. Ex. Ko nu tvaṁ asi? Qui es-tu donc ?

लभस्मा ईुम्हं त्थ त्थं ॥ १६ ॥

Labha iccetâya dhâtuyâ îinnaṁ vibhattînaṁ ttha tthaṁ âdesâ honti dhâtvantassa lopo ca. Alattha; alatthaṁ.

[La racine] *labh* prend les désinences *ttha*, *tthaṁ* au lieu de *î*, *iṁ* (3ᵉ pers. sing. de l'ajjatanî et 1ʳᵉ pers. sing. attanop. de l'hîyattanî), et perd sa consonne finale. Ex. Alattha : il reçut; alatthaṁ : je reçus.

कुधस्माढी च्छि ¹ ॥ १७ ॥

Kudha iccetâya dhâtuyâ îvibhattissa cchi hoti dhâtvantassa lopo ca. Akkocchi.

[La racine] *kudh* prend [la désinence] *cchi* au lieu de *î* [et perd sa consonne finale]. Ex. Akkocchi : il s'irrita.

Il est permis de douter de l'exactitude de ce sûtra. En effet la forme *akkocchi*, dont il a pour but de rendre compte, est certainement dans plusieurs cas = skrt. ᵃakraukshît, de la racine kruç (cf. p. ex. *Dhammap.* v. 3). Si l'on tient compte du voisinage des significations de krudh et kruç, on sera, peut-être, plus tenté d'admettre une erreur du grammairien que de voir avec M. d'Alwis, p. 38 n., dans *akkocchi* un doublet représentant à la fois l'aoriste de deux racines

¹ A. Cd °smàdi cchi.

différentes, et cela d'autant plus que nulle part nos sûtras ne parlent de la dérivation de kruç, ce qui autorise à penser qu'ils considéraient à tort, dans tous les cas, *akkocchi* comme dérivé de kudh. La forme « akrautsit » est du reste aussi inusitée en sanskrit que la forme « akraukshît ».

द्वाधातुस्स द्ज्जं वा ' ॥ १८ ॥

Dâ iccetassa dhâtussa sabbassa dajjâdeso hoti vâ. Dajjâmi; dajjeya; dadâmi; dadeyya.

La racine *dâ* peut à volonté se changer en *dajj*. Ex. Dajjâmi ou dadâmi : je donne.

वद्स्स वज्जं ॥ १९ ॥

Vada iccetassa dhâtussa sabbassa vajjâdeso hoti vâ. Vajjâmi; vajjeyya; vadâmi; vadeyya.

[La racine] *vad* [peut à volonté se changer] en *vajj*. Ex. Vajjâmi ou vadâmi : je dis.

गमुस्स घम्मं ॥ २० ॥

Gamu iccetassa dhâtussa sabbassa ghammâdeso hoti vâ. Ghammatu; ghammâhi; ghammâmi.
Vàti kimatthaṁ? Gacchatu; gacchâhi; gacchâmi.

[La racine] *gam* [peut à volonté se changer] en *ghamm*. Ex. Ghammatu : qu'il aille; ghammâmi : que j'aille.

<hr>

' Cd n'a pas : vâ.

यम्हि दाधामाठाह्लापामहुमथादीनं ' ई ॥ २१ ॥

Yamhi paccaye pare dâ dhâ mâ ṭhâ hâ pâ mahu matha
iccevamâdînaṁ dhatûnaṁ anto ikâraṁ âpajjate. Dîyati ; dhî-
yati ; miyati ; ṭhîyati ; hiyati ; pîyati ; mahîyati ; mathîyati.

Devant *ya*, les racines *dâ*, *dhâ*, *mâ*, *ṭhâ*, *hâ*, *pâ*,
*maha*, *matha* prennent *î*. Ex. Dîyati : il est donné ;
pîyati : il est bu ; mahîyati : il est glorifié.

L'addition d'*âdi* ne nous permet pas de décider si l'auteur a entendu parler ici de cette foule de cas où les manuscrits nous montrent le suffixe « ya » du passif ou précédé
d'un *i* long ou ayant sa consonne initiale doublée après un *i*
bref. Mais cela est invraisemblable, car il eût dû dans ce cas
s'exprimer d'une façon tout à fait générale et étendre sa
remarque à tous les verbes. Sa règle au contraire repose sur
deux sûtras de Pâṇini, VI, 4, 66 et III, 1, 27 ; le premier
est relatif au changement en *i* de l'*â* long des racines citées
ci-dessus et de quelques autres devant un ârdhadhâtuka
commençant par une consonne ; le second à l'emploi du suffixe *yak* (ya) après les thèmes du gaṇa kaṇḍvâdi parmi lesquels figure « mahîṁ (pûjâyâṁ) ». Seule la racine « math »
n'est pas de la part de Pâṇini l'objet d'une règle particulière
et forme son passif en sanskrit régulièrement : « mathyate ».

यजस्साहिस ॥ २२ ॥

Yaja iccetassa dhâtussa âdissa ikârâdeso hoti ye paccaye
pare. Ijjate mayâ buddho.

La racine *yaj* change sa syllabe initiale en *i* [de-

---

¹ Cf °mahâma°.

vant le suffixe *ya*]. Ex. Ijjate mayâ buddho : je fais
des offrandes au Buddha.

सब्बतो डं ईंसु ॥ २३ ॥

Sabbehi dhâtûhi uṁvibhattissa iṁsvâdeso hoti. Upasaṅ-
kamiṁsu; nisîdiṁsu.

Après toutes les racines la désinence *uṁ* (3° pers.
pl. parassap. de l'ajjatanî) se remplace [à volonté]
par *iṁsu*.

जरमरण जारजिय्यमिय्या ' वा ॥ २४ ॥

Jara mara iccetesaṁ dhâtûnaṁ jira jiyya miyya iccete âdesâ
honti vâ. Jirati; jîranti; jiyyati; jiyyanti; miyyati; miyyanti;
marati; maranti.

[Les racines] *jar, mar*, peuvent à volonté se changer en *jira, jiyya, miyya*. Ex. Jîrati ou jiyyati : il
vieillit; miyyati : il meurt.

सब्बत्थासस्साद्दिलोपो च ॥ २५ ॥

Sabbattha vibhattippaccayesu asa iccetassa dhâtussa âdissa
lopo hoti vâ. Siyâ; santi; santo; samâno.
Vâti kimatthaṁ? Asi.

[La racine] *as* peut toujours éliminer sa voyelle
initiale. Ex. Siyâ : qu'il soit; santi : ils sont.

---

' A. Cd "jiyyamiyyâ", et de même dans la suite.

## असब्बधातुके भू ॥ २६ ॥

Asasseva dhâtussa bhû hoti vâ asabbadhâtuke pare. Bhavissati; bhavissanti.

Vâti kimatthaṁ? Âsuṁ.

Aux temps dont les désinences ne sont pas sabbadhâtuka (c'est-à-dire au parfait, à l'aoriste, au futur, et au conditionnel), [la racine] *as* se remplace par [les temps correspondants de] *bhû*. Ex. Bhavissati : il sera.

Le commentateur introduit ici une limitation qu'il emprunte aux ss. précédents, limitation nécessaire pour lui, qui considère *âsuṁ*, non comme un imparfait, mais comme un aoriste (cf. VI, 1, 15 n.); mais l'auteur paraît avoir eu sur cette forme des notions plus justes; et la répétition de « vâ » au s. suivant prouve qu'il n'entendait pas le sous-entendre dans celui-ci, pas plus qu'il ne se retrouve dans le s. Kâlandra : « Aster bhûr asârvvadhâtuke » (fol. 86).

## एय्यस्स आतो इया ञा वा ॥ २७ ॥

Eyyavibhattissa ñâ iccetâya dhâtuyâ parassa iyâññâdesâ honti vâ. Jániyâ; jaññâ.

Vâti kimatthaṁ? Jâneyya.

[La racine] *ñâ* peut à volonté prendre les désinences *iyâ*, *ñâ* au lieu de *eyya*. Ex. Jàniyâ, jaññâ ou jàneyya : qu'il sache.

## नास्स लोपो यकारत्तं ॥ २८ ॥

Ñâ iccetâya dhâtuyâ nâpaccayassa lopo hoti vâ yakârattañ ca. Nâyati[1].

[1] A. Cd ''ttañca, jaññâ; nà''. — J'ai supprimé cet exemple, que

Vâti kimatthaṁ? Jânâti.

[La racine *ñâ* peut à volonté] supprimer le [suf-
fixe] *nâ* et [elle le remplace alors par] *ya*. Ex. Jânâti
ou nâyati : il connaît.

लोपञ्चेत्तं अकारो ॥ २८ ॥

Akàrappaccayo lopaṁ àpajjate ettañ ca hoti và. Vajjemi;
vademi; vajjâmi, vadâmi.

Le suffixe *a* [peut à volonté être] éliminé et [rem-
placé par] *e*. Ex. Vademi ou vadâmi : je parle.

उत्तं ओकारो ॥ ३० ॥

Okàrappaccayo uttañ àpajjate và. Kurute; karoti.
Okâroti kimatthaṁ? Hoti.

Le suffixe *o* [se change quelquefois en] *u*. Ex.
Kurute ou karoti : il fait.

M. d'Alwis trouve que la remarque du scholiaste «Okà-
roti, etc. » n'est pas « très-intelligible ». Je ferai remarquer à
ce propos que c'est sur «kâro» que porte surtout l'accent;
c'est en effet en raison de ce mot que, suivant le scholiaste,
la règle ne présente pas d'ambiguïté et ne peut, par exemple, en aucun cas s'appliquer à « hoti »; s'il en est ainsi, dans
notre règle, comme quelquefois ailleurs (cf. Böhthlingk,
Paṇ. II, Ind. des termes grammat. s. v. *kâra*), le mot « kâra »
n'aurait pas seulement cette fonction qu'il remplit souvent
après des lettres auxquelles on l'adjoint pour les énoncer,
mais le sens spécial d'*affixe*, qui se peut appliquer à l'o de

je ne m'explique que par une erreur résultant du voisinage du sûtra
précédent.

karoti, et ne saurait convenir à l'o radical de hoti. Voilà du moins ce que paraît vouloir suggérer le scholiaste (cf. son expression : kiccakârassa, VII, 2, 2); mais il est bien difficile, quand on compare l'emploi de *kâra* dans le sûtra suivant, d'attribuer vraiment cette intention à l'auteur lui-même.

## कास्सकारो च ॥ ३१ ॥

Kara iccetassa dhâtussa akâro attaṁ âpajjate vâ. Kurute, karoti; kubbate, kubbati; kayirati.

Karasseti kimatthaṁ? Sarati; marati.

L'*a* [radical] de [la racine] *kar* [se change aussi quelquefois en *u*]. Ex. Kurute ou karoti : il fait.

## ओ अव सरे ॥ ३२ ॥

Okârassa dhâtvantassa sare pare ava hoti vâ. Cavati; bhavati.

Sareti kimatthaṁ? Hoti.

Oti kimatthaṁ? Jayati.

[L']*o* [final d'une racine se change en] *ava* devant une voyelle. Ex. Cavati : il tombe; bhavati : il est.

## ए अय ॥ ३३ ॥

Ekârassa dhâtvantassa sare pare ayâdeso hoti vâ. Nayati; jayati.

Sareti kimatthaṁ? Neti.

*E* en *aya*. — Ex. Nayati : il conduit; jayati : il vainc.

Quant au changement en *e, o* de la voyelle radicale que
cette règle et la précédente supposent préalablement exé·
cuté, il n'est prescrit que par le sûtra, extrêmement vague,
qui porte le n° 4.

## ते त्रावाया कारिते ॥ ३४ ॥

Te o e iccete âva âya âdese pâpunanti kârite. Lâveti; nâyeti.
Yogavibhâgena aññesupi âya hoti. Gâyati.

*O, e* se changent en *âva, âya* devant les suffixes
causatifs. Ex. Lâveti : il fait couper; nâyeti : il fait
conduire.

## इकारागमो ' त्रसब्बधातुकम्हि ॥ ३५ ॥

Sabbamhi asabbadhâtukamhi ikârâgamo hoti. Gamissati;
karissati; labhissati; pacissati.
Asabbaddhâtukamhîti kimattham? Gacchati; karoti; labhati; pacati.

Devant les désinences qui ne sont pas sabbadhà·
tuka, on insère un *i* additionnel. Ex. Gamissati : il
ira; labhissati : il recevra.

## त्राचि धातुविभत्तिप्पच्चयानं दीर्घविपरीता ᵃदेसागमा च ॥ ३६ ॥

Idha âkhyâte anippannesu sâdhanesu kvaci dhâtuvibhat·
tippaccayânaṁ digha viparîta âdesa lopa âgama iccetâni kâri-

<hr>

¹ A. °rogamo°.
² A. Cd °viparîtâ°.

yâni jinavacanânurûpâni[1] kâtabbâni. Jâyati; kareyya; jâniyâ;
siyâ; kare; gacche; jaññâ; vakkhetha; dakkhetha; dicchati;
âgacchuṁ; ahosi; ahesuṁ; iccevamâdîni aññânipi sâdhanâni
yojetabbâni.

Quelquefois les racines, suffixes et désinences
subissent encore [d'autres] allongements, changements, substitutions, additions. Ex. Jâyati : il naît
(de : jan); kare : qu'il fasse (au lieu de : kareyya);
dicchati : il voit, etc.

## अत्तनोपदानि परस्सपदत्तं ॥ ३७ ॥

Attanopadâni kvaci parassapadattaṁ âpajjante. Vuccati;
labbhati; paccati; kariyati; sijjhati.
Kvacîti kimatthaṁ? Vuccate; labbhate; paccate; kariyate;
sijjhate.

[Quelquefois] les désinences de l'attanopada se
remplacent par celles du parassapada. Ex. Vuccati :
il est dit; sijjhati : il est accompli.

## अकारागमो[2] हीयत्तनज्जतनीकालातिपत्तीसु ॥ ३८ ॥

Kvaci akârâgamo hoti hîyattanajjatanîkâlâtipatti iccetâsu
vibhattîsu. Agamâ; agamî; agamissâ[3].
Kvacîti kimatthaṁ? Gamâ; gamî; gamissâ.

[Quelquefois] un *a* additionnel (l'augment) [se
place devant la racine] à l'imparfait, à l'aoriste et

---

[1] A. °rûpâṇi.
[2] A. °kârogamo.
[3] Cd a l'*a* initial des trois exemples long.

au conditionnel. Ex. Agamâ : il allait; agamî : il
alla; agamissâ : il serait allé.

## ब्रूतो ई तिम्हि ॥ ३९ ॥

Brû iccetâya dhâtuyâ ikârâgamo hoti timhi vibhattimhi.
Bravîti[1].

[La racine] *brû* prend un *i* [additionnel] devant
[la désinence] *ti*. Ex. Bravîti : il dit.

## धातुस्सन्तो लोपोनेकसरस्स ॥ ४० ॥

Dhâtussa anto kvaci lopo hoti yadânekasarassa. Gacchati;
pacati; sarati; marati; carati.
Anekasarassoti kimatthaṁ? Pâti; yâti; dâti; bhâti; vâti.
Kvacîti kimatthaṁ? Mahîyati; mathiyati.

On élide la [voyelle] finale des racines [qui, sans
ce retranchement, seraient] polysyllabiques. Ex.
Gacchati : il va (de gaccha + a + ti]; mais : pâti :
il protége.

## इसुयमानं अन्तो च्छो वा ॥ ४१ ॥

Isu yama iccetesaṁ dhâtûnaṁ anto ccho hoti vâ. Icchati;
niyacchati.
Vâti kimatthaṁ? Esati; niyamati.

La [consonne] finale des racines *is, yam* se peut
à volonté changer en *ccha*. Ex. Icchati : il désire;
niyacchati : il retient.

[1] A. bruvîti.

Bien que le sens ne puisse être douteux, on remarquera la double application du même mot *anta* dans deux sûtras voisins, alors que *isu* et *yama* s'énoncent tout aussi bien avec une voyelle finale que toutes les autres racines *gamu, cara*, etc.

कारितानं णो लोपं ॥ ४२ ॥

Kârita iccetesaṁ paccayânaṁ ṇo lopaṁ âpajjate. Kâreti; kârayati; kârâpeti; kârâpayati.

On élimine l'*ṇ* [initial] des suffixes causatifs. Ex. Kâreti, kârâpeti : il fait faire.

Rigoureusement cette règle est superflue aussi bien que le deuxième sûtra de ce même chapitre, le cas étant prévu par V, 57 et 58, règles que rien n'indique s'appliquer exclusivement aux suffixes taddhita.

Sâsanatthaṁ samuddiṭṭhaṁ mayâkhyâtaṁ samâsato.
Sakabuddhivisesena cintayantu vicakkhaṇâ.

ITI ÂKHYÂTAKAPPE CATUTTHO KAṆḌO.

---

Buddhaṁ ñânasamuddaṁ sabbaññuṁ lokahetukhinnamatiṁ
Vanditvâ pubbaṁ ahaṁ vakkhâmi susâdhanaṁ kitakaṁ [1];
Sâdhanamûlaṁ hi payogaṁ âhû [2] payogamûlaṁ atthañ ca
Atthesu visâradamatyo [3] sâsanadharâva [4] jinassa matâ.

[1] Cd °susâdhanamhi kitakappaṁ. Sᵉ °susâdhanaṁ kitakappaṁ.
[2] Cd Sᵉ âhu.
[3] Cd °damanaso. Sᵉ °maniyo.
[4] Cd Sᵉ sâsanadharâ ji°.

Andho desakavikalo ghatamadhutelâni bhâjanena vinâ
Nattho natthâni[1] yathâ payogavikalo tathâ attho ;
Tasmâ saṁrakkhanatthaṁ munivacanatthassa dullabhassâhaṁ
Vakkhâmi sissakahitaṁ kitakappaṁ sâdhanena yuttaṁ.

## धातुया कम्माढिम्हि णो ॥ १ ॥

Dhâtuyâ kammâdimhi ṇappaccayo hoti. Kammaṁ karoti
akârisi karissatîti : kammakâro; evaṁ kumbhakâro; kaṭṭha-
kâro; mâlâkâro[2] : rathakâro; rajatakâro; suvaṇṇakâro; patta-
gâho; tantavâyo[3]; dhaññamâyo; dhammakâmo; dhamma-
câro; puññakâro.

On emploie le suffixe *ṇa* après une racine quand
elle est précédée de son régime direct [comme premier membre de la composition]. Ex. Kumbhakâro : un potier (un faiseur de pots); tantavâyo :
un tisserand.

« Kammâdimhi » est un locatif absolu auquel il faut suppléer *sati*, ce qui se traduirait littéralement : « étant donné un
commencement (du composé) consistant dans le karman. »
Cet emploi du locatif pour désigner l'*upapada*, le premier
membre du mot composé, est constant, surtout dans les
règles relatives aux affixes kṛit; aussi l'addition de « âdi »
n'était-elle point indispensable (cf. VIII, 31), et le sûtra Kâtantra correspondant (fol. 131) se contente-t-il de dire : « Kar-
maṇy aṇ », de même que Pâṇ. III, 2, 1. L'emploi de *âdi* que
nous trouvons ici n'est d'ailleurs pas ordinaire dans nos sûtras (cf. pourtant VII, 12); en somme, l'on attendait bien
plutôt une construction « âdikammani », comme par exemple
Pâṇ. VII, 2, 17.

[1] Cd nattho natthâni°.
[2] Cd Sᴷ mâlakaro.
[3] Cd °tantavâyo°.

## संज्ञायं अ नु ॥ २ ॥

Saññâyaṁ abhidheyyâyaṁ [1] dhâtuyâ kammâdimhi akârappaccayo hoti nâmamhi ca nukârâgamo hoti. Ariṁ dametîti [2] :
arindamo râjâ; vessaṁ taratîti [3] : vessantaro râjâ; taṇhaṁ karotîti : taṇhaṅkaro [4] bhagavâ; medhaṁ karotîti : medhaṅ-
karo [5] bhagavâ; saraṇaṁ karotîti : saraṇaṅkaro [6] bhagavâ;
dîpaṁ karotîti : dîpaṅkaro [7] bhagavâ.

Pour [former] un nom propre [on emploie après
une racine précédée de son régime direct le suffixe]
*a* et [on ajoute] *nu* [à la fin du nom qui forme le
premier membre]. Ex. Arindamo : Arindama (c'est-
à-dire qui dompte l'ennemi; ari -+- dam).

## पुरे ददा च इ [8] ॥ ३ ॥

Purasaddo âdimhi dadâ iccetâya dhâtuyâ akârappaccayo
hoti purasaddassa akârassa i ca hoti. Pure dânaṁ dadâtîti
purindado devarâjâ.

[On emploie] de même [le suffixe *a*] après *dadâ*,
précédé de *pura*, et [*pura* prend devant la nasale
additionnelle] *i* [au lieu de *a*]. Ex. Purindado :
(Indra) le destructeur de forteresses.

Je n'ai pas besoin de justifier ma traduction de « purin-
dada » (skr. puraṁdara) contre celle du scholiaste; mais on

<hr>

[1] Cd abhideyyaṁ°.
[2] Cd Sᴮ ariṁ da°.
[3] Cd Sᴮ vessaṁ ta°.
[4], [5], [6], [7] Cd °ṁkaro°.
[8] Cd °ca iṁ.

s'étonne d'une analyse et d'une interprétation si fautives chez un grammairien qui paraît donner ailleurs des preuves d'une certaine connaissance du sanskrit.

## सब्बतोणुवुल्वावी १ वा ॥ ४ ॥

Sabbato dhâtuto kammâdimhi vâ akammâdimhi vâ akâra ṇvu tu âvî² iccete paccayâ honti vâ. Taṃ karotîti : takkaro; hitaṃ karotîti : hitakaro; vineti etena tasmiṃ vâ : vinayo; nissâya taṃ vasatîti : nissayo; bhavatîti : bhavo³; — ṇvumhi : rathaṃ karotîti : rathakârako; annaṃ dadâtîti : annadâyako; vineti satteti : vinâyako; karotîti : kârako; dadâtîti : dâyako; netîti : nâyako; — tumhi : karotîti kattâ; tassa kattâ : takkattâ; dadâtîti : dâtâ; bhojanassa dâtâ : bhojanadâtâ; saratîti : saritâ; — âvimhi : bhayaṃ passatîti : bhayadassâvî⁴; iccevamâdi.

Toutes les racines peuvent prendre les suffixes *a*. Ex. hitakaro : qui fait le bien; — *ṇvu*. Ex. dâyako : qui donne; — *tu*. Ex. kattâ : celui qui fait; — ou *âvî*. Ex. dassâvî : qui voit.

## विसरुजपदादितो ण ॥ ५ ॥

Visa ruja pada iccevamâdihi dhatûhi ṇappaccayo hoti. Pavisatîti : paveso; rujatîti : rogo; uppajjatîti⁵ : uppâdo; phussatîti : phasso⁶; uccatîti : oko; ayatîti : âyo; sammâ bujjhatîti : sambodho; vihâratîti : vihâro.

---

¹ Cd Sᵇ °tvâvi vâ.

² Cd °avi°. Sᵇ âvî.

³ Cd bhavissatîti bhagavâ; ṇvu°.

⁴ Cd Sᵇ °ssâvi°.

⁵ Cd Sᵇ uppajjati : uppâ°.

⁶ Cd Sᵇ °do; pusatîti : passo; ṇ°. La présence de *ṣphiṛ* dans les sûtras correspondants cités en note ne laisse pas de doute sur la correction à introduire.

Les racines *vis*, *ruj*, *pad*, etc. prennent le suffixe *ṇa*. Ex. Paveso : entrée; rogo : maladie ;uppâdo :
origine.

Pân. III, 3, 16 : « Padarujaviçaspṛiço ghañ »; Kât. (fol.
152) : « Padarujaviçaspṛiçocâṁ ghañ. » L'addition de « âdito »
s'explique assez, ne fût-ce que par la simplification radicale
apportée chez notre auteur au système des anubandhas,
comme on le pourra constater par la suite; mais la présence
de l'exemple *oko*, dans le commentaire, est intéressante par
sa concordance avec la règle Kâtantra, tandis que le sûtra
ne contient pas plus que la règle de Pâṇini la mention expresse de cette racine.

भावे च ¹ ॥ ६ ॥

Bhâvatthâbhidheyyasabbadhâtûhi ² ṇappaccayo hoti ³. Paccate pacanaṁ vâ : pâko; cajjate cajanaṁ vâ : câgo; bhûyate
bhavanaṁ vâ : bhâvo; evaṁ yâgo; yogo; bhâgo; paridâho;
râgo.

[Le même suffixe *ṇa* s'emploie] aussi après toutes
les racines] pour exprimer l'état. Ex. Pâko : cuisson,
état de ce qui est cuit; câgo : état de ce qui est
repoussé, rejeté.

क्वि च ⁴ ॥ ७ ॥

Sabbehi dhâtûhi ⁵ kvippaccayo hoti. Sambhavatîti : sambhû; visesena bhavatîti : vibhû; evaṁ abhibhû; bhujena

---

¹ Cd °ve vâ.
² Cd Sg bhava°.
³ Cd nappayoso ho°.
⁴ Cd kvaci.
⁵ Cd Sabbadhâtuhi.

gacchatiti : bhujango [1]; urena gacchatiti : urago [2]; saṁsuṭṭhu samuddapariyantato bhûmiṁ khanatiti : saṅkho.

[Toutes les racines prennent] aussi [le suffixe] *kvi*. Ex. Sambhû : le maître (de : saṁ + bhû); bhujaṅgo : serpent (de : gam).

धराढीहि रम्मो ॥ ८ ॥

Dhara iccevamâdihi dhâtûhi rammappaccayo hoti. Dharati tenâti : dhammo; kariyate taṁ ti : kammaṁ.

[Les racines] *dhar*, etc. prennent le suffixe *ramma*. Ex. Dhammo : la loi; kammaṁ : l'action.

तस्सीलाढीसु णीत्वावी च [3] ॥ ८ ॥

Sabbehi dhâtûhi tassilâdisvatthesu ṇî tu âvî [4] iccete paccayâ honti. Piyaṁ pasaṁsituṁ silaṁ yassa rañño so hoti râjâ piyapasaṁsî [5]; brahmacarituṁ silaṁ yassa puggalassa so hoti puggalo brahmacârî; pasayhaṁ pavattituṁ silaṁ yassa rañño so hoti râjâ pasayhapavattâ; bhayaṁ passituṁ silaṁ yassa samaṇassa so hoti samaṇo bhayadassâvî; iccevamâdi.

Pour exprimer le caractère ou la tendance naturelle, etc. on emploie les suffixes *ṇî*, *tu*, *âvî*. Ex. Piyapasaṁsî : porté à louer ses amis; pasayhapavattâ : dont le caractère est d'agir avec violence.

[1] Cd bhujaṅgamo. Sᴷ bhujago.
[2] Cd urañgo.
[3] Cd °nitvâvicaṁ. Sᴷ ṇitvâvica.
[4] Cd Sᴷ °âvî°.
[5] Cd piyapasîsî. Sᴷ piyapasaṁsî.

## सद्कुधचलमएउल्थरुचादीहि यु ॥ १० ॥

Saddakudhacalamandatthehi ca rucâdihi ca dhâtûhi yuppaccayo hoti tassilâdisvatthesu. Ghosanasilo : ghosano; bhâ-
sanasîlo : bhâsano; evaṁ viggaho kâtabbo : kodhano; ro-
sano; calano; kampano; phandano; mandano; vibhûsano;
rocano; jotano; vassano.

[On emploie dans le même sens le suffixe] *yu*
(=ana) après les racines qui signifient faire du
bruit, s'irriter, se mouvoir, orner, et les racines
*ruc*, etc. Ex. Ghosano : retentissant; kampano :
tremblant; kodhano : irrité; rocano : brillant.

## पाराढिगमिम्हा रु. ॥ ११ ॥

Gamu iccetasmâ dhâtumhâ pârasaddâdimhâ ruppaccayo
hoti tassilâdisvatthesu. Bhavassa pâraṁ : bhavapâraṁ, bhavapâraṁ gantuṁ sîlaṁ yassa purisassa so bhavapâragû.
Tassilâdimhîti kimatthaṁ? Pâraṅgato.
Pârâdigamimhâti kimatthaṁ? Anugâmi.

[Dans le même sens,] la racine *gam*, précédée
de *pâra*, prend le suffixe *ru*. Ex. Bhavapâragû :
qui s'efforce de parvenir à l'autre rive de l'existence.

## भिक्खाद्ितो च ॥ १२ ॥

Bhikkha iccevamâdîhi dhâtûhi ruppaccayo hoti tassilâdisvatthesu. Bhikkhanasîlo : bhikkhu [1]; vijânanasilo : viññû [2],

---

[1] Cd S⁶ °sîlo, yâcanasilo : bhi°.
[2] Cd S⁶ viññu.

Et [aussi les racines] *bhikkh*, etc. Ex. Bhikkhu : mendiant.

## हन्त्यादीनं णुको ॥ १३ ॥

Hantyâdinaṃ dhâtûnaṃ ṇukappaccayo hoti tassilâdisvatthesu. Âhananasîlo : âghâtuko; karaṇasîlo; kâruko.

[Dans le même sens les racines] *han*, etc. prennent le suffixe *ṇuka*. Ex. Kâruko : un artisan.

L'exemple « âghâtuka » et non le simple « ghâtuka » (Scholl. in Pâṇ. III, 2, 154) est aussi donné par Durgasiṃha (fol. 148).

## नु निग्गहीतं पदन्ते ॥ १४ ॥

Padante nukârâgamo niggahîtaṃ âpajjate. Arindamo râjâ; vessantaro; pabhaṅkaro.

[Le] *nu* [additionnel prescrit dans certains cas] à la fin des mots (s. 2) [se réduit à] la nasale. Ex. Arindaṃo : Arindama.

## संहनञ्ञाय वा रो घो ॥ १५ ॥

Saṃpubbahana iccetâya dhâtuyâ aññâya vâ dhâtuyâ rappaccayo hoti hanassa gho ca hoti. Samaggaṃ kammaṃ samupagacchatîti : saṅgho; samantato nagarassa bâhire khanatîti : parikhâ; antaṃ karotîti; antako.
Saṃ iti kimatthaṃ? Upahananaṃ : upaghâto.
Vâti kimatthaṃ? Antakaro.

Après [la racine] *han*, précédée de *saṃ*, ou encore après d'autres racines, [on emploie le suffixe]

*ra*, et [*han* se change en] *gha*. Ex. Saṅgho : l'assemblée du clergé; parikhâ : fossé de défense.

J'ai traduit en suivant le scholiaste, mais pour cette seule
raison que je n'ai rien de certain à mettre à la place de son
interprétation; en elle-même, je ne la puis trouver satisfaisante. L'accord, non-seulement de nos deux manuscrits,
mais aussi du manuscrit de la Rûpasiddhi écarte l'hypothèse
d'une corruption du texte. D'autre part, en le prenant tel
qu'il est, ce prétendu composé dvandva « saṁhanaññâya » est
bien étrange; et ce serait d'ailleurs le seul cas où, dans cette
grammaire, *añña* serait ainsi employé au lieu de l'ordinaire
*âdi;* comment ensuite expliquer le singulier? car, sans vouloir faire remonter jusqu'à l'auteur la responsabilité de l'analyse bizarre de « antako », il y a, en dehors de la racine han,
plusieurs racines encore qui offrent des formations semblab-
bles. Peut-être pourrait-on, en s'inspirant de l'analogie, loin-
taine, il est vrai, de Pâṇini III, 2, 101, traduire : la racine
han, précédée de saṁ, ou aussi d'un autre préfixe, prend le
suffixe *ra* et devient *gha*. C'est ce que semblerait confirmer
dans une certaine mesure la forme même du s. Kâlantra :
« Samudor gaṇapraçaṁsayoḥ (*hanter do ghanir âdeçaçca*) »
(fol. 157) comparé à Pâṇ. III, 3, 86, où les deux mots *saṁ-
gha* et *udgha* sont donnés comme *nipâtanas.*

रम्हिरन्तो रादि नो ॥ १६ ॥

Ramhi paccaye pare sabbo dhâtvanto rakârâdi ca no lopo
hoti. Antako; pâragû; sa devake loke sâsatîti : satthâ; diṭ-
ṭho; iccevamâdi.

Devant [un suffixe commençant par] r, la consonne finale de la racine tombe ainsi que l'r initial
[du suffixe]. Ex. Pâragû (de la racine *gam* avec le
suffixe *ra* — s. 11).

## भावकम्मेसु तब्बानीया ' ॥ १७ ॥

Bhâva kamma iccete-vatthesu tabba anîya iccete paccayâ honti sabbadhâtûhi. Bhûyate, abhavittha, bhavissate : bhavitabbaṁ, bhavanîyaṁ; âsiyate : âsitabbaṁ, âsanîyaṁ [2]; pajjitabbaṁ, pajjanîyaṁ; kàtabbaṁ, karanîyaṁ; gantabbaṁ, gamanîyaṁ; ramitabbaṁ, ramanîyaṁ.

Dans le sens neutre-impersonnel et passif, on emploie les suffixes *tabba*, *anîya*. Ex. Bhavitabbaṁ ou bhavanîyaṁ : qui doit être; âsitabbam ou âsanîyaṁ : il faut s'asseoir.

## एयो च ॥ १८ ॥

Bhâvakammesu sabbadhâtûhi ṇyappaccayo hoti. Kattabbaṁ, kâriyaṁ; cetabbaṁ, ceyyaṁ; netabbaṁ, neyyaṁ; iccevamâdi.

Casaddaggahaṇena teyyappaccayo hoti. Soteyyaṁ; diṭṭheyyaṁ; pateyyaṁ.

Et aussi le suffixe *ṇya*. Ex. Kâriyaṁ : qui doit être fait; neyyaṁ : qui doit être conduit.

## कारम्हा रिच्च ॥ १९ ॥

Kara iccetamhâ dhâtumhâ riccappaccayo hoti bhâvakammesu. Kattabbaṁ, kiccaṁ.

[Et aussi le suffixe] *ricca*, après [la racine] *kar*. Ex. Kiccaṁ ou kattabbaṁ : qui doit être fait.

---

[1] Cd °sabbâniyâ. Sᴳ °tabbâniyâ.
[2] Cd asanîyaṁ.

भूतो ब्ब ॥ २० ॥

Bhû îccetâya dhâtuyâ ṇyappaccayassa ûkârena saha abbâ-
deso hoti. Bhavitabbo, bhabbo[1]; bhavitabbaṁ, bhabbaṁ.

[Et] *abba* après [la racine] *bhû* [y compris l'*û* fi-
nal]. Ex. Bhabbo ou bhavitabbo : qui doit être.

वद्मद्गमयुजगरह्राकाराटीहि ज्जम्मगय्ह्ेय्या गारो
वा ॥ २१ ॥

Vada mada gama yuja garaha[2] âkâranta iccevamâdîhi dhâtûhi ṇyappaccayassa yathâsaṅkhyaṁ jja mma gga yha eyya âdesâ honti vâ dhâtvantena saha garahassa ca gâro hoti bhâvakammesu. Vattabbaṁ, vajjaṁ; madanîyaṁ, majjaṁ; gamanîyaṁ,
gammaṁ; yujjanîyaṁ[3], yoggaṁ; garahitabbaṁ, gârayhaṁ[4];
dâtabbaṁ, deyyaṁ; pâtabbaṁ, peyyaṁ; hâtabbam, heyyaṁ;
mâtabbaṁ, meyyaṁ; ñâtabbaṁ, ñeyyaṁ; iccevamâdi.

Les racines *vad*, *mad*, *gam*, *yuj*, *garah*, les racines terminées en *â*, etc. peuvent à volonté
prendre, dans le même sens, les suffixes *jja*, *mma*,
*gga*, *yha*, *eyya*, et [alors *garah*, en prenant le suffixe *yha*, se change en] *gâra*. Ex. Vajjaṁ : instrument
de musique; gammaṁ : où l'on doit aller; yoggaṁ :
qui doit être réuni; gârayhaṁ : qui doit être blâmé;
deyyaṁ : qui doit être donné.

---

[1] Cd bhavo.
[2] Cd garahâ.
[3] Dans les trois exemples en «˚nîyaṁ» Cd et Sᵉ ont l'*i* bref.
[4] Cd gàreyyaṁ.

## ते किच्चा ॥ २२ ॥

Ye paccayâ tabbâdayo riccantâ[1] te kiccasaññâti veditabbâ.
Kiccasaññâya kiṁpayojanaṁ? Bhâvakammesu kiccakta-
khatthâ[2]. (VIII, 2.)

Ces suffixes [depuis *tabba*, portent le nom technique de] *kicca*.

Si le scholiaste ne fait pas rentrer (*riccantâ*) expressément
dans cette classe de suffixes ceux énoncés dans les deux
derniers sùtras, ce n'est pas qu'il entende les en exclure;
mais il les considère comme inclus dans le suffixe *ṇya*, dont
ils sont simplement les âdeças (substituts).

## अञ्ञे कित् ॥ २३ ॥

Aññe paccayâ kita iccevaṁsaññâ honti.
Kitasaññâya kiṁpayojanaṁ? Kattari kit. (VIII, 1.)

Les autres [portent le nom de] *kit*.

## नन्दादीहि यु ॥ २४ ॥

Nandâdîhi dhâtûhi yuppaccayo hoti bhâvakammesu. Nan-
diyate, nanditabbaṁ : nandanaṁ[3]; gahaniyaṁ : gahaṇaṁ;
varitabbaṁ : varaṇaṁ; evaṁ sabbattha.

[Les racines] *nand*, etc. prennent [le suffixe] *yu*
[dans le sens neutre-impersonnel et passif]. Ex. Nandanaṁ : le jardin d'Indra (où l'on goùte toutes sortes
de plaisirs).

---

[1] Cd tabbâdiccantâ.
[2] Cd °ccattakkhattâ và. S⁶ °kkhatthâ và.
[3] Cd nandate nanditabbâ nanditabbaṁ và na°.

## कत्तुकरणाप्पदेसेसु च ॥ २५ ॥

Kattukaraṇappadesa iccetesvatthesu ca yuppaccayo hoti.
Kattari tâva : rajaṁ haratîti : rajoharaṇaṁ toyaṁ; — karaṇe
tâva : karoti etenâti : karaṇaṁ; — padese tâva : tiṭṭhanti tasmiṁ iti; ṭhânaṁ; evaṁ sabbattha.

[Le suffixe *yu* s'emploie] aussi pour exprimer l'a-
gent, l'instrument, le lieu. Ex. Rajoharaṇaṁ : l'eau
(qui enlève la poussière); karaṇaṁ : l'instrument;
ṭhânaṁ : la place.

Il est plus que douteux que le scholiaste ait raison de ré-
introduire dans le s. précédent *bhâvakammesu* (du s. 17); mais
ici, *ca* paraît en effet supposer ces mots et s'y rattacher;
c'est ce que montrent Pân. III, 3, 115-117, et, bien que
dans une mesure plus restreinte, les ss. Kâtantra : « [*bhâve*]
Yuṭ ca. — Karaṇâdhikaraṇoçca » (fol. 160).

## ह्वादितो नो ण ॥ २६ ॥

Rakârahakârâdyantehi dhâtûhi anâdesassa nassa ṇo hoti.
Karoti tenâti : karaṇaṁ; pûrati tenâti : pûraṇaṁ; gayhati tenâti : gahaṇaṁ; gahanîyaṁ[1] tenâ ti : gahaṇaṁ; evaṁ aññe
pi yojetabbâ.

Après *r*, *h*, etc. [de la racine], l'n [de ce suffixe
se change en] ṇ. Ex. Karaṇaṁ : l'instrument; gahaṇaṁ : l'action de saisir.

La seule règle de cette grammaire consacrée au changement de *n* en *ṇ*; on voit combien elle est insuffisante.

ITI KIBBIDHÂNAKAPPE PAṬHAMO KAṆḌO.

_______
[1] Cd Sr gahaniyaṁ.

## णाद्यो तेकालिका ॥ १ ॥

Nâdayo paccayâ yuvantâ tekâlikâti veditabbâ. Yathâ : kum·
bhaṁ karoti, akâsi, karissatiti : kumbhakâro; karoti, akâsi,
karissati tenâti : karaṇaṁ ; evaṁ aññepi yojetabbâ.


Ces suffixes *ṇa*, etc. sont dits *tekâlika* (c'est-à-dire
qu'ils s'emploient également dans le sens du présent, du passé et du futur). Ex. Kumbhakâro : un
potier (un homme qui fait, a fait et fera de la po-
terie).


## सञ्ञायं दाधातो इ ॥ २ ॥

Saññâyaṁ abhidheyyâyaṁ dâdbâdhâtuto ippaccayo hoti.
Âdiyatîti [1] : âdi; udakaṁ dadhâtîti : udadhi; mahodakâni
dadhâti : mahodadhi; vâlâni dadhâti tasmiṁ iti : vâladhi;
sammâ dadhâtîti : sandhi [2].


Pour former des appellatifs on emploie, après
les racines *dâ*, *dhâ*, le suffixe *i*. Ex. Âdi : commencement; udadhi : océan.


J'ai traduit ici « saññâyaṁ » par appellatifs. *Saññâ* désigne
tout mot qui ne porte pas son explication complète dans son
analyse étymologique. C'est ainsi qu'il désigne tour à tour des
termes techniques conventionnels, des noms propres, et enfin, comme ici, des mots dont la signification propre ne se
peut deviner par l'analyse, mais s'apprend seulement par la

[1] Cd S⁸ âdiyatîti".

[2] Cd sammâdhiyati dadhâtîti sa". S⁸ "vâladhi; sandhi : dve pada-
koṭiyo antaraṁ adasetvâ sammâ dadhâtîti sandhi.

convention et l'usage. Nous n'avons pas de terme qui, à lui
seul, puisse rendre toutes ces nuances, et la traduction est
forcée de se régler suivant les cas. (Cf. p. ex. VII, 1, 2.)

ति किच्चासिट्ठे ॥ ३ ॥

Saññâyam abhidheyyâyam dhâtûhi tippaccayo hoti kiccâ-
siṭṭhe. Jino etam bujjhatûti : jinabuddhi; dhanam assa bhavatûti : dhanabhûti; bhavatûti : bhûto; bhavatûti : bhâvo[1];
dhammo etam dadâtûti : dhammadinno; âyunâ vaḍḍhatûti :
âyuvaḍḍhamâno[2]; evam aññepi yojetabbâ.

[Pour former des appellatifs on emploie] le suffixe *ti* et les suffixes *kit*, avec la signification d'un
souhait. Ex. Jinabuddhi (c'est-à-dire : que Jina lui
donne la sagesse!).

Naturellement « kicca » du sûtra doit être décomposé en « kit
ca »; sans vouloir accuser le scholiaste d'une méprise sur ce
point, j'estime qu'il eût, pour plus de clarté, mieux fait de
s'exprimer comme fait la Rûpasiddhi : « tippaccayo hoti kit-
paccayo ca. » Du reste l'emploi de ce *kit*, dans la présente
règle, n'est pas bien net. En effet, d'après VII, 1, 22, tous
les suffixes dont il est traité dans cette section, en dehors des
*kicca*, sont des *kit*; s'il en est ainsi, le suffixe *ti* mentionné
tout d'abord, et à part, dans le sûtra est un *kit* au même titre
que tous les autres suffixes qui apparaissent dans les exemples, car il est expressément enseigné dans la règle suivante. Dans la règle correspondante de Pâṇini (III, 3, 174),
nous trouvons également le suffixe *ti* (ktic); mais au lieu de
*kṛit*, c'est le suffixe *kta* qui y fait suite : « kticktau ca saṃ-

---

[1] Il faut sans doute lire : °tûti : bhavo : bhavabhûti.
[2] Cd °tûti vaḍḍhamâno. S^k Âyuvaḍhamano.

jñâyaṁ. » Le sûtra Kâtantra (fol. 163) se rapproche fort de notre règle : « Tikkṛitau saṁjñâyâm âçishi »; le duel °kṛitau semble prouver que nous n'avons à penser qu'à *deux* suffixes déterminés; faut-il voir dans « kṛita » un équivalent de *kta*, désignant le participe passé du passif, comme *kṛitya* en désigne le participe futur? Je ne vois pas d'autre moyen de donner à la règle un sens satisfaisant; mais je manque d'exemples à l'appui d'un pareil emploi de *kṛita*. Du reste, si cette explication était la vraie, « kicca », dans notre sûtra, au lieu de « kitaca », rendrait, en tout cas, fort mal la pensée de son modèle, et ne pourrait reposer que sur une confusion.

इत्थियं अतियवो वा ॥ ४ ॥

Itthiyaṁ abhidheyyâyaṁ sabbadhâtûhi akâro ti yu iccete paccavâ honti vâ. Jaratìti : jarâ; saratìti : sarâ; maññatîti : mati; coratìti : corâ; cetayatìti : cetanâ; vedayatìti : vedanâ; evaṁ aññe pi yojetabbâ.

Pour [former des appellatifs] féminins, on emploie, suivant les cas, les suffixes *a, ti, yu*. Ex. Jarâ : la vieillesse; mati : la pensée; vedanâ : la sensation.

कातो रिरियो ॥ ५ ॥

Karato itthiyaṁ anitthiyaṁ vâ abhidheyyâyaṁ ririyappaccayo hoti [1]. Kattabbâ kiriyâ; karaṇîyâ kiriyâ [2].

Après [la racine *kar*] on emploie le suffixe *ririya*. Ex. Kattabbâ kiriyâ : une action qui doit être faite.

---

[1] Cd hoti vâ. Ka".

[2] Cd °riyâ, karaṇiyaṁ kiriyyaṁ kiriyâ. Sk de même, mais : kiriyaṁ.

## अतीते ततवन्तुताबी [1] ॥ ६ ॥

Atite kâle sabbadhâtûhi [2] ta tavantu tâvi iccete paccayâ
honti. Huto [2], hutavâ, hutâvi; vasîti : vusito, vusitavâ, vusi-
tâvi; bhujitthâti : bhutto, bhuttavâ, bhuttâvi.

Pour marquer le passé, [on emploie les suffixes]
*ta, tavantu, tâvî.* Ex. Huto, hutavâ ou hutâvî : qui
a sacrifié; bhutto, bhuttavâ, bhuttâvî : qui a
mangé.

## भावकम्मेसु तं ॥ ७ ॥

Bhâvakammesu atite kâle tappaccayo hoti sabbadhâtûhi.
Bhâve tâva : gâyate : gîtañ; naccañ : naṭṭitañ [3]; hasanañ :
hasitañ. Kammani tâva : bhâsayitthâti : bhâsitañ; desayit-
thâti; desitañ; karayitthâti : katañ.

Dans le sens neutre-impersonnel et dans le sens
passif, on emploie le suffixe *ta.* Ex. Gîtañ : chant;
bhâsitañ : dit.

## बुधगमायव्हे [4] कत्तरि ॥ ८ ॥

Budha gama iccevamâdinañ atthe tappaccayo hoti kattari sabbakâle. Yathâ : sabbe saṅkhatâsaṅkhate dhamme bujjhati, abujjhi, bujjhissatîti : buddho; saraṇañ gato; sama-
thañ gato; iccevamâdi.

---

[1] Cd °ntutânâvî.
[2] S⁶ °honti vâ. Gato gâmañ anugato; gatavâ; gatâvî; hu°.
[3] Cd S⁶ °ccañ, naṭṭanañ; ha°.
[4] Cd °ditte°.

[Le suffixe *ta* s'emploie] dans le sens actif après les verbes qui signifient savoir, aller, etc. Ex. Buddho : le Buddha (c'est-à-dire celui qui connaît la nature de toutes choses); saraṇaṁ gato : qui a trouvé un refuge.

जितो इन सब्बत्थ ॥ ८ ॥

Ji iccetâya dhâtuyâ inappaccayo hoti sabbakâle kattari. Pâpake akusale dhamme jinâti, ajini, jinissatîti : jino.

[La racine] *ji* prend le suffixe *ina*, sans acception de temps. Ex. Jino : le Jina (c'est-à-dire celui qui vainc, a vaincu et vaincra le mal).

सुपतो च ॥ १० ॥

Supa iccetâya dhâtuyâ inappaccayo hoti kattari bhâve ca. Supatîti : supino; supiyate[1] ti : supino; ko attho supinena te?

Et aussi [la racine] *sup*. Ex. Supino : sommeil, songe.

ईसदुसुह्ि[2] ख ॥ ११ ॥

Îsadususaddupapadehi[3] dhâtûhi khappaccayo hoti bhâvakammesu. Îsaṁ sayanaṁ, îsassayo[4]; duṭṭhu sayanaṁ : dus-

---

[1] Cd suppiyate°.
[2] Cd °dussu°.
[3] Cd °dussu saddâhi dhâtû".
[4] Cd issayanaṁ, issayo; du°.

sayo; suṭṭhu sayanaṁ; susayo[1]; bhavatâ îsaṁ kammaṁ ka-
riyatîti : isakkaraṁ; dukkaraṁ; sukaraṁ[2].

[Les racines,] après [les déterminatifs] *îsa*, *du*,
*su*, [prennent le suffixe] *kha*. Ex. Îsassayo : facile-
ment couché; dukkaraṁ : difficile à faire.

Le sûtra ne contenant rien de la restriction exprimée
dans la règle correspondante de Pâṇini (III, 3, 126) et de
la grammaire Kâtantra (fol. 162) par les mots : « kṛicchrâ-
kṛicchrârtheshu », il est difficile de savoir si cette suppression est intentionnelle et, par conséquent, de déterminer la
vraie traduction de *îsassayo*, soit qu'on le doive traduire :
qui a trouvé aisément où se coucher, ou bien : qui n'a été
couché que peu d'instants.

इच्छत्थेसु समानकत्तुकेसु तवे तुं वा ॥ १२ ॥

Icchatthesu samânakattukesu sabbadhâtûhi tave tuṁ iccete paccayâ honti vâ sabbakâle kattari. Puññâni kâtuṁ[3] icchati, kâtave[4]; saddhammaṁ sotuṁ icchati, sotave[5].

Suivies (c'est-à-dire ici : dépendantes) de verbes
signifiant désirer, toutes les racines peuvent à volonté prendre les suffixes *tuṁ* ou *tave*, quand [l'infinitif ainsi formé a le] même sujet [que le verbe
dont il dépend]. Ex. Puññâni kâtuṁ, kâtave icchati:
il désire faire de bonnes actions.

---

[1] Cd Sᴮ sussayo.
[2] Cd Sᴮ sukkaraṁ°.
[3] Cd katum.
[4] Cd Sᴮ "cchatîti kâ".
[5] Cd Sᴿ "icchatîti so".

## अरहसक्काद्दीसु च ॥ १३ ॥

Arahasakkàdìsvatthesu ca sabbadhàtùhi tuṁpaccayo hoti.
Ko taṁ nindituṁ arahati; sakkà jetuṁ dhanena và; evaṁ
aññepi yojetabbà.

De même après des verbes qui signifient être digne
de (ou juger bon de), pouvoir. Ex, Ko taṁ nindituṁ arahati? Qui oserait le blàmer? Sakkà jetuṁ
dhanena và: on peut vaincre aussi par l'or.

## पत्तवचने अलमत्थेसु च ॥ १४ ॥

Pattavacane sati alamatthesu ca sabbadhàtùhi tuṁpaccayo
hoti. Alaṁ eva dànàni dàtuṁ: alaṁ puññàni kàtuṁ.

Et aussi après des mots du sens de *alaṁ*, pour
dire : suffisant..... Ex. Alaṁ dànàni dàtuṁ : assez
pour faire des présents; alaṁ puññàni kàtuṁ : c'est
assez de faire des bonnes œuvres.

## पुब्बकालेककत्तुकानं तूनत्वानत्वा वा ॥ १५ ॥

Pubbakàle ekakattukànaṁ dhàtùnaṁ tùna tvàna tvà iccete
paccayà honti và. Kàtùna kammaṁ gacchati; akàtùna [2] puññaṁ kilamissanti; sattà sutvàna dhammaṁ modanti; jitvàna
vasati; sutvànassa etad abhàsi; ito sutvàna amutra kathayanti;
sutvà mayaṁ jànissàma; evaṁ sabbattha yojetabbà.

Pour marquer une action antérieure [à celle
qu'exprime le verbe fini], une racine peut prendre

[1] Cd Sᴿ °tuna°.
[2] Cd kàtùna°.

l'un des suffixes *túna*, *tvâna* ou *tvâ*, si elle a le même sujet [que le verbe fini]. Ex. Kâtûna kammañ gacchati : après avoir exécuté telle action, il s'en va; sattâ sutvâna dhammañ modanti : les créatures, après avoir entendu la loi, en éprouvent de la joie; sutvâ mayañ jânissâma : après avoir entendu, nous saurons.

## वत्तमाने मानन्ता ॥ १६ ॥

Vattamânakâle sabbadhâtûhi mâna anta iccete paccayâ honti. Saratîti : saramâno; rudatîti : rodamâno; gacchatîti : gacchanto; gaṇhâtîti[1] : gaṇhanto.

Dans le sens du présent on emploie les suffixes *mâna*, *anta*. Ex. Rodamâno : pleurant; gaṇhanto : prenant.

## सासादीहि रत्थु ॥ १७ ॥

Sâsâdîhi dhâtûhi ratthuppaccayo hoti. Sâsatîti : satthâ, kilesâdayo sâsati hiñsatîti vâ[2].

Les racines *sâs*, etc. prennent le suffixe *ratthu*. Ex. Satthâ : le maître (c'est-à-dire, suivant la fausse explication du scholiaste : celui qui détruit le mal).

## पाहितो रितु ॥ १८ ॥

Pâ iccevamâdito dhâtugaṇato rituppaccayo hoti. Guttañ pâlayatîti : pitâ.

---

[1] Cd n'a pas : gaṇhâtîti.
[2] Cd °tthâ sâsati hiñsatîti vâ satthâ. S⁵ °ti satthâ : kilesâdayo sâseti hiñsatîti : satthâ.

Les racines *pá*, etc. prennent le suffixe *ritu.*
Ex. Pitâ : père (c'est-à dire celui qui protége la
famille).

## मान्नादीहि रातु ॥ १८ ॥

Mâna iccevamâdîhi dhâtûhi râtuppaccayo hoti rituppaccayo ca [1]. Dhammena puttaṃ mânetîti : mâtâ; pubbe bhâsa-
tîti : bhâtâ; mâtupîtûhi dhâriyatîti dhîtâ.

Les racines *mân*, etc. prennent le suffixe *râtu.*
Ex. Mâtâ : mère (c'est-à-dire celle qui honore le
fils).

Si les fausses étymologies du scholiaste ne doivent nous
surprendre que médiocrement, l'erreur que commet l'auteur lui même, en rapportant au causatif *mânayati* de la racine *man* l'origine du mot « mâtar », pourrait paraître plus
étonnante chez un homme qui donne d'ailleurs des preuves
de sa connaissance du sanskrit. Mais cette explication se retrouve ailleurs, p. ex. dans les *Uṇâdisûtras* (éd. Böhtlingk,
II, 91). — D'autre part, je ne comprends rien à l'addition
par le commentateur de « rituppaccayo ca » et de l'exemple
*dhîtâ* à l'appui ; ce mot, à ses yeux, doit rentrer tout naturellement dans les cas prévus par le sûtra précédent.

## आगमा तुको ॥ २० ॥

À iccâdimhâ gamito tukappaccayo hoti. Âgacchatîti : âgantuko bhikkhu.

La racine *gam*, précédée de *â*, prend le suffixe
*tuka.* Ex. Âgantuko : l'arrivant, l'hôte.

[1] S<sup>r</sup> ˚ccayo hoti vâ.

## भब्बे इक ॥ २१ ॥

Gamu iccetamhâ ikappaccayo hoti bhabbe. Gamissatiti : gamiko gantuṁ bhabboti vâ, gamiko bhikkhu.

[La racine *gam* prend le suffixe] *ika* dans le sens du futur. Ex. Gamiko : qui veut ou doit partir.

ITI KIBBIDHÀNAKAPPE DUTIYO KAṆḌO.

## पच्चयानिद्दिट्ठा निपातना सिज्झन्ति ॥ १ ॥

Saṅkhyânâmasamâsataddhitâkhyâtakitakappamhi sappaccayâ ye saddâ aniddiṭṭhâ gatâ te sâdhanena parikkhitvâ sakehi sakehi nâmehi nipâtanâ sijjhanti yathâsaṅkhyaṁ. Saṅkhyâyaṁ tâva : ekassa eko hoti; dasassa ca dakârassa ro âdeso hoti; eko ca dasa ca : ekâdasa ekârasa vâ; dvissa bâ hoti, dasassa ca dakârassa ro hoti; dve ca dasa ca : bârasaṁ dvâdasa vâ; dvissa bâ hoti; dve ca vìsati ca : bâvìsaṁ; kathaṁ soḷasasaddo? chassa so hoti, dasassa ca dakârassa ḷo hoti; cha ca dasa ca : soḷasaṁ; âyatanamhi chassa saḷo hoti [1]; cha âyatanâni : saḷâyatanaṁ [2]; evaṁ sesâ saṅkhyâ kattabbâ [3]. — Nâmike tâva : ima samâna apara iccetehi jjajjuppaccayâ honti vâ imasamânasaddânañ ca akârasakârâdesâ honti : imasmiṁ kâle ajja asmiṁ kâle và; samâne kâle, sajju; aparasmiṁ kâle, aparajju aparasmiṁ kâle vâ. — Samâse tâva : bhùmigato; apâyagato; issarakataṁ; sallaviddho; kaṭhinadussaṁ; corabhayaṁ; dhaññarâsi; saṁsâradukkhaṁ; pubbâca aparâ ca :

---

[1] Cd °ṣaṁ; cha à — ssa ca salopo hoti".
[2] Cd saḷâyatanâni".
[3] Cd °ṅkhyâtabbâ. Sᵣ °ṅkhyâ katabbâ.

pubbâparaṁ [1]. — Taddhite tâva : Vàsiṭṭho ; bhâradvàjo ;
bhaggavo ; paṇḍavo ; koleyyo. — Âkhyâte tâva : yathâ : asa
bhâveti [2] dhàtuto vattamânesu ekavacanabahuvacanesu eka-
vacanassa tissa sso hoti antena saha, bahuvacanassa antissa
ssu hoti antena saha : evaṁ assa vacaniyo, evaṁ assu vaca-
niyâ [3] ; ânattiyaṁ hissa ssu hoti vâ : gacchassu, gacchâhi. —
Kitake tâva : yathâ : vada hana iccevamâdîhi dhâtûhi kappaccayo hoti vadassa ca vàdo hanassa ca ghâto : vadatîti : và-
dako [4] ; hanatîti : ghâtako [5] ; natidhàtuto tappaccayassa cca-
ṭṭâdesà honti antena saha : naccaṁ, naṭṭaṁ ; — iccevamâdayo
nipâtanâ sijjhanti.

Les suffixes dont il n'est point question [dans les
règles générales] sont expressément énumérés [avec
les mots tout formés]. Exemple : Vâdako : celui qui
parle (de : vad) ; ghâtako : qui frappe (de : han).

L'utilité de cette règle, qui n'est pas très-apparente par elle-
même, ne ressort pas mieux du commentaire du scholiaste.
Nous avons rencontré déjà (V, 47) une règle analogue, et
j'ai indiqué le rôle qu'elle me paraissait remplir à cet en-
droit ; la portée de celle-ci m'apparait moins encore. Le sùtra, qui en lui-même n'enseigne rien du tout, n'inaugure
pas davantage une série de règles contenant des nipâtanas ;
faut-il croire qu'il fasse allusion à des listes de formes qui au-
raient existé pour l'enseignement parallèlement à cette grammaire et en dehors d'elle ? (Cf. VIII, 15.) — Le scholiaste, qui
a le tort de violenter le texte pour l'étendre arbitrairement à
toutes les parties de la grammaire, ne nous éclaire point par

---

[1] Cd °kkhaṁ ; pubbâcaparâmaparaṁ. Ta°. Sg 'bbâ ca parâ ca".

[2] Cd asabbhâveti. Sg asambhâveti.

[3] Cd Sg °assa vacaniyo.

[4] Cd °ko, vâdatîti vàdo ; ha".

[5] Cd hanatîti ghâto satte hanetîti ghâtako na". Sg ghâṭetîti ghâ-
ṭako na".

ses exemples ; les uns, comme ceux qui portent sur les noms
de nombre, sont l'application de règles données ci-dessus ;
d'autres, relatifs au verbe, ne sont pas, en effet, fondés sur
la même autorité ; d'autres, enfin, comme ceux qui portent
sur les composés et les taddhitas, ne rentrent d'aucune façon dans la catégorie des nipâtanas, et semblent ici tout à
fait hors de propos. — Peut-être faut-il ne pas prendre trop
strictement le mot *nipâtana*, et ne voir dans l'expression « nipâtanâ sijjhanti » que le sens : sont déterminés par l'usage.
Alors cette règle ne serait qu'un exemple nouveau de ce procédé sommaire auquel notre grammairien a plusieurs fois
recours (cf. p. ex. VI. 4. 36), et que M. Weber ( *Ind. Str.* II.
p. 327) qualifie justement de déclaration de faillite.

## साससिसतो तस्स रिट्ठो च ॥ २ ॥

Sâsa disa iccetehi dhâtûhi tappaccayassa riṭṭhâdeso hoti
ṭhâne. Anusiṭṭho so mayâ ; desayiṭṭhâti diṭṭhaṁ, diṭṭhaṁ me
rûpaṁ.

Casaddaggahaṇena kiccakârassa[1] tuṁpaccayassa[2] ca raṭṭha
raṭṭhuṁ âdesâ honti. Dassaniyaṁ : daṭṭhabbaṁ ; daṭṭhuṁ vi-
hâraṁ gacchanti samaṇânaṁ.

Après les racines *sâs*, *dis*, le suffixe *ta* se change
en *riṭṭha*. Ex. Anusiṭṭho so mayâ : il a été instruit
par moi ; diṭṭhaṁ : vu.

L'explication du commentaire étant évidemment inaccep-
table, il faut avouer que *ca* n'offre guère de sens dans la
position qu'occupe ici la règle.

[1] Cd kiccatakâ°.
[2] Cd Sᵍ tuppacca°.

साधि · सन्तपुच्छभञ्जडंसादीहि ट्ठँ ॥ ३ ॥

Sakâranta puccha bhañja haṁsa iccevamâdîhi dhâtûhi tappaccayassa sahâdibyañjanena ṭṭhâdeso hoti ṭhâne. Tusiyate[2]
tuṭṭho, tusiṭṭhâti[3] tuṭṭho vâ; daṁsiyate daṭṭho, ahinâ daṁsiyit-
thâti[4] daṭṭho vâ; pucchiyate puṭṭho, pucchiyiṭṭhâti[5] puṭṭho vâ;
bhañjiyate bhaṭṭho, bhañjiyiṭṭhâti bhaṭṭho vâ; haṁsiyiṭṭhâti
haṭṭho, pakârena haṁsiyiṭṭhâti pahaṭṭho.

Âdiggahaṇena aññehi dhâtûhi tappaccayassa ca sahâdibyañjanena ṭṭhâdeso hoti. Yajiyiṭṭhâti yiṭṭho; sa ekato sama-
vâyiṭṭhâti[6] saṁsaṭṭho; visesena saññiyatiti visiṭṭho[7]; pave-
sayiṭṭhâti paviṭṭho; evaṁ sabbattha yojetabbâ.

Après les racines qui se terminent par un *s*, après
*pucch*, *bhañj*, *haṁs*, etc. [le suffixe *ta* se change] en
*ṭṭha*, y compris le *t* initial [du suffixe]. Ex. Tuṭṭho :
content; puṭṭho : interrogé; bhaṭṭho : tombé; haṭṭho :
joyeux.

La racine *haṁs* (skr. hṛish) étant comprise dans la catégorie des « santa », on ne voit pas pourquoi l'auteur la nomme
expressément. Quant au prétendu participe de *bhañj* : « bhaṭṭho », il y a là quelque confusion. *Bhañj* (ou bhaj) fait en sanskrit « bhagna » et en pâli « bhagga » (cf. sûtra 7), et il est
difficile de croire qu'il y ait jamais pu faire « bhaṭṭha »; bhaṭṭha est au contraire l'équivalent pâli du sanscrit *bhrashṭa* :
tombé, de la racine *bhraṁç*.

---

[1] Cd sàsadi°.

[2] Cd S⁸ tussiyate.

[3] Cd tusiṭṭhâti, et de même toujours *ṭṭh* dans les aoristes suivants.

[4] Cd dassiyate (de même S⁸) — dassayiṭṭhâti.

[5] S⁸ pucchayiṭṭhâti.

[6] Cd saṁ ekarato sama°.

[7] Cd °saṁsaṭṭho, visaṁsaṭṭho, pa°.

## वसतो इ ' ॥ ४ ॥

Vasa iccetamhâ dhâtumhâ takârappaccayassa sahâdibyañjanena uṭṭhâdeso[2] hoti ṭhâne. Vasatiti vuṭṭho[3].

Après *vas* [il se change en] *uṭṭha*. Ex. Vuṭṭho :
qui habite.

## वस वा वु ' ॥ ५ ॥

Vasasseva dhâtussa tappaccaye vakârassa ukârâdeso hoti
vâ. Vasitthâti vusitaṁ brahmacariyaṁ; vasiyitthâti uṭṭho
vuṭṭho vâ.

[Et la racine] *vas* peut à volonté changer *va* en
*u*. Ex. Vuṭṭho ou uṭṭho : ayant demeuré.

## धठभंहेंहि धठ च ॥ ६ ॥

Dhaḍhabhaha iccevamantehi dhâtûhi parassa takârappaccayassa yathâsaṅkhyaṁ dhaḍhâdesâ honti. Yathâ : sabbe saṅkhatâsaṅkhate dhamme bujjhatiti : buddho; vaḍḍhatiti :
vuḍḍho bhikkhu : labhiyitthâti laddhaṁ pattacivaraṁ; agginâ
daḍḍhaṁ vanaṁ.

Après [des racines se terminant en] *dh*, *ḍh*, *bh*,
*h*, [le suffixe *ta* se change en] *dh*, *ḍh*. Ex. Buddho :
celui qui sait; vuḍḍho : vieux; laddhaṁ : pris;
daḍḍhaṁ : brûlé.

<hr>

1, 2, 3 Cd ° tth °.
4 Cd vassa vâ vû. S⁵ vassa vâ va.

भजतो ग्गो च ॥ ७ ॥

Bhajato dhâtumhà takârappaccayassa ggo âdeso hoti sahâdibyañjanena. Bhañjiyitthâti bhaggo [1]; pakârena bhañjiyitthâti : pabhaggo rukkho.

Après la racine *bhaj*, [il se change] en *gga*. Ex.
Bhaggo : brisé.

भुजादीनं अन्तो नो द्वि च ॥ ८ ॥

Bhuja iccevamâdinaṁ dhâtûnaṁ anto no hoti tappaccayassa ca dvibhâvo hoti. Abhunjiti [2] bhutto, bhuttavâ,
bhuttâvì; cajjatìti catto [3]; rûpâdisu àrammanesu sajjatìti satto;
patati etthâti [4] patto; rañjatìti ratto; yujjatìti [5] yutto; vivic-
catìti [6] vivitto.

[Devant le suffixe *ta* les racines] *bhaj*, etc. perdent leur consonne finale et [le *t* du suffixe] se redouble. Ex. Bhutto : qui a mangé; catto : rejeté.

वच वा वु [7] ॥ ९ ॥

Vaca iccetassa dhâtussa vakârassa ukârâdeso hoti anto ca
cakâro no hoti tappaccayassa ca dvibhâvo hoti vâ. Vuccitthâti
vuttaṁ bhagavatâ; uccitthâti uttaṁ vâ.

[1] Cd °na. Bhajiti abhanji bhañjissatìti bhaggo.
[2] Cd bhujiti bhu°.
[3] Cd °vî; chacati acchijjissatìti catto ca cha rû°.
[4] Cd patanti e°.
[5] Cd yuñjatìti. S⁸ ayuñjiti.
[6] Cd vivetìti °.
[7] Cd °vû. S⁸ omet ce sûtra et le suivant.

[Et alors] *vaca* peut à volonté changer *va* en *u*.
Ex. Vuttaṃ ou uttaṃ : il a été dit.

## गुपादीनञ्च ॥ १० ॥

Gupa iccevamâdinaṃ anto ca byañjano no hoti tappaccayassa ca dvibhâvo hoti vâ. Suṭṭhu gopayitthâti sugutto
dhammo ârakkhataṃ; cintetìti citto; lippatìti litto; santap-
patìti santatto ayo[1]; âbhuso dippatìti âditto[2]; visesena viviç-
catìti[3] : vivitto; siñcatìti sitto; — evaṃ aññe pi yojetabbâ.

De même les racines *gup*, etc. [perdent leur
consonne finale devant le suffixe *ta*, qui redouble
son *t* initial]. Ex. Gutto : gardé; âditto : allumé.

Le *vâ* qu'ajoute le scholiaste contient une erreur évidente;
peut-être même ne faut-il y voir qu'une faute de copiste.
Les exemples ne sont pas non plus irréprochables : l'exemple
« vivitto » se trouve déjà donné à la règle 8. Du reste ce sûtra 8
rendait à la rigueur la présente règle inutile; mais il est
vraisemblable que l'auteur a voulu diviser les racines suivant la classe de leur dernière consonne, et qu'alors le sûtra
8 s'applique spécialement aux racines ayant une palatale finale, tandis que cette règle concerne les racines qui se terminent par une labiale. S'il en est ainsi, il faudrait supprimer
deux autres encore des exemples du scholiaste.

## तरादीह्टि इखा ॥ ११ ॥

Tara iccevamâdihi dhâtûhi tassa tappaccayassa iṇṇâdeso
hoti anto ca no hoti. Tiṇṇo haṃ târeyyaṃ; uttiṇṇo; saṃ-
puṇṇo; paripuṇṇo; tudatìti : tuṇṇo; parijiṇṇo; âkiṇṇo.

[1] Cd âyo.
[2] Cd °ditto utto vi°.
[3] Cd Sc viveçatìti.

Après les racines *tar*, etc. [le suffixe *ta* se change
en] *inna*, [et la consonne finale de la racine dis-
paraît]. Ex. Tinno : qui a traversé; punno : rempli.

## भिदादितो इम्ममईणा ' वा ॥ १२ ॥

Bhida iccevamâdîhi dhâtûhi parassa takârappaccayassa in-
naannainâdesâ honti vâ anto ca no hoti. Bhinno; sambhinno;
chinno; ucchinno; dinno; nisinno; channo; suchanno; ac-
channo; khinno; runno; khinâ jâti.

Vâti kimatthain? Bhijjatiti bhitti.

Après les racines *bhid*, etc. il se change en
*inna*, *anna*, *ina*, suivant les cas, [et la consonne finale de la racine disparaît]. Ex. Bhinno : séparé;
channo : couvert; khîno : détruit.

## सुसपचसकतो ' ख्वाक्खा च ॥ १३ ॥

Susa paca saka iccetehi dhâtûhi tappaccayassa kkhakkâdesâ
honti anto ca byañjano no hoti. Sussatiti : sukkho kaṭṭho; pac-
catiti³ : pakkain phalain; sakkomiti : sakkohain.

Et en *kka*, *kkha* [suivant les cas], après les racines *sus*, *pac* et *sak*, [la consonne finale de la racine étant supprimée]. Ex. Sukkho : sec; sakko :
qui peut.

---

¹ Cd °innânnaina". S⁶ °innaannainâ.
² Cd °sakâto", S⁶ °sakâdito°.
³ Cd susati° pacatiti. S⁶ paca°.

## पक्कामादीहि न्तो च ॥ १४ ॥

Pakkama iccevamàdihi dhâtùhi tappaccayassa nta àdeso
hoti dhâtvanto ca no hoti. Pakkanto; vibbhanto, saṅkanto;
khanto; santo; danto; vanto.

Casaddaggahaṇena kimatthaṁ? Tcheva dhâtûhi tippac-
cayassa[1] nti àdeso hoti anto ca no hoti : kamanaṁ, kanti;
khamanaṁ, khanti; evaṁ sabbattha.

Et en *nta* après la racine *kam*, précédée de *pa*,
et autres, [la consonne finale de la racine étant sup-
primée]. Ex. Pakkanto : qui s'est avancé; santo :
calmé.

On peut se demander pourquoi l'auteur parle de « pakkam »
(pra-kram) et non du simple « kam ». Le participe de *kram*,
sans préfixe, n'est, il est vrai, que peu ou point employé en
pâli, et le grammairien n'aura pris « pa-kam » que comme type
de *kam* précédé d'un quelconque des préfixes avec lesquels il
s'emploie, *â, anu, prati*, etc. (Cf. les ex. de *pra-kram*, schol.
Pâṇ. VII, 2, 36). Ou bien l'on pourrait penser encore qu'il
a préfixé *pa* pour obtenir un redoublement du *k* et empêcher
ainsi toute confusion avec la racine *kam* ; cependant cette
racine rentre nécessairement dans le gaṇa dont il est ici
question.

## ञनादीनं आ तिम्हि च ॥ १५ ॥

Jana iccevamàdinaṁ dhâtûnaṁ antassa byañjanassa àttaṁ
hoti tappaccaye timhi ca. Ajaniti : jâto; jananaṁ : jàti.

Timhìti kimatthaṁ? Aññasmiṁ paccaye àkàranivattanat-
thaṁ. Janitûnàti, janitvâ; janatìti : janità[2]; janituṁ; janitabbaṁ; iccevamàdi.

1. Cd Sᵍ tappacca.
2. Cd jànâtîti jàni°. Sˣ janetìti ja°.

Les racines *jan*, etc. prennent un *â* long [devant le suffixe *ta* et] aussi devant le suffixe *ti* [en perdant leur consonne finale]. Ex. Jâto : né; jâti : race.

## गमखनहनरमादीनं अन्तो ॥ १६ ॥

Gama khana hana rama iccevamâdînaṁ dhâtûnaṁ anto byañjano no hoti vâ tappaccaye timhi ca. Gacchatîti : gato; sundaraṁ nibbânaṁ gacchatîti : sugato; sundarena pakârena gantabbâti sugati[1]; khaniyateti : khataṁ; khananaṁ, khati[2]; upagantvâ haniyate tanti : upahataṁ; upahananaṁ, upahati[3]; samagge kamme ramatîti : samaggarati; abhirato; abhirati; maññatîti : mato; mati.

Vâti kimatthaṁ? Rammatîti : rammato, rammanaṁ, rammati; iccevamâdi[4].

Les racines *gam*, *khan*, *han*, *ram* perdent leur consonne finale [devant le suffixe *ta* et le suffixe *ti*]. Ex. Gato : qui est allé; khato : creusé; hato : frappé; rato : plein de volupté.

## रकारो च ॥ १७ ॥

Rakâro ca dhâtûnaṁ antabhûto no hoti tappaccaye timhi ca. Pakârena[5] kariyate ti : pakato padattho; pakârena[6] karaṇaṁ[7] : pakati; visesena saratîti : visato; visesena saraṇaṁ : visati[8].

[1] Cd °to; sundaraṁ nibbânaṁ gacchantîti sugati bhagavâ; kha°.
[2] Cd khanjatîti khati.
[3] Cd upahasatîti : upaha°.
[4] Cd °mato; matî; maratîti mato ramatîti rato rati iccevamâdi. Rakâ°. S⁶ °tthaṁ? Rammato : rammatîti rammato, rammati ra°.
[5], [6] Cd pakârena.
[7] Cd °ṇa kariyateti pa°.
[8] Cd °ti vâ S⁶ ° ṇaṁ; cinteti, cintanaṁ.

Un *r* [final d'une racine s'élimine] aussi [devant les suffixes *ta*, *ti*]. Ex. Pakato : fait, exécuté; pakati : origine.

ठापान्नं इ ई च ॥ १८ ॥

Thâ pâ iccetesaṁ dhâtûnaṁ antassâkârassa ikâraikârâdesâ honti tappaccaye timhi ca. Yatra ṭhito; atra ṭhito; ṭhânaṁ, ṭhiti[1]; yâguṁ pitassa bhikkhuno; pito; pîti.

Les racines *ṭhâ*, *pâ* changent leur *â* final en *i* et *î* [devant les suffixes *ta*, *ti*]. Ex. Ṭhito : qui se tient; pîto : qui a bu; pîti : l'action de boire.

ह्तेहि हो ह्स्स लो वा अदहनहानं ॥ १९ ॥

Hakâra iccevamantehi dhâtûhi tappaccayassa[2] hakârâdeso hoti hassa dhâtvantassa lo hoti vâ adahanahânaṁ. Âruhatiti : ârûḷho; agahiti : gâḷho vâ; avudhiti : bâḷho[3]; muyhatiti : mûḷho.

Adahanahânaṁ iti kimatthaṁ? Dahiyitthâti[4] : daḍḍho vanasaṇḍo; saṁsutthu nahiyitthâti : sannaddho.

Après les racines qui finissent en *h*, [le suffixe *ta* se change en] *ha* [et l']*h* [final de la racine] se change à volonté en *l*; sont exceptées les racines *dah*, *nah*. Ex. Ârûḷho : monté; vâḷho : ferme. Mais : daḍḍho : brûlé; naddho : cousu.

Qu'entend l'auteur par « vâ »? Il ne peut pas vouloir rendre toute la règle facultative; car *ruh*, par exemple, n'a pas

---

d'autre participe passé passif que *rûḷha*. D'autre part, comment entendrait-il indiquer d'une façon si vague que la règle ne s'applique pas également à toutes les racines en *h*, alors que, contrairement à son habitude, il prend la peine d'en marquer les exceptions avec une précision si grande? Quant à une troisième hypothèse qui ferait porter *vá* seulement sur le changement en *l* de l'*h* final (pour nous exprimer comme notre auteur), elle n'est pas plus vraisemblable, àrûḷha, mûḷha, etc. ne possédant pas de formes parallèles sans *ḷ*. La seconde explication serait en définitive la plus plausible, car en dehors de *dah* et de *nah* il y a encore plus d'une racine en *h* qui ne fait pas son participe en *ḷha*, par exemple les racines « duh » et « muh » dont les participes dugdha, mugdha deviennent en pâli *duddha, muddha;* mais pour que cette explication fût vraiment satisfaisante, il faudrait pouvoir supprimer « adahanahânaṁ »; et nous n'avons aucun droit de considérer, sans autre preuve, cette addition comme postérieure et étrangère à la règle primitive. Mais alors il faut sans doute prendre ici « naha » comme représentant toute cette classe de racines en *h* qui font leur participe en *ddh*. En sanskrit, *nah* est seul dans ce cas (Pân. VIII, 2, 34); mais, en pâli, l'assimilation de *gdh* en *ddh* a accru cette classe de plusieurs verbes; on s'expliquerait assez que, nonobstant cette différence d'origine, l'auteur eût, par une imitation un peu étroite de ses modèles, attribué à la seule racine *nah* cette fonction de désigner à la fois les autres racines dont les formations, au participe passif, se sont, par des voies détournées, rapprochées de la sienne.

ITI KIBBIDHÀNAKAPPE TATIYO KAṆḌO.

णम्हि एक्कायस्स जो भावकरणेसु ॥ १ ॥

Namhi paccaye pare rañja iccetassa dhâtussa antabhûtassa

ñjakârassa[1] jo âdeso hoti[2] bhâvakaraṇesu. Rañjanaṁ, râgo ; rañjitabbaṁ tenâti : râgo[3].

Bhâvakaraṇesviti kimatthaṁ? Rañjati etthâti : raṅgo[4].

La racine *rañj* change *ñj* en *j* devant [les suffixes commençant par] *ṇ*, pour exprimer l'état et l'instrument. Ex. Râgo : couleur que l'on voit à un objet qui est peint, et couleur, matière qui sert à peindre.

Cette règle a besoin d'être complétée par la règle VII, 5, 17, qui enseigne le changement du *j* final en *g*, et qui elle-même se trouve répétée, VIII, 17. — Quant à la traduction donnée pour « ṇamhi », elle est rendue nécessaire et par les règles suivantes, comme le prouvent les exemples du commentaire « ghâtako » formé par le suffixe *ṇvu* (VII, 1, 4), « dâyî » par le suffixe *ṇî* (VII, 1, 9), et par les faits relatifs à *rañj* dont l'on forme : *rajaka, râgî*. La simplification des anubandhas a ici servi notre auteur, qui a pu condenser en une règle ce que la grammaire Kâtantra exprime en deux (fol. 122) : « Rañjer bhâvakaraṇayoḥ (*ghañi* [ṇa] *pañcamo lopyaḥ*). — Vushaghiṇiṇoçca [*ṇvu, ṇî*]. »

ह्नस्स घातो ॥ २ ॥

Hana iccetassa dhâtussa sabbasseva ghâtâdeso hoti ṇamhi paccaye pare. Upahanatîti : upaghâto ; gavo hanatîti : goghâtako.

[Devant un suffixe ayant un *ṇ* initial] la racine *han* se change en *ghât*. Ex. Goghâtako : qui tue les vaches.

---

[1] Cd S[8] °ssa jakâ°.
[2] Cd °ti vâ bhâva°.
[3] Cd °su. Rañjitabbo, râgo ; rañjati tenâti°.
[4] Cd râgo.

वधो वा सब्बत्थ ॥ ३ ॥

Hana iccetassa dhâtussa sabbasseva vadhâdeso hoti vâ sab-
baṭṭhânesu. Hanatîti vadho, vadhako; ahaṁsi avadhi ahani
vâ.

[La racine *han* peut,] dans tous les cas, [se rem-
placer] à volonté [par] *vadh*. Ex. Vadhako : celui
qui frappe; avadhi : il a frappé.

आकारन्तानं आयो ॥ ४ ॥

Akârantânaṁ dhâtûnaṁ antasarassa âya âdeso hoti ṇamhi
paccaye pare. Dânaṁ dadâtîti dâyako; dânaṁ dadâti sîlenâti :
dânadâyì; majjadâyì; nagarayâyì.

Les racines qui se terminent en *â* le changent
en *âya* [devant les suffixes commençant par *ṇ*].
Ex. Dânadâyî : libéral.

पुरसंउपपरिहि करोतिस्स खखरा वा तप्पचयेसु
च ॥ ५ ॥

Pura saṁ upa pari iccetehi upasagganipâtehi parassa karotissa dhâtussa khakharâdesâ honti vâ tappaccayesu ca ṇamhi
ca [1]. Purato kariyittha soti : purakkhato; paccayehi saṅgamma
kariyittha soti : saṅkhato [2]; upagantvâ kariyitthâti : upakkhato;
parikkhâro; saṅkhâro; upagantvâ karotîti : upakâro vâ.

La racine *kar*, précédée de *pura, saṁ, upa, pari,*

----

[1] Cd °ccetehi parassa—ṇamhica upasagganipâtehi karotissa dhâtussa. Purato karayittha soti°.

[2] Cd °kkhato, samaṁ katanti saṁkhâto, pacca—rayitthâ soti saṁ-
khâto°.

fait, non sans exception, *kha* et *khara*, suivant les cas (c'est-à-dire : *khara*) [devant les suffixes commençant par ṇ] et (*kha*) devant les suffixes commençant par *t*. Ex. Purakkhato : placé en tête ; parikkhâro : ornement.

## तवेतूनादीसु का ॥ ६ ॥

Tave tûna iccevamâdìsu paccayesu karotissa dhâtussa kâ. deso hoti vâ. Kâtave ; kâtuṁ, karaṇaṁ kattuṁ vâ ; karaṇaṁ kâtûna, karaṇaṁ kattûna vâ.

[La racine *kar* fait à volonté] *kâ* devant les suffixes *tave*, *tûna*, etc. Ex. Kâtave : faire ; kâtûna : après avoir fait.

## गमखनादीनं तुंतब्बादीसु न ॥ ७ ॥

Gama khana hana iccevamâdinaṁ dhâtûnaṁ antassa na. kâro hoti vâ tuṁtabbâdisu paccayesu. Gamanaṁ, gantuṁ ; gamanaṁ, gamituṁ ; gamaniyyanti : gantabbaṁ ; khantuṁ, khanituṁ ; khantabbaṁ, khanitabbaṁ ; hantuṁ, hanituṁ ; hantabbaṁ, hanitabbaṁ ; mantuṁ, manituṁ ; mantabbaṁ, manitabbaṁ.
Adiggahaṇaṁ tûnaggahaṇatthaṁ. Gantûna ; khantûna ; hantûna ; mantûna.

Les racines *gam*, *khan*, etc. [peuvent à volonté avoir] *n* devant les suffixes *tuṁ*, *tabba*, etc. Ex. Gantuṁ : aller ; khantabbaṁ : qui doit être creusé.

## सब्बेहि तूनादीनं यो ॥ ८ ॥

Sabbehi dhâtûhi tûnâdìnaṁ paccayânaṁ yakârâdeso hoti vâ. Abhivandiya, abhivanditvâ ; ohâya ; ohitvâ ; upaniya,

upanetvâ; passiya, passitvâ; uddissa, uddisitvâ; âdâya, âdi-
yitvâ.

Toutes les racines peuvent [à volonté] prendre.
*ya* au lieu des suffixes *tûna*, etc. Ex. Abhivandiya :
après avoir salué; passiya : après avoir vu.

चनन्तेहि र्च्चं ॥ ८ ॥

Cakâranakârantehi dhâtûhi tûnâdìnaṃ paccayânaṃ rac-
câdeso hoti vâ. Vivicca; âhacca; upahacca; hantvâ.

Les racines qui se terminent par *c* et *n* [peuvent
à volonté prendre] *racca* [au lieu des suffixes
*tûna*, etc.]. Ex. Vivicca : après avoir séparé; âhacca :
après avoir frappé.

दिसा [1] स्वानस्वान्तलोपो च ॥ १० ॥

Disa iccetâya dhâtuyâ tûnâdìnaṃ paccayânaṃ svâna svâ
âdesâ honti antalopo ca. Disvâna; disvâ.

La racine *dis* prend *svâna, svâ* [au lieu des suffixes *tûna*, etc.], et perd sa consonne finale. Ex. Disvâna, disvâ : après avoir vu.

मद्दभेहि [2] म्मयूह्ज्जब्भद्धा च ॥ ११ ॥

Mahadabha [3] iccevamantehi dhâtûhi tûnâdìnaṃ paccayânaṃ mma yha jja bbha ddhâdesâ honti vâ antalopo ca.
Âgamma, âgantvâ; okkamma, okkamitvâ; paggayha, pag-

---

[1] Cd S𝑔 disa svâ°.

[2,3] Il faut lire, malgré les mss. °dabhadhehi° et °dabbadha i°,
la forme en *ddha* correspondant à un *dh* final, ou bien entendre
*ddhâ* et non *ddha*, ce qui s'appliquerait à des formes (de racines en
*bh*) comme : *âraddhâ* = Skr. *ârabdhvâ*.

gaṇhitvâ ; uppajja, uppajjitvâ ; ârabbha, àrabhitvâ ; âraddha,
àrâdhitvâ [1].

Et les racines qui finissent en *m, h, d, bh*, prennent *mma, yha, jja, bbha, ddha* [au lieu de *tûna*, etc.].
Ex. Âgamma : après être arrivé ; paggayha : après
avoir saisi, etc.

तद्धितसमासकितका नामं वातवेतूनाद्दीसु च ॥ १२ ॥

Taddhitasamâsakitaka iccevamantâ saddâ nâmam va daṭṭhabbâ tavetûnatvânatvâdippaccayo vajjitvâ. Vâsiṭṭho ; patto
dhammo yena so pattadhammo ; kumbhakâro.

Les mots composés, ceux qui se terminent par
un suffixe taddhita ou kit, sont des noms, à l'exception de ceux qui se terminent par les suffixes *tave,
tûna*, etc. Ex. Vâsiṭṭho ; pattadhammo : qui est en
possession de la loi ; kumbhakâro.

टुम्हि गरु ॥ १३ ॥

Dumhi akkhare yo pubbo so garuko va daṭṭhabbo. Bhitvâ,
jitvâ ; datvâ.

[Toute voyelle qui se trouve] devant un groupe
de consonnes (longue par position) est dite *garu*
(lourde). Ex. Bhitvâ : ayant craint (de : bhî); datvâ :
ayant donné (de : dâ).

दीघो च ॥ १४ ॥

Digho ca saro garuko va daṭṭhabbo. Âhâro ; nadi ; vadhû ;
te ; dhammo ; opanayiko.

<hr>

[1] Cd Sᵏ âraddhitvâ.

Et aussi [toute voyelle] longue [par nature est
dite *garu*]. Ex. *â* dans âhâro; *î* dans nadî, etc.

## अक्खरेहि कारं ॥ १५ ॥

Akkharehi akkharatthehi akkharâbhidheyyehi kârappac-
cayo hoti yoge sati. Akâro; âkâro; yakâro; sakâro; dhakâro;
makâro; bhakâro; lakâro.

Après les lettres [et pour les exprimer, on em-
ploie] *kâra*. Ex. Akâro : la lettre a; yakâro : la
lettre y.

*Akkhara* est employé ici dans le sens de lettre, contrairement à l'usage de Pâṇini, mais conformément à I, 1, 2.

## यथागमं इकारो ॥ १६ ॥

Yathâgamaṁ sabbadhâtûhi sabbappaccayesu ikârâgamo
hoti. Tena kammaṁ kâriyaṁ; bhavitabbaṁ; janitabbaṁ; viditaṁ; karitvâ; icchitam; icchitabbaṁ; gamitabbaṁ; veditabbaṁ; bhaṇitvâ; pacitvâ; iccevamâdi.

En tant que [une] voyelle additionnelle (voyelle
de liaison) [est nécessaire, on emploie] i [devant les
suffixes]. Ex. Kâriyaṁ : qu'on doit faire; viditaṁ :
connu.

## दध्न्ततो[1] यो क्वचि ॥ १७ ॥

Dakâradhakârantâya dhâtuyâ yathâgamaṁ yakâro[2] hoti

----

[1] Cd dadhâtvantato°.
[2] Cd S³ yakârâgamo°.

kvaci tûnâdisu paccayesu. Buddho loke uppajjitvâ[1] ; dhamme[2] bujjhitvâ.

Dadhantato ti kimatthaṁ ? Labhitvâ.

Kvacîti kimatthaṁ ? Uppâdetvâ.

[Certaines] racines en *d, dh* prennent quelquefois [comme syllabe additionnelle] *ya* [devant des suffixes kit]. Ex. Uppajjitvâ : après être venu au monde ; dhamme bujjhitvâ : après avoir acquis la connaissance des lois.

Cette règle s'explique et se complète naturellement par le sûtra VI, 2, 10. Elle est remarquable en ce que, contrairement aux habitudes de notre auteur, elle contient non pas l'indication d'un procédé mécanique, mais seulement son explication organique.

ITI KIBBIDHÀNAKAPPE CATUTTHO KAṆḌO.

## निग्गहीतं संयोगादि नो ॥ १ ॥

Saṁyogâdibhûto nakâro niggahitaṁ âpajjate, Raṅgo ; bhaṅgo ; saṅgo.

Toute nasale est niggahîta devant une autre consonne. Ex. Raṅgo : attachement.

En d'autres termes, une nasale de n'importe quelle classe change de classe et se règle d'après la consonne qui la suit immédiatement, d'après le sûtra I, 4, 2. De « rañj », le *j* se changeant en *g*, l'*ñ* se change en *ṅ*.

---

[1] Cd uppajjati.

[2] Cd dhammo bu°. S⁶ n'a pas cet exemple.

## सब्ब्रत्थ गे गी ॥ २ ॥

Ge iccetassa dhâtussa gì âdeso hoti sabbaṭṭhâne. Gîtaṁ; gâyati.

[La racine] *ge* [se comporte] dans tous les cas [comme si elle était] *gî*. Exemple : Gîtaṁ : chant; gâyati : il chante.

Ceci n'est qu'un à peu près; en s'en tenant strictement à la règle, il faudrait former « gayati » et non « gâyati ».

## सद्स्स सीद्त्त ॥ ३ ॥

Sada iccetassa dhàtussa sìdâdeso hoti sabbaṭṭhâne. Nisinno; nisìdati.

[Et la racine] *sad* [comme si elle était] *sîda*. Ex. Nisinno : assis; nisîdati : il s'assied.

## यज्स्स सरस्सि टे ॥ ४ ॥

Yaja iccetassa dhâtussa sarassa ikârâdeso hoti ṭṭhe pare. Yiṭṭho[1].
Ṭṭhe ti kimaṭṭhaṁ? Yajanaṁ.

La voyelle de *yaj* se change en *i* devant le suffixe *ṭṭha*. Ex. Yiṭṭho : sacrifié.

---

[1] Cd °ṭṭho yiṭṭha.

ह्चतुल्यानं अन्तानं दो धे ॱ ॥ ५ ॥

Hacatutthânaṁ dhâtvantânaṁ dâdeso hoti dhe pare. Sannaddho, kuddho; yuddho; siddho; viddho; laddho; âraddho

L'*h* ou la sonore aspirée qui termine une racine
se change en *d* devant le suffixe *dha*. Ex. Sannaddho : réuni; viddho : transpercé; âraddho : entrepris.

डो ढक्कारे ॥ ६ ॥

Hacattutthânaṁ dhâtvantânaṁ ḍo âdeso hoti ḍhakâre pare.
Daḍḍho; vuḍḍho.
Ḍhakâreti kimatthaṁ? Dâho.

[Et en] *ḍ* devant *ḍha*. Ex. Daḍḍho : brûlé; vuḍḍho : vieux.

गह्स्स घर णे वा ॥ ७ ॥

Gaha iccetassa gharâdeso hoti vâ ṇappaccaye pare. Gharaṁ; gharâni.
Vâti kimatthaṁ? Gâho.

Dans certains cas, la racine *gah* fait *ghar* devant
le suffixe *ṇa*. Ex. Gharaṁ : la maison; mais gâho :
qui saisit.

____

¹ Cd °dhe ca.

## दहस्स दो लं ॥ ८ ॥

Daha iccetassa dhâtussa dakâro lattaṁ âpajjate vâ ṇappaccaye pare. Pariḷâho[1].
Vâti kimatthaṁ ? Paridâho.

Le *d* de la racine *dah* se change à volonté en *l*
[devant le suffixe *ṇa*]. Ex. Pariḷâho ou paridâho :
action de brûler.

## धात्वन्तस्स लोपो क्विम्हि ॥ ८ ॥

Dhâtvantassa byañjanassa lopo hoti kvimhi paccaye pare.
Bhujaṅgo; urago; turago; saṅkho.

Une [consonne] finale [de la racine] s'élimine
devant le suffixe *kvi*. Ex. Bhujaṅgo : serpent (de :
gam).

## विदन्ते ऊ ॥ १० ॥

Vida iccetassa dhâtussa ante ûkârâgamo hoti kvimhi paccaye pare. Lokavidû.

[On ajoute] *û* à la fin de la racine *vid* [devant le
suffixe *kvi*]. Ex. Lokavidû : qui connaît le monde.

## नमकारं अन्तानं नियुत्तम्हि ॥ ११ ॥

Nakâramakârakakârarakârânaṁ dhâtvantânaṁ na lopo
hoti ikârayutte tappaccaye pare. Hanituṁ; gamito; aṅkito;
saṅkito; ramito; sarito; karitvâ.
Iyuttamhîti kimatthaṁ ? Gato; sato; kato; hato.

___
[1] Cd Sᵏ pariḷâho.

*N*, *m*, *k*, *r*, à la fin d'une racine [ne s'éliminent]
pas devant [un suffixe commençant par] *t*, s'il est
précédé de [l'] *i* [de liaison]. Ex. Gamito : allé;
aṅkito : marqué.

Les règles dont ce sûtra est destiné à restreindre l'application sont VII, 3, 16 et 17; comme elles ne s'appliquent
qu'aux suffixes *tu*, *ti*, des exemples comme *hanituṁ*, *karitvâ*,
tombent à faux. Relativement aux racines en *k*, il n'y a pas
de règle antérieure à limiter, et l'intention de l'auteur peut
être seulement de marquer que toutes les racines de cette
sorte (peu nombreuses d'ailleurs) forment (à l'exception de
la racine *sak* sur laquelle cf. VII, 3, 13) leur participe passif
au moyen de l'âgama *i*.

न कगत्तं चज्ञा एवुस्मिं ' ॥ १२ ॥

Cakârajakârâ kakâragakârattaṁ[2] nâpajjanto ṇvuppaccaye
pare. Pâcako; yâjako[3].

Devant le suffixe *ṇvu*, *c*, *j*, à la fin d'une racine, ne
se changent pas en *k*, *g*. Ex. Pâcako : qui fait
cuire (de : pac).

La règle générale à laquelle celle-ci fait une exception se
trouve ci-dessous, sûtra 17.

कारस च तत्तं तुस्मिं ॥ १३ ॥

Kara iccetassa dhâtussa ca antassa rakârassa takârattaṁ
hoti tuppaccaye pare. Kattâ; kattâro.

<hr>

[1] Cd nuvusmiṁ, Sᵉ nusmiṁ.
[2] Sᵉ Cakâraṁ ja °rattanam âpa". Cd °jakâraga°.
[4] Cd yâcako.

Et [l'*r* final de la racine] *kar* se change en *t* devant le suffixe *tu*. Ex. Kattâ : celui qui fait.

## तुंतूनतब्बेसु वा ॥ १४ ॥

Kara iccetassa dhâtussa antassa rakârassa takârattaṁ hoti vâ tuṁtûnatabbesu paresu. Kattuṁ, kâtuṁ; kattûna, kâtûna; kattabbaṁ, kâtabbaṁ.

Devant les suffixes *tuṁ*, *tûna*, *tabba*, ce changement est facultatif. Ex. Kattuṁ ou kâtuṁ : pour faire; kattabbaṁ ou kâtabbaṁ : qui doit être fait.

Cf. VII, 3, 6 pour les formes avec *kâ*.

## कारितं विय णानुबन्धो ॥ १५ ॥

Ṇakârânubandho paccayo kâritaṁ viya daṭṭhabbo vâ. Dâho; deho; nâdo; vâho[1]; bodho; vâro; dhâro; parikkhâro; dâyako, nâyako; lâvako; bhâvako; kârî; ghâtî; dâyî.
Vâti kimatthaṁ? Upakkhâro.

[Les suffixes munis de] l'anubandha *ṇ* [se comportent] comme les suffixes causatifs. Ex. Dâho : incendie (de : dah); kârî : celui qui fait (de : kar).

Cette règle ne peut vouloir dire qu'une chose, à savoir : que les suffixes qui ont l'anubandha *ṇ* exigent, de même que les suffixes causatifs, la vṛiddhi de la première voyelle de la racine. Mais si c'est là toute la signification de ce sûtra, il fait clairement double emploi avec V, 57, qui s'applique d'une façon générale et sans restriction à tous les suffixes de

---

[1] Cd ajoute bâho.

ce genre, et qui a sur celui-ci l'avantage de mieux indiquer
les conditions de cette modification. Du reste, ce reproche
d'inutilité pouvait déjà, à la rigueur, être fait aux deux règles
VI, 4, 2. 42 relatives aux causatifs eux-mêmes, q. cf. —
Quant au « và » du scholiaste, j'estime qu'il l'introduit ici à
tort. En effet, les seules règles spécialement données pour
les causatifs sont les deux citées ci-dessus, qui s'appliquent
complétement et non à titre facultatif à tous les autres suffixes précédés de ṇ. Et d'ailleurs· l'exemple que donne le
glossateur à l'appui de cette restriction n'est nullement to-
pique. La seule règle à laquelle il se puisse rapporter est
VII, 4, 5; il signifierait donc que l'on peut former « upakkhâro », non : « upakkhâreti »; mais la règle VII, 4, 5 s'ap-
pliquant aux affixes munis de l'anubandha ṇ, en général, et
par conséquent aux affixes du causatif, c'est pour ces derniers qu'il eût convenu d'établir l'exception, s'il est vrai
qu'elle les atteigne. Peut-être le scholiaste a-t-il entendu
marquer par *và* et l'exemple qui l'accompagne que les restrictions du sûtra VII, 4, 5 sont ici encore applicables,
c'est-à-dire applicables également aux suffixes du causatif et
aux autres suffixes ayant l'anubandha ṇ. Mais cela serait évidemment parler pour ne rien dire.

अनका युएवूनं · ॥ १६ ॥

Yu ṇvu iccetesaṁ paccayânaṁ ana aka iccete àdesà honti.
Nanditabbanti nandanaṁ vanaṁ; bhûyate, bhavanaṁ;
gayhate, gahaṇaṁ; nalaṁ karotîti : nalakârako.


Les suffixes *yu*, *ṇvu* se font en *ana*, *aka*. Ex. Nandanaṁ vanaṁ : le jardin Nandana; nalakârako : qui
prépare des joncs.

----

¹ Cd °ka yûnavûnaṁ.

## कगा चज्जानं ॥ १७ ॥

Ca ja iccetesaṃ dhâtvantânaṃ kakâragakârâdesâ honti ṇânubandhe paccaye pare. Pâko; yogo.

*C, j*, à la fin d'une racine, se changent en *k, g*
[devant un suffixe ayant l'anubhanda *ṇ*]. Pâko :
cuisson; yogo : union.

La règle 12 excepte le suffixe *ṇvu*. — Cette règle fait encore double emploi avec VIII, 17, qui enseigne exactement
et exclusivement la même chose. Ce n'est pas le lieu de tirer
des conséquences de ce fait ni d'autres analogues. Je remar-
querai seulement que le présent sûtra se rattache assez mal
aux précédents, sous-entendant « ṇânubandhe », alors que
ce mot ne figure, *à ce cas*, dans aucune des règles ci-dessus.

ITI KIBBIDHÂNAKAPPE PAÑCAMO KAṆḌO.

---

## कत्तरि कित् ॥ १ ॥

Kattari atthe kitappaccayo hoti. Kâru; kâruko; kârako; pâcako; kattâ; janitâ; pacitâ, netâ.

Les suffixes kit s'emploient dans le sens actif. Ex.
Kâru : celui qui fait; pâcako : celui qui fait cuire,
netâ : celui qui conduit.

## भावकम्मेसु किच्चत्तासत्था [1] ॥ २ ॥

Bhâvakammesu iccetesvatthesu kiccattha ktattha khattha

[1] Cd °ccattakkha°, Sʰ °ccata°. Cf. VII, 1, 22.

iccete paccayâ honti. Upasampâdetabbaṁ; sayitabbaṁ; bhavatâ kattabbaṁ kammaṁ; bhavatâ bhottabbo odano; bhavatâ asitabbaṁ bhojanaṁ; — bhavatâ asitaṁ; bhavatâ sayitaṁ[1]; bhavatâ pacitaṁ; bhavatâ asitaṁ bhojanaṁ; bhavatâ sayitaṁ sayanaṁ; bhavatâ pacitaṁ odanaṁ; — bhavatâ kiñcissayo; îsassayo; dussayo; susayo[2] bhavatâ.

Dans le sens neutre-impersonnel et passif, on emploie les suffixes *kicca*, *kta*, *kha* et ceux de même sens. Ex. Sayitabbaṁ : il faut se coucher; bhavatâ asitaṁ bhojanaṁ : la nourriture a été mangée par vous; bhavatâ kiñcissayo : vous avez à peine reposé.

## कम्मणि दुतियायं त्तो ॥ ३ ॥

Kammaṇi atthe dutiyàyaṁ vibhattiyaṁ kattari ktappaccayo hoti. Dânaṁ dinno devadatto; sîlaṁ rakkhito devadatto; bhattaṁ bhutto devadatto; garuṁ upâsito devadatto.

Accompagné de l'accusatif marquant le kamma (le régime direct), le suffixe *kta* [s'emploie dans le sens actif]. Ex. Dânaṁ dinno devadatto : Devadatta a donné un présent.

On sait que la grammaire Kàtantra, pas plus que Pâṇini, n'a de traité spécial sur les *Uṇâdis*; il est curieux que, dans cet ouvrage où nous en avons un, quelle que soit d'ailleurs son origine et sa date relative, il ne commence pas du tout par le suffixe *uṇ* (cf. du reste VIII, 27) dont le scholiaste a seulement soin de donner un cas en tête de ses exemples, mais par une série de règles qui n'ont aucun titre à figurer

---

[1] Cd bhavasayitaṁ.
[2] Cd S[h] sussayo.

dans cette section spéciale, et se retrouvent en autre place et dans Pâṇini (III, 4, 67, 70, 71) et parmi les ss. Kâtantra (fol. 170) « Kartari kṛitaḥ — Bhâvakarmaṇoḥ kṛityaktakhalarthâçca — Âdikarmaṇi ktaḥ kartari ça »; ce dernier y est suivi du sûtra correspondant à notre règle VII, 2, 8. — On remarquera d'ailleurs dans les sûtras 2 et 3 l'emploi de *kta* pour *ta* du chapitre précédent (de même ci-dessous), tandis que *kha* a été substitué à *khal* d'après VII, 2, 11. Quant à la forme de la présente règle, elle s'éloigne assez malheureusement du modèle sanskrit; dans son état actuel, nous sommes forcés d'y suppléer « kattari » du s. 1; mais il peut paraître fort douteux que le texte soit irréprochable, et « dutiyâyaṁ » a bien l'apparence d'une glose explicative de « kammaṇi ».

ख्यादीहि मन् म च तो वा ॥ ४ ॥

Khi bhî su ru hu vâ dhû hi lû pi ada iccevamâdihi dhâtûhi manpaccayo hoti massa ca to hoti vâ. Khemo; bhîmo [1]; somo; romo; homo; vâmo; dhûmo; hemo; lomo; pemo; attâ, âtumâ.


Après les racines *khî*, etc. on emploie le suffixe *man*, et [dans certains cas] l'*m* de ce suffixe peut se changer en *t*. Ex. Khemo : joie; somo : le soma; attâ, âtumâ : l'âme.

समादीहि थमा ॥ ५ ॥

Sama dama dara [2] raha du hi si bhi dâ sâ yâ [3] ṭhâ bhasa iccevamâdîhi dhâtûhi thamâ paccayâ honti. Samatho; dama-

---

[1] Cd bimo. Sᵏ bhemo.
[2] Cd °rajaha°.
[3] Yâ manque dans Cd.

tho; daratho; ratho; dumo; himo[1]; sìmo; bhìmo; dâmo, sâmo; yâmo[2]; thâmo; bhasmâ.

Après les racines *sam*, etc. on emploie les suffixes *tha*, *ma*. Ex. Samatho : calme (des sens); bhasmâ : cendres.

## गह्स्सुपधस्से बा ॥ ६ ॥

Gaha iccetassa dhâtussa upadhassa ettaṁ hoti vâ. Gehaṁ, gahaṁ.

L'*a* de *gah* se change à volonté en *e*. Ex. Gehaṁ ou gahaṁ : maison.

## मसुस्स सुस च्छरच्छेरा ॥ ७ ॥

Masu iccetassa pâṭipadikassa sussa ccharaccherâdesâ honti. Maccharo; macchero.

[Le thème] *masu* change la syllabe *su* en *cchara*, *cchera*. Ex. Maccharo ou macchero : envieux.

Le terme *pâṭipadika*, fréquent dans la vṛitti de ce chapitre, ne se retrouve point dans les autres parties de cette grammaire.

## आपुब्बचरस्स च ॥ ८ ॥

Âpubbassa cara iccetassa dhâtussa cchariyaccharaccherâ[3]-desâ honti âpubbassa ca rasso hoti. Acchariyaṁ, accharaṁ[4]; acchariyaṁ, accheraṁ vâ[5].

[1] Cd °daratho; dâmo; bhîmo; sî°.
[2] Yâmo manque dans Cd.
[3] Cd °riyaccheraccherâdesâ°.
[4] Cd accheraṁ°.
[5] Cd °riyaṁ acchariyaṁ vâ. — S[h], après les exemples où il diffère

Il en est de même de *cara*, précédé du préfixe
*â*. Ex. Accharaṁ, acchoraṁ : merveille.

*Cchariya* ne se trouvant pas dans le sûtra précédent, il
est évidemment arbitraire de l'introduire dans celui-ci ; on
peut voir par les variantes qu'une glose additionnelle, contenue dans S<sup>h</sup>, va plus loin encore. Cette remarque n'em-
pêche pas que l'absence de *cchariya* ne soit étrange, la forme
« acchariya » étant certainement la plus commune. Si notre auteur avait entendu prendre cette forme comme *nipâtana*,
ainsi que fait Pâṇ. VI, 1, 147 pour le sanscrit *âçcarya*,
il aurait dû forcément s'exprimer ainsi : acchariyassa cchariyassa ca, ou : âpubbassa cchariyassa. — Ou bien faudrait-
il lire au sûtra 7 : ccharacchariyaccherà ?

## अलकलसलेहि लया ॥ ८ ॥

Ala kala sala iccetehi dhâtûhi layappaccayà honti. Allaṁ ;
kallaṁ ; sallaṁ ; alyaṁ ; kalyaṁ ; salyaṁ.

Après les racines *al*, *kal*, *sal*, on emploie les
suffixes *la*, *ya*. Ex. Kallaṁ : le matin ; salyaṁ : flèche.

## यापालापा ॥ १० ॥

Kala sala iccetehi dhâtûhi yâṇalâṇappaccayà honti. Kalyà-
ṇaṁ ; paṭisalyâṇaṁ ; kallâṇo ; paṭisallâṇo.

Après *kal*, *sal*, on emploie les suffixes *yâṇa*, *lâṇa*.
Ex. Kalyâṇo ou kallâṇo : pur.

La non-application à *al* de cette règle est sans doute fon-

de Cd par des périphrases explicatives, comme en plusieurs autres
endroits, ajoute : Casaddaggahaṇena masussa sussâpi cchariyâdeso
hoti. Macchariyaṁ.

dée en fait; mais il est clair qu'elle ne repose sur rien dans le texte.

## मथिस्स थस्स लो च ॥ ११ ॥

Mathi iccetassa dhâtussa thassa lâdeso hoti. Mallo; mallaṁ.

Casaddaggahaṇena lako câgamo[1] hoti. Mallako; mallakaṁ.

La racine *math* prend le suffixe *la* et le *th* [final] se change en *l*. Ex. Mallo : un lutteur.

Ce sûtra paraît supposer des règles précédentes prescrivant le suffixe *la* pour d'autres thèmes, en sorte que « lappaccayo », par exemple, doive ou puisse être sous-entendu; alors *ca* s'explique comme séparant de cette première partie la seconde, relative au changement du *th* final en *l*. Si, au contraire, on fait porter *ca* sur l'ensemble du sûtra, outre qu'il devient absolument superflu, comme l'a senti le commentateur qui ne le reproduit pas, la règle prend un sens faux, puisque la seule forme qu'on en pût faire sortir serait « malo », au lieu de « mallo ».

## पेसातिसग्गप्पत्तकालेसु किच्चा ॥ १२ ॥

Pesâtisaggappattakâla iccetesvatthesu kiccappaccayâ honti. Kattabbaṁ kammaṁ bhavatâ; karaṇîyaṁ kiccaṁ bhavatâ; bhottabbaṁ bhojjaṁ bhavatâ, bhojanîyaṁ[2] bhojjaṁ bhavatâ; ajjhayitabbaṁ ajjheyyaṁ bhavatâ; ajjhayanîyaṁ[3] ajjheyyaṁ bhavatâ.

Les suffixes *kicca* marquent l'ordre, la permission, l'opportunité. Ex. Kattabbaṁ kammaṁ bha-

[1] S[h] lakârâgamo°.
[2], [3] Cd S[h] °niyaṁ.

vatâ : faites cela, ou : vous pouvez faire cela, ou :
c'est le moment de faire cela.

## अवस्सकाधमिणेसु णी च ॥ १३ ॥

Avassaka adhamiṇa iccetesvatthesu ṇîpaccayo hoti kiccâ ca.
Kârî si[1] me kammaṁ avassaṁ; hârî si[2] me bhâraṁ avassaṁ;
— adhamiṇo: dâyî si[3] me sataṁ iṇaṁ; dhârî si[4] me sahassaṁ
iṇaṁ; — kiccâ ca : kattabbaṁ me bhavatâ gehaṁ; dâtabbaṁ me bhavatâ sataṁ iṇaṁ; dhârayitabbaṁ me bhavatâ
sahassaṁ iṇaṁ; karaṇîyaṁ bhavatâ kiccaṁ; kâriyaṁ, kayyaṁ
bhavatâ vatthaṁ.

[Ces suffixes] et aussi le suffixe *ṇî* [s'emploient]
pour exprimer la nécessité, la dette. Ex. Kârî si
me kammaṁ avassaṁ : il faut bon gré mal gré
que tu me fasses cet ouvrage; dâyî si me sataṁ
iṇaṁ : tu me dois cent pièces d'argent; karaṇîyaṁ
bhavatâ kiccaṁ : il faut que vous fassiez votre devoir.

Malgré l'analogie grammaticale et malgré Pâṇ. III, 3, 170,
reproduit par la grammaire Kâtantra (fol. 163), je n'ai pas
osé changer en *â* l'*a* initial de « avassaka » que je retrouve de
même dans mon manuscrit de la Rûpasiddhi (fol. 96[b]); cf.
du reste I, 1, 9 n.

## अरहसक्कादीहि तु च° ॥ १४ ॥

Araha sakka bhabha iccevamâdihi yoge sabbadhâtûhi tuṁ

<hr>

1, 2 Cd S[h] °ri si,
3 Cd S[h] °yi si.
4 Cd S[h] °ri me.
5 Cd S[h] °dihi tuṁ. Cf. la note.

paccayo hoti. Arahâ bhavaṁ vattuṁ ; arahâ bhavaṁ kattuṁ ;
sakko bhavaṁ hantuṁ ; sakko bhavaṁ jetuṁ ; sakko bhavaṁ
jinituṁ ; sakko bhavaṁ jinetuṁ ; sakko bhavaṁ bharituṁ ;
sakko bhavaṁ dâtuṁ ; sakko bhavaṁ gantuṁ ; bhabbo bhavaṁ jinituṁ ; iccevamâdi.

[Les suffixes kicca et] aussi *tu* [s'emploient dans
le sens de] *digne de…. capable de…*

Je me sépare ici complétement et des mss. et du scholiaste
quant au texte et à l'interprétation de la règle ; en la lisant et
en la comprenant comme le commentaire, elle ne serait qu'une
répétition pure et simple de VIII, 2, 12 ; ce motif à lui seul
serait sans doute insuffisant ; mais, en me reportant à la
grammaire Kâtantra, j'y trouve, avant la règle correspondant
à notre s. 13, les deux règles : « Arhato tṛic — Çaki ca kṛityâḥ »,
réglant l'emploi des suffixes *tṛic* (dans Kaccâyana *tu*) et des
*kṛityas* dans le sens de : digne de…, capable de…, avec ces
exemples de Durgasiṁha : Kanyâyâḥ khalu bhavân voḍhâ…,
bhavatâ khalu kanyâ voḍhavyâ… (Cf. Pâṇ. III, 3, 169. 172).
Notre sûtra, tel que je l'ai restitué, donne précisément l'enseignement contenu dans ces deux règles, sauf que, pris
strictement, il étend l'emploi du suff. *tu* au sens de *capable
de…*, ce qui n'est certes pas une grosse inexactitude. Au
point de vue paléographique, la corruption du texte s'explique d'ailleurs bien aisément, si l'on songe à la ressem-
blance extrême des lettres *c* et *m* dans l'alphabet singhalais ;
et personne ne s'étonnera que de *tuca* on ait pu faire *tuma*,
puis *tum*, et enfin *tuṁ*. Il est remarquable que le ms. siamois
partage cette erreur, mais ce n'est point le seul indice de
nature à faire penser qu'il découle plus ou moins directement
d'une source singhalaise.

वजाद्दीहि पबुज्झाद्यां निपच्चन्ते ॥ १५ ॥

Vaja ija aja sada vida saja pada hana isu sada si dhâ cara

— 320 —

kara ruja pada rica kita kuca mada labha rada tira aja tija gama
ghasa rusa puccha muha vasa kaca katha tuda visa pisa muda [1]
musa sata dhu nata tatha [2] iccevamâdîhi dhâtûhi upasaggap-
paccayâdîhi ca pabbajjâdayo saddâ [3] nipaccante. Pabbajjâ; ijjâ;
samajjâ; nisajjâ; vijjâ; visajjâ; pajjâ; vajjhâ; icchâ; aticchâ;
sajjhâ; abhijjhâ; seyyâ; saddhâ; cariyâ; kiriyâ; rucchâ; paj-
jhâ [4]; ricchâ [5]; cikicchâ; kucchâ [6]; macchâ; lacchâ; racchâ;
tiracchâ; ajjhâ [7]; titikkhâ; sâgacchâ; doghacchâ [8]; dorucchâ;
pucchâ; mucchâ; vacchâ; kacchâ; sâkacchâ; tucchâ; vicchâ [9],
picchillâ [10], macco [11]; maccu; saccaṃ; uddhaccaṃ; naccaṃ;
niccaṃ; taccaṃ; iccevamâdi [12].


Les dérivés *pabbajjâ*, etc. de *raj*, etc. sont donnés tout formés, [comme étant irréguliers]. Ex.
Pabbajjâ : profession religieuse; ijjâ : sacrifice; samajjâ : assemblée; nisajjâ : marché; vijjâ : science;
pajjâ : chemin; icchâ : désir, etc.


## ख्यालोपो च ॥ १६ ॥

Bhû dhû bhà gamu khanu yamu mana tanu iccevamâdîhi


[1] Cd °visajiṃsavudamusa°.
[2] Cd °dhûnanititatha°. Sʰ °dhunanitatatha°.
[3] Cd °yo ca saddâ.
[4] Sʰ pajjâ.
[5] Cd pajjhiriccâ°.
[6] Cd tikicchâ; tucchâ; ma°.
[7] Cd n'a pas : ajjhâ.
[8] Cd dogacchâ.
[9] Cd kucchâ picchâ.
[10] Cd picchilyâ. Sʰ picchillâ.
[11] Sʰ macchâ.
[12] Sʰ ajoute : Âdiggahaṇena aññe saddâ nipaccante. Kukkâca-
naṃ; kukkucchâ; vidhikicchanaṃ; vidhikicchâ; vibhajjanaṃ; vi-
bhacchâ.

dhâtûhi kvilopo ca hoti, puna nipaccante. Vibhû; sambhû;
abhibhû; sandhû; uddhû; vibhâ; nibhâ; pabhâ; âbhâ; bhujago; urago, turaṅgo; saṅkho; viyo; sumo; parito; iccevamâdi.

*Kvi* disparaît (c'est-à-dire le suffixe *kvi* est = à *zéro*).
Ex. Vibhû : maître; uddhû : qui ébranle; pabhâ :
éclat; viyo : le ciel, etc.

L'explication du scholiaste faisant des formes vibhû,
sambhû, pabhâ, etc. des dérivations irrégulières me paraît
inadmissible, et amenée seulement par la nécessité d'expliquer la présence ici de cette règle et le *ca* qui semble la
relier intimement à la précédente. Nous avons eu déjà
une règle concernant le suffixe *kvi* (VII, 5, 9); cette règle,
avec celle-ci, prise simplement dans le sens littéral que
donne la traduction, suffit à l'explication et à la justification
de toutes les formes ci-dessus; l'explication du scholiaste ne
peut donc soutenir l'examen. Ce qui l'a trompé, c'est la
place qu'occupe ici le présent sûtra, et qui, en effet, ne paraît guère justifiable dans le chapitre sur les upâdis, et hors
du voisinage que « ca » suppose et indique. Qu'on transporte
ce sûtra après VII, 5, 9, et il s'explique tout naturellement,
sans qu'il soit possible de songer seulement aux détours que
prend le commentateur; sans pouvoir, naturellement, affirmer
que ce soit là sa place véritable, celle que lui destinait ou
lui avait donnée l'auteur, il ne me paraît pas qu'il puisse y
avoir de difficulté sur sa signification. Il est l'équivalent,
dans cette grammaire, de la règle de Pâṇini, VI, 1, 67, reproduite par la grammaire Kâtantra (fol. 118).

## सचजानं कगा णानुबन्धे ॥ १७ ॥

Sacajânaṁ dhâtûnaṁ antânaṁ cajânaṁ kagâdesâ honti
yathâsaṅkhyaṁ ṇânubandhe paccaye pare. Oko; pâko; seko;

soko; viveko; câgo; yâgo; bhâgo; rogo; râgo; bhaṅgo; saṅgo.

*C*, *j*, à la fin d'une racine, se changent en *k*, *g* devant un suffixe muni de l'anubandha *ṇ*. Ex. Oko : maison; câgo : renoncement.

Cf. sûtra VII, 5, 17.

नुदादीहि युएभूनं अनाननाक्कानका · सक्कारितीहि च ॥ १८ ॥

Nuda[2] sûda jana su lu hu pu[3] bhu ñâ asa samu iccevam-âdîhi dhâtûhi phanda cita âṇa[4] iccevamâdîhi sakâritehi ca yuṇvûnaṁ paccayânaṁ ana ânana aka ânakâdesâ[5] honti yathâ-saṅkhyaṁ kattari bhâvakaraṇesu ca[6]. Panudatîti : panudano[9]; evaṁ : sûdano; janano; savaṇo; lavaṇo[7]; havano[8]; pavano bhavano; ñâno[9]; asano; samaṇo; — bhâve ca : panujjate : panudanaṁ[9]; sujjate : sûdanaṁ; jâyate : jananaṁ; sûyate : savaṇaṁ[10]; lûyate . lavaṇaṁ; hûyate : havanaṁ; pûyate : pa-vanaṁ; bhûyate : bhavanaṁ; ñâyate : ñânaṁ[11]; assate : asa-naṁ; sammate : samaṇaṁ; sañjâṇîyate : sañjânanaṁ; kûya-te; kânanaṁ; — sakâritehi ca[12] : phandâpayate : phandâ-panaṁ; cetâpayate : cetâpanaṁ; âṇâpayate : âṇâpanaṁ; —

1 Cd yûnavû°— nâkânanakâ°. S[h] °nâkânanakâ°.
2 Cd nû°.
3 Cd °nasusupu°.
4 Cd phanda cî âṇa.
5 S[h] °naṁ anaânanakâde°.
6 Cd bhâve ca.
7 Cd savano; lavano, S[h] lavano.
8 Havano manque dans Cd.
9 S[h] ñâṇo.
10 Cd S[h] suyate : savanaṁ.
11 Cd S[h] ñâṇaṁ.
12 Cd °naṁ; kârite ca.

evaṁ karaṇe ca : nudati anenâti nudanaṁ; evaṁ : panudanaṁ [1]; pasûdanaṁ; jananaṁ; savaṇaṁ; lavaṇaṁ; havanaṁ;
pavanaṁ; bhavanaṁ; jânanaṁ; asanaṁ; samaṇaṁ [2]. — Puna
kattari : nudatîti nudako; sûdatîti sûdako; janetîti janako;
suṇotîti sâvako; lûnâtiti lâvako; duhotîti hâvako; punâtîti
pâvako; bhavatîti bhâvako; jânâtîti jânako; asatîti âsako;
upâsatîti upâsako; samatîti sâmako; — kârite tu : âṇâpaya-
tîti âṇâpako; evaṁ phandâpako; cetâpako; sañjânako; iccevamâdi.

Après les verbes *nud*, etc. les suffixes *yu*, *ṇvu*
font *ana*, *ânana*, *aka*, *ânaka*, et aussi après les causatifs [de certains verbes]. Ex. Panudano : qui pousse
dehors; kânanaṁ : forêt; janako : qui engendre;
phandâpako : qui fait trembler.

इयतमकिएसान अन्तस्सरो दीघं क्वचि दुसस्स गुणं रो इं
स कखी च [3] ॥ १८ ॥

I ya ta ma ki esa iccetesaṁ sabbanâmânaṁ anto saro dîghaṁ
âpajjate kvaci dusa iccetassa dhâtussa ukâro guṇaṁ âpajjate
do raṁ dhâtvantassa ca sa kkha i ca [3] âdesâ honti yathâsambhavaṁ; ete saddâ sakenasakena nâmena yathânuparodhena
buddhasâsanena puna nipaccante. Îdiso; yâdiso; tâdiso;
mâdiso; kâdiso; ediso; sâdiso, iriso; târiso; mâriso; kiriso;
eriso; sâriso; idikkho; yâdikkho; tâdikkho; mâdikkho; ki-
dikkho; edikkho; sâdikkho; îdî; yâdî; tâdî; mâdî; kîdî; edî;
tâdî [4].

---

[1] Cd nû°.
[2] Cd savaṇaṁ — samanaṁ. S[h] savanaṁ — samaṇaṁ.
[3] Cd S[h] °sakkhi ca.
[4] Cd a la syllabe « di » brève dans tous ces derniers exemples.

Casaddaggahaṇena tesañ eva saddânañ i ya iccevamâdinañ anto ca saro kvaci dîghattañ âhu. Îdikkho; sârikko;
tàrikkho; mârikkho; kîrikkho, erikkho: sâdiso; sâriso; sa-
dikkho; sarikkho.

Les pronoms *i, ya, ta, ma, ki, e, sa,* accompa-
gnant comme déterminatifs secondaires la racine
*dis,* allongent quelquefois leur voyelle finale; *d* de
*dis* se change en *r,* et *sa* en *kkha,* î. Ex. Îdiso : tel;
mâriso : tel que moi; kîdî : ressemblant à qui?

On voit que je n'ai pas réglé la traduction sur l'interprétation du scholiaste, dont la pensée, je l'avoue, est pour
moi inintelligible. La difficulté du sûtra réside dans les mots
« dusassa guṇañ ». Voici une partie du commentaire de la
Rûpasiddhi (fol. 85ᵃ) : « Ima ya ta amba kiñ eta samàna iccetesañ sabbanâmânañ upamânupapadabhâvena disassa dhâtussa guṇabhûtànam anto saro dîghañ âpajjate disa iccetassa dhâtussa antassa sa kkha i iccete âdesà ca honti disassa
dakâro rakârañ âpajjate ti....., » J'ai suivi cette explication,
mais sans en méconnaître les difficultés; et d'abord, pourquoi
« dusassa » et non « disassa » comme d'ordinaire? L'unanimité
des autorités interdit toute correction; mais cette vocalisa-
tion de *dus* = *dṛiç* n'est point du reste sans analogies (*tu* =
*tṛi,* et *ku, su* = *kṛi, sṛi* (VIII, 5o), etc.). C'est, par exemple,
une construction surprenante que de faire rapporter le neutre
singulier « guṇañ » au génitif pluriel « iyatamakicsânañ. »
D'autre part, l'emploi du mot *guṇa,* dans ce sens de *upa-*
*pada,* n'est rien moins que familier à notre grammairien.
Néanmoins la comparaison de la grammaire Kâtantra me
paraît décisive en faveur de cette explication; le sûtra dit :
« Karmmaṇyupamâne tyadâdau dṛiçash ṭaksakau »; et Durgasiñha : *Tyadâdâv upamâne upapade dṛiçaḥ,* etc. (fol. 14o).
— Les deux commentaires paraissent comprendre également
la dernière partie « sakkhi ca » comme signifiant que *s* final de

« dis » se change en *sa*, en *kkha* ou en *t*; la construction est bien plus nette si l'on prend *sa*, non comme une modification, mais comme la forme naturelle de « dis »; et le parallélisme de la construction « do raṁ » me semble décider en faveur de cette interprétation.

## भ्यादीहि मतिपूजादीहि च क्तो ॥ २० ॥

Bhî supa mida iccevamâdihi dhâtûhi matyâdito ca buddhyâdito ca pûjâdito ca ktappaccayo hoti. Bhito; sutto; mitto; sammato; saṅkappito; sampâdito; avadhârito; buddho; ito; vidito; takkito; pûjito; apacâyito; mânito; apacito; vandito; sakkârito; ñâto.

Les racines *bhî*, etc. et celles qui signifient honorer, révérer, prennent le suffixe *kta* [dans le sens du présent]. Ex. Bhîto : effrayé; sammato : honoré; pûjito : qui reçoit un culte.

A vrai dire, ce sûtra tel qu'il est ici n'offre aucun sens, puisqu'il ne saurait y être question de l'usage, d'une façon générale, du suffixe *kta*, commun à tous les verbes ou du moins à presque tous, mais seulement d'un emploi ou d'un sens particulier de ce suffixe. Pâṇini nous éclaire sur ce point. Les deux sûtras qui correspondent à la présente règle, III, 2, 187. 188 : « ñitaḥ ktaḥ » et « matibuddhipûjârthebhyaçca » se complètent par l'adhikâra « vartamâne » de III, 2, 123, qui a le tort de manquer complétement ici; il en est de même du sûtra Kâtantra : « ñyanubandhamatibuddhipûjârthebhyaḥ ktaḥ » (fol. 156), qui, comme le nôtre, condense en une seule les deux règles de Pâṇini. On peut s'étonner de ce que le commentateur n'ait pas comblé cette lacune, et cela d'autant plus que, en introduisant « buddhyâdito » entre « mati » et « pûjâ », il montre assez qu'il avait sous les yeux quelque source autre que son texte, et, en tous cas, très-voisine des textes cité s.

वेपुसीद्धववमुकुदाभूद्धादीहि थुत्तिमणिमा निब्बुत्ते
॥ २१ ॥

Vepu si dava vamu ku dâ bhû hû[1] iccevamâdihi dhâtûhi
thu ttima ṇimappaccayâ honti nibbattatthe. Vepanaṁ, vepo;
tena nibbatto : vepathu ; sayanaṁ, sayo; tena nibbatto : saya-
thu; davanaṁ, davo; tena nibbatto : davathu; vamanaṁ,
vamo; tena nibbatto : vamathu; kuti[2], karaṇaṁ; tena nibbatto : kuttimaṁ; dâti, dânaṁ; tena nibbattaṁ : dattimaṁ;
bhûti, bhavanaṁ; tena nibbattaṁ : bhottimaṁ[3]; avahûti,
avahavanaṁ[4]; tena nibbattaṁ : ohâvimaṁ.

Après les racines *vep, sî, dav, vam, ku, dâ, bhû,
hû*, etc. on emploie les suffixes *thu, ttima, ṇima* pour
marquer un effet [de la cause exprimée par le thème
primaire]. Ex. Vepathu : tremblement (de : vepo,
ébranlement, au sens abstrait); kuttimaṁ : artifi-
ciel, fictif (de : kuti, action de faire).

अब्क्कोसे नम्हानि ॥ २२ ॥

Akkosa iccetasmiṁ atthe namhi paṭisedhayutte aṇippac-
cayo hoti sabbadhâtûhi. Agamâni te jammadesaṁ; akarâṇi
te jammakammaṁ.
Namhîti kimatthaṁ? Vipatti te; vikatti te.
Akkoseti kimatthaṁ? Agati te.

Pour exprimer la malédiction, on emploie le

[1] Cd °bhûhu i°.
[2] Cd kûti°.
[3] Cd bhotimaṁ°.
[4] Cd ahavanaṁ. S$^h$ avahaṇaṁ.

suffixe *âni* après [une racine précédée du préfixe
de] négation. Ex. Agamâni te jammadesaṃ :
puisses-tu ne pas revoir ta patrie !

En sanskrit le suffixe en question est *ani* et non *âni*, cf. Pâṇ.
III, 3, 112; cependant, devant l'accord de nos manuscrits,
il n'y a sans doute pas lieu de penser à une faute de copiste, mais bien à une différence réelle, voulue par l'auteur
du sûtra.

## एकादितो सकिस्स ख्वत्तुं ॥ २३ ॥

Ekadvilicatupañcachasattaaṭṭhanavadasâdito gaṇato sakissa
kkhattuṃ âdeso [1] hoti. Yathâ : ekakkhattuṃ; dvikkhattuṃ,
tikkhattuṃ; sattakkhattuṃ; aṭṭhakkhattuṃ; navakkhattuṃ;
dasakkhattuṃ — evamâdayo aññepi saddâ yojetabbâ.

Après [les noms de nombre] *eka*, etc. au lieu de
*saki* [= une fois, et dans le même sens], on emploie
*kkhattuṃ*. Ex. Ekakkhattuṃ : une fois; dasakkhattuṃ : dix fois.

## सुनस्सुनस्सोणवानुवानुनखुणाना ॥ २४ ॥

Suna iccetassa pâṭipadikassa unassa oṇa vâna uvâna unakha
uṇa â âna [3] âdesâ honti. Soṇo; svâno; suvâno [4]; sunakho
suṇo; sâ; sâno.

Le thème *suna* change *una* en *oṇa*, *vâna*, *uvâna*,
*unakha*, *uṇa*, *â* ou *âna*. Ex. Soṇo, svâno, etc. : chien.

[1] Cd °ttuṃ paccayo ho°.

[2] Cd °ṇavânavâ — khunanâ. S[h] sunassanassoṇvâna°.

[3] Cd °nassa ona vâna ûna ukkha uṇâ âdesâ°. S[h] °vâna ona uṇa kha
khuṇa â °.

[4] Cd ajoute suṇo, S[h] suṇo.

तरुणस्स सुसु च ॥ २५ ॥

Taruṇassa iccetassa pâṭipadikassa susu âdeso hoti. Susu kâlakeso.

**Pour** *taruṇa* **on emploie** *susu*. **Ex. Susu ou taruṇo : jeune.**

Ce sûtra ne signifie rien ici, autant que je puis voir; c'est une indication lexicographique, et rien de plus : a-t-il été amené par le voisinage du sûtra suivant, ou enlevé à un contexte où il eût pris une signification grammaticale ? Je ne le saurais dire. En tous cas, ce n'est pas à la Rûpasiddhi qu'il faut demander des éclaircissements : tout ce qu'elle contient de plus que notre commentaire est cette remarque (fol. 97^b) : « casaddo aniyamattho. »

युवस्सुवस्सुवुवानुनूना ॥ २६ ॥

Yuva iccetassa pâṭipadikassa uvassa uva uvâna una ûna âdesâ honti. Yuvâ; yuvâno; yuno[1]; yûno.

*Yuva* **change** *uva* **en** *uva, uvâna, uvâ, ou ûna.* **Ex. Yuvâ, yuvâno, etc. : jeune.**

काले वत्तमानातीते एवाढ्यो ॥ २७ ॥

Kâle vattamânatthe ca atitatthe ca ṇuyuttappaccayâ honti. Kâru; vâyu; bhûtaṃ.

**Les suffixes** *ṇu,* **etc. s'emploient dans le sens du**

______
[1] Yuno manque dans Cd.

présent et du passé. Ex. Vâyu : le vent (c'est-à-dire celui qui souffle, et a soufflé).

On voit, par la comparaison de Pâṇini, III, 3, 1, 2 et du sûtra Kâtantra: « Uṇâdayo bhûte' pi » (fol. 151), que *ṇu* désigne ici le suffixe *uṇ* dont l'emploi n'est d'ailleurs que bien insuffisamment enseigné par VIII, 48. — Les ss. 28-32 se retrouvent aussi, et dans le même ordre, parmi les ss. Kâtantra, avec des différences dans le détail desquelles ce n'est point le lieu d'entrer.

## भविस्सति ¹ गमादीहि णी घिणु ² ॥ २८ ॥

Bhavissati ³ kâlatthe gama bhaja su ṭhâ iccevamâdihi dhâtûhi ṇî ghiṇ paccayâ honti. Gamituṁ sîlaṁ yassa so hoti gâmî ⁴; bhajituṁ sîlaṁ yassa so hoti bhâjî; passituṁ sîlaṁ yassa so hoti passâvî; paṭṭhayituṁ sîlaṁ yassa so hoti paṭṭhâyî.

Dans le sens du futur on emploie après les racines *gam*, etc. les suffixes *ṇî*, *ghiṇ*. Ex. Gâmî : qui ira; bhâjî : qui aura sa part de...

## किरियायं एवुतवो ⁵ ॥ २९ ॥

Kiriyâyaṁ atthe ṇvu tu iccete paccayâ honti bhavissati kâle. Karissaṁ vajatîti, kârako vajati; bhuñjissaṁ vajatîti, bhottâ vajati.

Les suffixes *ṇvu*, *tu* s'emploient accompagnés d'un verbe, [pour marquer le futur]. Ex. Kârako vajati : il va faire; bhottâ vajati : il va manger.

---

¹, ³, ⁶ Sʰ bhavissanti°.
² Cd °ghin.
⁴ En skrt. «gami». Pâṇ. III, 3, 5.
⁵ Sʰ °ṇvutuvo.

Pâṇini et la grammaire Kâtantra : « Vuṇtumau (P. *tumuṇ-*
*vulau*) kriyâyâṁ kriyârthâyâṁ ; » ils ont donc pour second
suffixe *tum* et non *tṛic*. En était-il primitivement de même
dans notre règle? Ou bien serait-elle allusion à certains restes
du futur premier (*ḷṛit*) dont il n'est d'ailleurs nulle part question dans cet ouvrage?

## भाववाचिम्हि चतुत्थी ॥ ३० ॥

Bhâvavâcimhi catutthî vibhatti hoti bhavissati kâle [1]. Pa-
cissate pacanaṁ, pâko : pâkâya vajati ; bhujissate bhojanaṁ,
bhogo : bhogâya vajati ; naṭṭissate naṭṭanaṁ, nacco : naccâya
vajati.

[On exprime aussi le futur en mettant] au datif
un nom exprimant l'état (un nom abstrait). Ex.
Pâkâya vajati : il va cuire ; bhogâya vajati : il va
manger.

## कम्मणि णो ॥ ३१ ॥

Kammaṇi upapade ṇappaccayo hoti bhavissati kâle. Nagaraṁ karissatîti nagarakâro vajati ; sâliṁ lavissatîti sâlilâvo
vajati ; dhaññaṁ vapissatîti dhaññavâpo vajati ; bhogaṁ da-
dissatîti bhogadâyo vajati ; sindhuṁ pivissatîti sindhupâyo
vajati.

Précédé du régime direct [comme premier
membre de composition, le suffixe] *ṇa* [exprime
aussi le futur]. Exemple : Dhaññavâpo vajati : il va
semer des graines.

D'après VII, 2, 1 le suffixe *ṇa* exprime également, et en
dehors de toute condition spéciale, le passé, le présent et le
futur.

---

[1] S[h] ici et dans les deux ss. suivants : °ssantikâle.

## सेसे सन्तुमानाना ॥ ३२ ॥

Sesa icce!asmiṁ atthe ssantu mâna âna iccete paccayà
honti bhavissati kâle kammûpapade. Kammaṁ karissatîti:
kammaṁ karissaṁ, kammaṁ karonto, kammaṁ kurumâno,
kammaṁ karâno vajati; bhojanaṁ bhuñjissatîti: bhojanaṁ
bhuñjissaṁ, bhojanaṁ bhuñjanto, bhojanaṁ bhuñjamâno,
bhojanaṁ bhuñjâno [1] vajati; khâdanaṁ khâdissatîti khâdanaṁ
khâdissaṁ, khâdanaṁ khâdanto, khâdanaṁ khâdamâno,
khâdanaṁ khâdâno vajati; maggaṁ carissatîti : maggaṁ caris-
saṁ, maggaṁ caranto, maggaṁ caramâno, maggaṁ carâno
vajati; bhikkhaṁ bhikkhissatîti : bhikkhaṁ bhikkhissaṁ, bhikkhaṁ bhikkhanto, bhikkhaṁ bhikkhamâno, bhikkhaṁ bhik-
khâno vajati.

En dehors de ce cas [les suffixes] *ssantu*, *mâna*,
*âna* [servent à exprimer le futur]. Ex. Karissaṁ,
karonto, kurumâno, karâno vajati : il va faire.

On pourrait douter si l'auteur n'a pas voulu désigner le
suffixe *mâna* précédé des lettres *ssa* formatives du futur; toutefois, l'addition de *âna* semble donner raison à l'explication
du scholiaste, malgré la règle sanskrite (Pâṇ. III, 3, 14. —
Kât. fol. 151). En revanche, l'extension à ce sûtra de « kammaṇi » du précédent est évidemment interdite par la détermination nouvelle contenue dans « sese »; ce dernier mot paraît
du reste expliqué par le commentateur autrement que je n'ai
fait; mais je ne puis voir nettement le sens qu'il y attache.

## छदछीछि तन्रण ॥ ३३ ॥

Chada cita su nî vida [2] pada tanu yati ada mada yuja vatu

---

[1] Cd n'a pas : Bhojanaṁ bhuñjâno.
[2] Cd °citisunivida°.

mida mâ pu kala vara vepu gupa dâ iccevamâdihi dhâtûhi ta
traṇ iccete paccayâ honti yathâsambhavaṁ. Chattaṁ, chattraṁ,
vicittaṁ, vicitraṁ; suttaṁ, sotraṁ; nettaṁ, netraṁ; pavittaṁ,
pavitraṁ; pattaṁ, patraṁ; tantaṁ, tantraṁ; yantaṁ, yan-
traṁ [1]; attaṁ, atraṁ; mattaṁ, matraṁ; yottaṁ, yotraṁ; vat-
taṁ, vatraṁ; mittaṁ, mitraṁ; mettâ, mâtrâ; putto, putro;
kalattaṁ, kalatraṁ; varattaṁ, varatraṁ; vettaṁ, vetraṁ; gat-
taṁ, gâtraṁ; guttaṁ, gutraṁ; gottaṁ, gotraṁ; dattaṁ, dâ-
traṁ; iccevamâdi.

Les racines *chad*, etc. reçoivent les suffixes *ta*,
*traṇ*. Ex. Chattaṁ ou chatraṁ : parasol ; vicittaṁ,
vicitraṁ : varié, brillant, etc.

वदादीहि णित्तो गणो [2] ॥ ३४ ॥

Vada cara vara iccevamâdihi dhâtûhi ṇittappaccayo [3] hoti
gaṇatthe. Vadittânaṁ gaṇo : vâdittaṁ ; evaṁ cârittaṁ ; vârit-
taṁ ; iccevamâdi.

Les racines *vad*, etc. prennent le suffixe *ṇitta*,
pour marquer un grand nombre. Ex. Vâdittaṁ : un
orchestre (un assemblage, une foule d'instruments).

मिदादीहि त्तितियो [4] ॥ ३५ ॥

Mida pada raja tanu dhâ iccevamâdihi dhâtûhi tti ti [5] iccete
paccayâ honti. Mettî; patti; ratti [6]; tanti; dhâti; iccevamâdi.

Les racines *mid*, etc. prennent les suffixes *tti*,
*ti*. Ex. Mettî : amitié; tanti : corde.

---

[1] Cd yattaṁ yatraṁ.
[2] Cd °nitto°.
[3] Cd °nitta°.
[4], [5] Cd °tthiti°.
[6] Cd S[b] metti — ratti.

उसुरञ्जदंसानं ढंसस्स दद्धो ढट्ठा [1] च ॥ ३६ ॥

Usu rañja damsa iccetesaṁ dhâtûnaṁ daṁsassa daḍḍhâde-
so hoti ḍhaṭṭhâ[2] paccayâ ca honti. Uḍḍhâ; raṭṭhaṁ; daḍḍho.

Les racines *us*, *rañj*, *ḍaṁs* prennent les suffixes
*ḍha*, *ṭṭha*, et *daṁs* fait *daḍḍha*. Ex. Uḍḍhâ : vache
(skr. usrâ); raṭṭhaṁ : royaume; daḍḍho = skr.
dasra.

सूवसानं ऊवसानं अतो थो च ॥ ३७ ॥

Sû vu asa iccetesaṁ dhâtûnaṁ ûuasânaṁ adâdeso hoti
thappaccayo ca. Satthaṁ; vatthaṁ; attho.

Les racines *sû*, *vu*, *as*, changent *û*, *u*, *as* en *at* et
prennent le suffixe *tha*. Ex. Satthaṁ : couteau;
vatthaṁ : vêtement; attho : cause.

एञ्जुदादीहि धदिद्वकिरा ब्वाचि अद्दलोपो च ॥ ३८ ॥

Rañja udi idi cada madi khudi chidi[3] rudi dala susa
vaca vaja iccevamâdîhi dhâtûhi dha da idda ka ira iccete
paccayâ honti kvaci jadalopo ca [puna nipaccante]. Randhaṁ;
samuddo; indo; cando; mando; khuddo; chiddo; ruddo;
daliddo; sukkaṁ; vakkaṁ; vajiraṁ; iccevamâdi.

Les racines *rañj*, *ud*, etc. prennent les suffixes
*dha*, *da*, *idda*, *ka*, *ira*, et le *j* ou le *d* final est sup-

---

[1], [2] Cd °ḍhaḍhâ°.
[3] Cd °madimudichi°. S[h] °idicamudiunichidi°.

primé. Ex. Randham : fissure; samuddo : océan;
daliddo ; pauvre; sukkaṁ : brillant; vajiraṁ : la
foudre.

## पटितो हिस्स हरण हीरण ॥ ३८ ॥

Paṭi iccetasmâ hissa dhâtussa heraṇ hiraṇ âdesâ honti.
Pâṭihîraṁ; pâṭiheraṁ.

Précédée de *paṭi*, la racine *hi* fait *heraṇ*, *hîraṇ*.
Ex. Pâṭiheraṁ ou pâṭihîraṁ : prodige.

## काण्डादीहि को ॥ ४० ॥

Kaṇdi ghaṭi vadi karaṇdi maṇdi saṇdi kuṭhi bhaṇdi paṇdi,
daṇdi raṇdi taḍi siḍi caṇdi gaṇdi aṇdi laṇdi meṇdi eraṇdi
kaḍi[1] iccevamâdihi dhâtûhî kappaccayo hoti saha paccayena
ca puna nipaccante yathâsambhavaṁ. Kaṇdo; ghaṇto; vaṇto;
karaṇdo; maṇdo; saṇdo; kuṭṭho; bhaṇdaṁ; bhaṇdako;
paṇdo[2]; raṇdo; daṇdo; vitaṇdo; isiṇdo; caṇdo; gaṇdo; aṇdo[3];
laṇdo; meṇdo; eraṇdo[4]; kaṇdo; iccevamâdayo aññepi saddâ
bhavanti.

*Kaṇd*, etc. prennent le suffixe *ka*. Ex. Kaṇdo :
tige; ghaṇto : cloche; vaṇto : partie; karaṇdo : boîte;
meṇdo : gardien d'éléphants; saṇdo : grand; bhaṇdaṁ : marchandise, etc.

## खादामगमानं खन्धन्धगन्धा ॥ ४१ ॥

Khâda ama gama iccetesaṁ dhâtûnaṁ khandhaandhagan-
dhâdesâ honti kappaccayo ca. Khandho; andho; gandho;
evaṁ : khandhako; andhako; gandhako.

1, 2, 3, 4 manquent dans Cd.

*Khâd, am, gam* font *khanda, andha, gandha.* Ex. Khandho : le corps; andho : aveugle; gandho : odeur.

पटादिच्चलं ॥ ४२ ॥

Paṭa kala kusa kada bhaganda mekha [1] vakka takka palla sadda mula bila vida caṇḍi pañca vâ vasa paca maca musa gotthu puthu bahu magi bahu kabi sabi agga [2] iccevamâdihi dhâtûhi pâṭipadikehi ca uttarapadesu alaṁ paccayo hoti, pacchâ puna nipaccante. Paṭe alaṁ iti : paṭalaṁ; evaṁ : kalalaṁ; kusalaṁ; kadalaṁ; bhagandalaṁ; mekhalaṁ; vakkalaṁ; takkalaṁ; pallalaṁ; saddalaṁ; mulâlaṁ; bilâlaṁ; vidâlaṁ; caṇḍâlo; pañcâlo; vâlaṁ; vasalo; pacalo; macalo; musalo; gotthulo; puthulo; bahulo; maṅgalaṁ; bahalaṁ; kambalaṁ; sambalaṁ; aggalaṁ; iccevamâdayo aññepi saddâ bhavanti.

*Paṭ,* etc. prennent le suffixe *ala.* Ex. Paṭalaṁ : voile; kalalaṁ : embryon; kusalaṁ : prospérité; kadalaṁ : bananier; mekhalaṁ : ceinture, etc.

पुथस्स पुथुपथामो [3] बा ॥ ४३ ॥

Puthu iccetassa pâṭipadikassa puthupathâdesâ [4] honti kvaci amappaccayo hoti. Puthavî; pathamo; puthujjano; paṭhavî vâ.

*Putha* devient quelquefois *puthu, patha* et prend le suffixe *ama.* Ex. Puthavî : la terre; pathamo : premier; puthujjano : un homme ordinaire.

---

[1] Cd °kadagandame°.
[2] Sʰ °hu maṅga bahu kambu sambu a°.
[3] Cd °ssa puthamo vâ.
[4] Cd °puthuppâde°.

## सासादीहि तुद्धो ॥ ४४ ॥

Sâsa dada ada mada iccevamâdîhi dhâtûhi tu du iccete
paccayâ honti. Sattu; daddu; addu; maddu.

Les racines *sâs*, etc. prennent les suffixes *tu*, *du*.
Ex. Sattu : ennemi; daddu : dartre.

## च्याद्रीहि ईवरो ॥ ४५ ॥

Cî pâ dhâ iccevamâdîhi dhâtûhi îvarappaccayo hoti. Cîvaraṁ; pîvaraṁ; dhîvaraṁ.

Les racines *cî*, etc. prennent le suffixe *îvara*.
Ex. Cîvaraṁ : vêtement de moine.

## मुनाद्रीहि चि ॥ ४६ ॥

Muna yati agga pada kava[1] suca ruca mahâla bhaddâla[2]
mana iccevamâdîhi dhâtûhi pâṭipadikehi ca ippaccayo hoti.
Muni; yati; aggi; pati; kavi; suci; ruci; mahâli; bhaddâli;
maṇi.

[Et les racines] *mun*, etc. prennent le suffixe *i*.
Ex. Muni : ascète; yati : un sage; aggi : feu; pati :
maître, etc.

## विदादीच्छुरो ॥ ४७ ॥

Vida vata masa sinda du ku kapu[3] maya unda khajja kura

[1] Cd °padakadakava°.
[2] Cd °ddâlâ ma°.
[3] Sᵇ °duda kuka ka°.

iccevamâdîhi dhâtûhi pâṭipadikehi ca urappaccayo hoti. Vidû-
raṭṭhâne jâto : vedûro; vallûro [1]; masûro; sindûro; dûro;
kûro; kappûro; mayûro; unduro; khajjûro; kururo.

*Vid*, etc. prennent le suffixe *ura*. Ex. Vedûro :
lapis-lazuli; vallûro : viande séchée; masûro : len-
tille; sindûro : nom d'arbre, etc.

## ह्नाढीह्हि णुनुतवों ॥ ४८ ॥

Hana jana bhâ ri khanu ama [2] vi dhe dhâ si ki hi iccevamâdîhi
dhâtûhi ṇu nu tu iccete paccayâ honti. Haṇu; jâṇu; bhâṇu;
reṇu; khâṇu; aṇu; veṇu; dhenu [3]; dhâtu; setu; ketu; hetu.

*Han*, etc. prennent les suffixes *ṇu, nu, tu*. Ex.
Haṇu : joue; dhenu : vache; dhâtu : racine.

## कुटाढीह्हि ठो ॥ ४८ ॥

Kuṭa kusa kaṭa iccevamâdîhi dhâtûhi pâṭipadikehi ca ṭhap-
paccayo hoti. Kuṭṭho; koṭṭhaṁ; kaṭṭhaṁ.

*Kuṭ*, etc. prennent le suffixe *ṭha*. Ex. Kuṭṭho : le
costus; koṭṭhaṁ : grenier; kaṭṭhaṁ : pièce de bois.

## मनुपूरसुणाढीह्हि उस्सणुसिसा ॥ ५० ॥

Manu pûra suṇa ku su iḷa ala mahi iccevamâdîhi dhâtûhi
pâṭipadikehi ca ussa ṇusa [5] isa iccete paccayâ honti. Yathâ :

---

[1] Cd maṇivallûro°.
[2] Cd °ri khânu a°. S[h] °ri khana a°.
[3] Cd vedhanu°.
[4], [5] Cd S[h] °ussanu°.

manusso; mânuso; puriso: poso; suṇisâ; karîsaṁ; sirìso; iliso; aliso [1]; mahiso; sîsaṁ; kîsaṁ; — iccevamâdayo saddâ sesâ bahukâ bhavanti.

*Man, pûr, suṇ,* etc. prennent les suffixes *ussa, ṇusa, isa.* Ex. Manusso ou mânuso : homme; puriso ou poso : homme; suṇisâ : belle-fille; karî-saṁ : fumier, etc.

Malgré l'accord des deux mss. auxquels vient s'adjoindre mon ms. de la Rûpasiddhi, qui lit de même (fol. 100ᵉ), je ne crois pas qu'il puisse y avoir de doute sur la correction de « nusa » en « ṇusa »; ce suffixe n'est là que pour la forme *mânuso,* et ṇ marque qu'il exige la vṛiddhi de la première voyelle.

ITI KIBBIDHÀNE UṆÀDIKAPPO CHAṬṬHO KAṆḌO.

Yâni sippâni lokasmiṁ aṇuṁthûlâni vijjare
Tâni sabbâni sippâni sayaṁsijjhâ bhavantu me.

SANDHIKAPPO NIṬṬHITO [2].

[1] Cd suṇisâ; karîsaṁ; suriyo; siriso; ilisso; alaso. Sʰ °karîsaṁ—siriso°.

[2] Cd avant le vers « Yâni sippâni, etc. » a les mots « Siddhir astu », et après « niṭṭhito », il porte la date « Sakâbdaṁ thutisatyaṁ ».

# TABLE DES MATIÈRES.

EXTRAIT N° ... DE L'ANNÉE 187...
DU JOURNAL ASIATIQUE

ERNEST LEROUX,
LIBRAIRE DU JOURNAL ASIATIQUE
RUE BONAPARTE

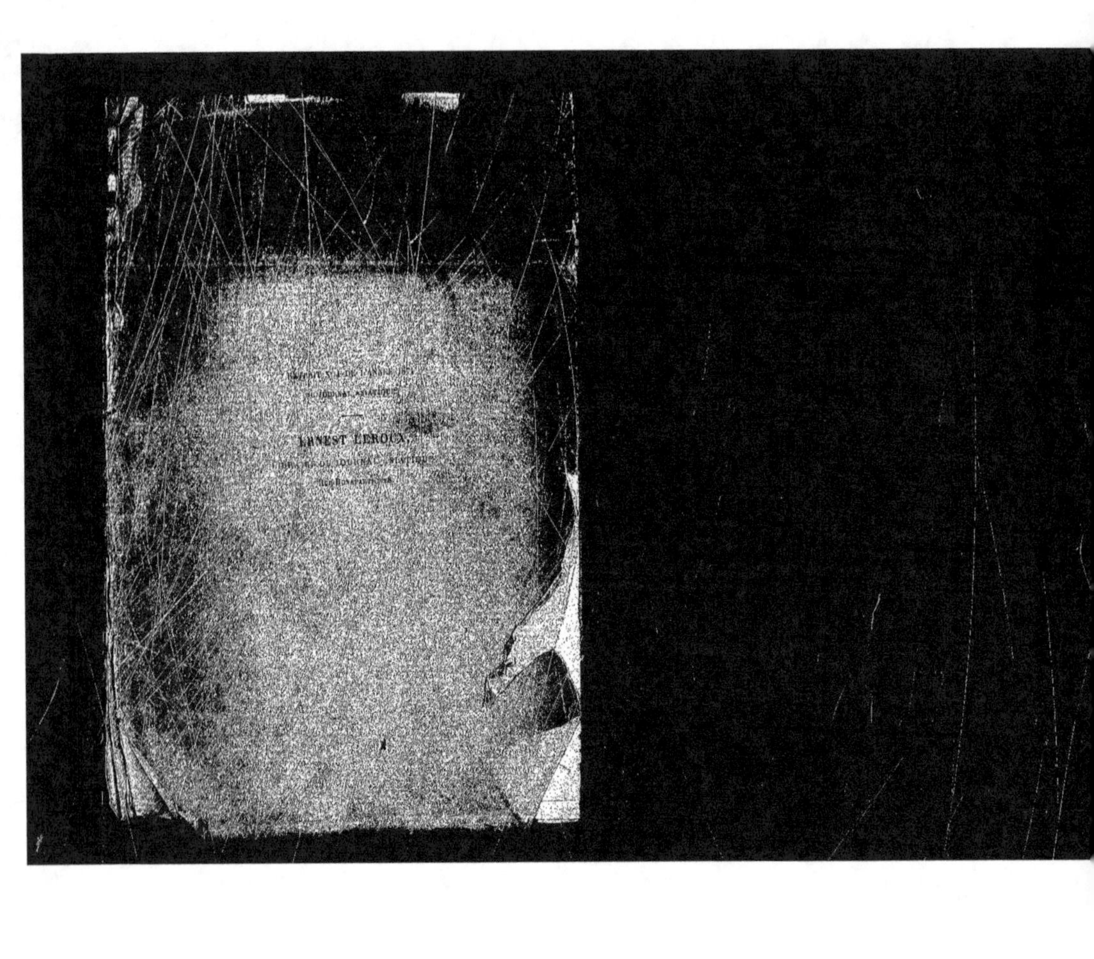